中华创世神话研究工程
系列丛书

中华创世神话田野编

上海市社会科学界联合会 组织编写

THE MYTHS OF FUXI
AND NÜWA IN CONTEMPORARY CHINA

当代中国的伏羲女娲神话
来自五个省区的田野研究报告

杨利慧 王均霞 等 著

上海人民出版社

编写说明

由上海市社会科学界联合会组织实施的中华创世神话学术研究工程是"开天辟地——中华创世神话"文艺创作与文化传播工程的重要组成部分,是弘扬中华优秀传统文化的一项基础性工作,是打造上海文化品牌的一项重要内容。

自 2017 年以来,在中共上海市委宣传部的指导下,在上海市哲学社会科学规划办公室的支持下,上海市社会科学界联合会积极联系国内相关领域的专家学者深入开展专题研究,在上海市哲学社会科学规划课题的研究基础上,集中研究力量和学术资源,推出了中华创世神话研究工程系列丛书。

本丛书旨在通过整理编纂各民族中华创世神话资料,研究和梳理中华创世神话脉络和体系,讲好中华创世神话故事,探索中华文明之源,弘扬中华民族精神,为中华文化培根固源,为中华民族塑魂铸魂,为今后学术研究、文艺创作提供参考。

本丛书的编纂得到上海社会科学院、上海交通大学、华东师范大学、上海大学、上海政法学院等单位学者的鼎力支持,也得到中国社会科学院、北京师范大学、华中师范大学等单位专家的大力帮助。

上海市社会科学界联合会

2020 年 12 月

目　录

第一章　总　论

杨利慧　王均霞

神话通常具有这样的一些特点：它是有关神祇、始祖、文化英雄或神圣动物及其活动的叙事，通过叙述一个或者一系列有关创造时刻（the moment of creation）以及这一时刻之前的故事，神话解释着宇宙、人类（包括神祇与特定族群）和文化的最初起源，以及现时世间秩序的最初奠定。在神话中，深深地镌刻着它所赖以产生和传承的人类群体的思维、情感和社会生活的烙印，所以，神话为了解人类的精神、思维、智慧以及社会发展的历程，提供了一个重要的窗口。①

伏羲女娲神话是中国创世神话中的重要内容，也是中国优秀传统文化的重要组成部分。有关女娲抟土造人、炼石补天、置神媒、制笙簧，伏羲创制八卦、发明网罟、教民渔猎，以及伏羲女娲兄妹结亲、繁衍人类、被敬奉为"人类始祖"等的神话，不仅在古代典籍中有诸多文字记载，而且数千年后的今天依然在民间口头流传；不仅地域上流布广泛，数量上也非常丰富。在民间信仰中，伏羲女娲长期据有尊崇的地位，甚至是一些地方神灵世界中最受敬仰的大神。不仅如此，伏羲女娲还以显赫的神圣功绩而位列"三皇"之中，被载入古代统治阶级的正史，在国家祭典中占有一席之地。除口头文学与信仰习俗之外，在节日、饮食、婚丧仪式、绘画、雕刻、音乐、舞蹈、民俗语言等许多领域，都可以发现他们留下的文化印记，而且，他们的神话故事还为中国作家文学创作提供了素材与形象典范，从屈原、李白、曹雪芹到鲁迅、郭沫若、刘恒等众多文人的创作以至当代

---

① 杨利慧、张霞、徐芳、李红武、仝云丽：《现代口承神话的民族志研究——以四个汉族社区为个案》，陕西师范大学出版总社有限公司 2011 年版，第 1 页。

网络文学中，我们都不难领略到他们在中国文化上的显著影响。

正因如此，伏羲女娲神话引起了古今中外众多文人学者的兴趣，对他们的研究也一直是学术界长兴不衰的课题。

对于伏羲女娲神话研究自古至今的学术史，学界已有一些相关梳理成果可供参考。[①] 总体而言，自中国现代神话学建立以来，学者们对伏羲女娲神话的探索取得了斐然的成就，并体现出如下特点：第一，在内容上，相关研究主要集中在伏羲女娲的原始面貌与形象的演变、神格性质、族属、二神的关系、与洪水的关系、蕴含的文化内涵等；第二，在方法上，多依赖文本分析法，借助于对古典文献的梳理，或者再结合考古学资料，对相关神话的演变轨迹、原初意旨、神祇的最初形貌等进行考据性的溯源研究，神话被与其生存其间的日常生活分开了；第三，在视角上，与上述内容和方法相呼应，主要呈现为"向后看"（backward-looking perspective）的取向，即向原始和古代社会去追溯神话的起源与流变。对当下依然存在于活生生的民众日常生活中的伏羲女娲神话的调查和研究，则长期较为薄弱。这也是本课题力图纠偏并向前推进的方向。

不过，对当前民间流传的伏羲女娲神话的田野研究却并非一片空白，而是有着较长期的历史，近年来还尤其得到了强化。由于这一点与本书的探索直接相关，我们有必要在此做更详尽的撮要梳理。

一、女娲伏羲神话的田野研究历程撮要

中国现代神话学的发端，如果从 1902 年梁启超首次在所发表的文章中使用了中文的"神话"一词算起[②]，至今已有一个多世纪的历史了。对现代民间流传的口

---

① 例如，杨利慧：《女娲的神话与信仰》，中国社会科学出版社 1997 年版，第 2—27 页；杨利慧：《女娲溯源——女娲信仰起源地的再推测》，北京师范大学出版社 1999 年版，第 3—6 页；刘惠萍：《伏羲神话传说与信仰研究》，陕西师范大学出版总社有限公司 2013 年版，第 1—9 页；余粮才、芦兰花：《二十世纪以来伏羲研究概述》，《西北民族研究》2012 年第 1 期。

② 梁启超：《历史与人种之关系》，见其《饮冰室文集》第 34 卷，又见《梁启超史学论著四种》，岳麓书社 1985 年版，第 255 页。对梁启超这一贡献的发现，要归功于刘锡诚的辛勤探索，见其《20 世纪中国民间文学学术史》，河南大学出版社 2006 年版，第 19 页。

承神话的自觉关注，早在 20 世纪初叶已经开始①，而对伏羲女娲神话的田野研究，在 1930 年代达到了历史上的第一个高潮，芮逸夫的论文《苗族的洪水故事与伏羲女娲的传说》以及郑合成所编的《陈州太昊陵庙会概况》，可为这一时期的代表。

随着 1931 年抗日战争的爆发，特别是 1937 年抗战的全面爆发，内地不少高校和学术研究机构纷纷迁往云南、贵州、四川等地。西南边疆是少数民族较为集中的地区，不仅民族多，而且其社会发展形态也不尽相同。特殊的生活环境使民族文化成为抗战时期学术研究的突出内容。这一时期不仅有学者使用了符合现代学科规范的田野调查（或称田野作业，fieldwork）方法——简要地说，就是研究者到研究对象所在之处，运用访谈和参与观察的方法，从当地人的口头上和生活中去调查、搜集、记录、了解文化事项的方法，而且，运用这一方法开展学术研究——即田野研究（field study 或 field research）——的做法也蔚然成风，特别是从不同学科角度将古代文献与现代口承神话文本相结合而进行比较研究。

1933 年，人类学者芮逸夫与同仁一道赴湘、黔边境考察苗族的生活与社会状况，在凤凰、乾城、永绥三县边境工作了五十多天，从当地苗人的口述中记录了两则洪水后兄妹始祖神话的异文，以后又收集到了两则相关的祭神歌。他将所收集的这些民间口承神话文本与其他人搜集的同类神话、相关的古代文献记录以及当时对汉代画像石的考古研究资料等一一进行比较，写成了《苗族的洪水故事与伏羲女娲的传说》一文，对苗族洪水神话的起源及其与伏羲女娲的关系进行了详细阐述与大胆推测。②

这一时期里，鲜活的日常生活以及来自民间的生动材料，为长期守在书斋和故纸堆中的学者们打开了一方新天地。据马学良先生回忆：1938 年，闻一多在随"湘黔滇旅行团"南下途中，曾广泛考察当地民风民情，特别是在湘西一个苗寨的村外露天坝发现有一尊人首蛇身的神像。③ 此石像是一个人头，长有两个蛇的身子，

---

① 杨利慧、张霞、徐芳、李红武、仝云丽：《现代口承神话的民族志研究——以四个汉族社区为个案》，陕西师范大学出版总社有限公司 2011 年版，第 5 页。

② 芮逸夫：《苗族的洪水故事与伏羲女娲的传说》，中央研究院历史语言研究所《人类学集刊》1938 年第 1 卷第 1 期。

③ 马学良：《记闻一多先生在湘西采风二三事》，原文见《楚风》1982 年第 2 期，此见马学良：《素园集》，中国民间文艺出版社 1989 年版，第 194—197 页。

蛇尾相交，当时闻一多未能向周围苗族调查此神像的姓名、来历及职司等[①]，但他在这尊石像前徘徊良久，神采飞扬，兴奋不已，认为这为他的远古神话传说研究提供了实物的印证。他研究伏羲的一些论文例如《从人首蛇身像谈到龙与图腾》等[②]，就是根据他在湘西见到的原始宗教神像，并结合民间流传的神话写成的。[③]

在抗战全面爆发前，应和着乡村民众教育的热潮，一些知识分子在农村开展了社会调查，其中有些涉及伏羲女娲的神话和信仰。例如，1934 年 3 月 21 日至 4 月 14 日，河南省立杞县教育试验区与省立淮阳师范学校师生，联合对河南省淮阳县（2019 年底以后改为周口市淮阳区）的太昊陵庙会（当地俗称"人祖庙会"）进行了较详细的田野调查，调查成果由郑合成编纂成《陈州太昊陵庙会概况》一书。此次调查的目的并非专门针对伏羲女娲神话，而是"用以知农村经济之实况，为设施社会教育之参资"[④]。书中对当时太昊陵的概况、庙会上赶会的信众及其交通、商业、游艺、庙会的管理和税收等都进行了比较全面而详细的调查和描述，书末还附有编者的田野调查日记，对其每一天的所见所闻所感均有扼要记录。特别值得一提的，是该书记录了诸多信众对人祖伏羲和女娲的信奉以及庙会上讲述的伏羲女娲兄妹婚神话，还记述了神话的流传情况以及当时人们对该神话的态度："这个故事，流传得极其普遍，村夫老妪，均可以从头到尾，详详细细的说给你听，社会都觉得这段历史真确，可靠，不容否认。"[⑤] 尽管该调查的主要目的是借此了解农村社会进而实施对民众的教育，并非在于调查伏羲女娲神话和信仰本身，但是无心插柳，它全面记录并描述了一次 1930 年代的伏羲庙会，调查较为全面，书写也较翔实，为了解八十多年前的伏羲女娲神话和信仰的流传情况，提供了不可多得的第一手资料。

---

① 这一点是经杨利慧向马学良先生询问得知。见杨利慧：《女娲溯源——女娲信仰起源地的再推测》，北京师范大学出版社 1999 年版，第 9 页。

② 闻一多对伏羲女娲神话的研究成果主要见于《从人首蛇身像谈到龙与图腾》《战争与洪水》《汉苗的种族关系》《伏羲与葫芦》等一系列文章中，其中《从人首蛇身像谈到龙与图腾》曾载《人文科学学报》第 1 卷第 2 期，其余各篇为朱自清据闻一多手稿编缀而成，总称为《伏羲考》，收入《闻一多全集》第 1 卷，北京三联书店 1982 年据上海开明书店 1948 年版重印。

③ 马学良：《素园集》，中国民间文艺出版社 1989 年版，第 194—197 页。

④ 齐真如：《陈州太昊陵庙会概况·序》，载郑合成编：《陈州太昊陵庙会概况》，河南省立杞县教育实验区 1934 年版。

⑤ 郑合成编：《陈州太昊陵庙会概况》，河南省立杞县教育实验区 1934 年版，第 19 页。

总的看来，这一时期对伏羲女娲神话的田野调查是历史上所未有的，学者们不仅注意到民间鲜活的口承神话以及相关的信仰，而且也开展了活态传承与古代文献相结合的比较研究。不过，在这一时期的田野调查中，伏羲女娲神话大多并未成为研究者观察的主体，相关田野研究的深度尚较薄弱。

1949 年中华人民共和国建立以后，对伏羲女娲神话的搜集不绝如缕①，直至1980 年代初—1990 年代末，对伏羲女娲神话的田野研究出现了第二个高潮，河南大学张振犁教授组织开展的"中原神话调查"以及杨利慧的两部女娲研究著述《女娲的神话与信仰》与《女娲溯源：女娲信仰起源地的再推测》可为这一时期的代表。

20 世纪 80 年代到 90 年代是迄今为止中国民间文学大搜集、大整理的巅峰时期。"文化大革命"结束以后，对民间文化的抢救性普查和记录成为知识界的共识。1984 年，由中国文化部、民族事务委员会与中国文学艺术界联合会联合主办、由中国民间文艺研究会（现改名为"中国民间文艺家协会"）具体执行的"民间文学三套集成"工作在全国范围内正式启动，搜集民间故事（包括神话、传说、幻想故事、笑话，以及其他形式的散文叙事体裁）、民间歌谣与民间谚语。在此工作中，人们发现了数目可观、形态各异的口承神话，包括伏羲女娲神话在内的大量现代口承神话随之陆续被发掘、整理、出版。例如，在根据三套集成的成果编辑出版的《四川神话选》中，收录了在当代四川省境内的十多个民族中流传的120 多则神话及其异文，其中有 16 则是讲述伏羲女娲的神话（含同类型异文）。②

"三套集成"工作不仅使丰富的伏羲女娲神话传说被搜集、整理，而且也使学者们普遍注意到了民间流传的活态神话的重要性，相关研究日渐增多。例如钟敬文曾利用新搜集的少数民族神话文本，写成《论民族志在古典神话研究上的作

---

① 例如，1964 年，袁珂等人在四川省中江县"意外地"搜集到了 6 则民间口承的神话传说，其中包括《伏羲女娲制人烟》等，这一消息发表后，学术界开始重新对中国远古神话的现代口头传承产生了兴趣。消息见《民间文学》1964 年第 3 期。在袁珂对古神话的注释以及神话流变研究的论文中，也对这类神话资料加以了运用。

② 这 16 则神话是：《女娲补天》（另有异文 2 则）、《鳌脚撑天》《雷和伏羲的妹妹》《天狗吃月》（苗族）、《女娲造六畜》《女娲挤奶成米》《伏羲兄妹造人》（另有异文 1 则）、《伏羲和女娲》《伏羲兄妹与猿猴》《伏羲兄妹与石头》《女娲造人》《女娲娘娘的眼泪》《伏羲教人打鱼》。见侯光、何祥录编选：《四川神话选》，四川民族出版社 1992 年版。

用——以〈女娲娘娘补天〉新资料为例证》（1981）一文，以论述民族志资料在古典神话研究上的重要作用。①

与这一时期的搜集和普查热情相应，自 1983 年正式开始，张振犁、程建君等人组成的中原神话调查小组，"顶风冒雪，爬山涉水"②，多次对河南境内的口承神话进行实地调查，以"弄清楚我国神话总的发展趋势"，"探讨其随着时代而产生的古代神话变异的脉络"③。1987 年他们将搜集的口承神话加以整理和编排，印行了《中原神话专题资料》④，其中收录了该调查小组在河南省境内十多个地区搜集的、在民间口头流传的上百篇神话故事，广泛涉及盘古、伏羲、女娲、羿与嫦娥、黄帝、炎帝等多数古代神话中最为重要的神话人物及其相关神话故事，并按照神话人物划分了专题，其中女娲、伏羲与女娲以及洪水神话，都是资料集里的重要内容。张振犁在撰写的《中原古典神话流变论考》（1991）等专著⑤中，充分利用了中原神话调查中所搜集的资料，对诸多重要古典神话的流变特点、规律和文化史价值进行了分析，其中在《论女娲神话的地方化》一章中，他以河南地区流传的女娲神话以及相关信仰习俗为例，认为女娲神话的地方性特征原本并不明显，受到中原的气候、天象、风土民情等的影响，日益地方化，这使女娲神话增添了新的活力，具有了顽强的生命力；伏羲和女娲的关系及其地位的不稳定，则与上古部族之间的融合有关。⑥

中原神话的田野调查引起了国内外神话学界对民间口承神话的浓厚兴趣，钟敬文等学者认为，"在中原地区发现的若干古典神话的延续，推翻了过去中国神话贫乏、仅有断简残章的片面结论，大大丰富了中国和世界神话学"⑦，"使我们

---

① 钟敬文：《论民族志在古典神话研究上的作用——以〈女娲娘娘补天〉新资料为例证》，载《钟敬文学术论著自选集》，首都师范大学出版社 1994 年版。

② 张振犁、程健君编：《中原神话专题资料》，"后记"，中国民间文艺家协会河南分会 1987 年内部印行，第 426 页。

③ 张振犁：《中原古典神话流变论考》，上海文艺出版社 1991 年版，第 273 页。该书于 2009 年被收入张振犁中原神话研究文集《中原神话研究》一书中，由上海社会科学院出版社再版。

④ 张振犁、程健君编：《中原神话专题资料》，中国民间文艺家协会河南分会 1987 年内部印行。

⑤ 该书 1991 年由上海文艺出版社出版。

⑥ 张振犁：《中原古典神话流变论考》，上海文艺出版社 1991 年版，第 43—59 页。

⑦ 《中国民间文艺研究会第四次会员代表大会的工作报告》，1984 年内部印行。

有机会看到那些多年来隐没在民间的古典神话各种新形态。……这是我国神话研究者的福音，同时也是世界神话学者的一种奇遇"①。俄罗斯汉学家李福清（B. Riftin）也指出："注意到神话传说在口头流传的情况，从根本上说是中国神话研究的一个新的方向。"②

中原神话的调查也直接影响了杨利慧的女娲研究。1993 年 3—4 月间，正在准备其博士学位论文写作的杨利慧跟随张振犁、陈江风和吴效群组成的中原神话调查组，对河南淮阳县和西华县以及河北涉县等伏羲女娲神话和信仰的主要传播地进行了田野考察，不仅获得了较丰富的有关神话及信仰资料，而且也直接促成了其女娲研究视角的转变——在田野中，她深切地体会到：

> 女娲不仅仅存在于古代文献里，她还广泛地活在人们的口头上、行为中和情感、观念里。一句话，女娲不是远古的木乃伊，她是活在现实中的传统，并对人们的现实生活产生着多方面的影响。从此，我深以为女娲研究只从文献而研究其神话是有局限的，而只有在由一系列的信仰观念、礼祀行为、神圣语言、巫术、禁忌等共同构成的信仰背景中，才能更真切、深入地理解女娲的神话及其信仰的实质。……由此，我的女娲研究从以往单纯对女娲神话的考据，转向更广大范围里的女娲神话与信仰的综合考察，而且以为这是更全面、立体、完整地认识女娲及其相关文化的有效途径。③

由于这次田野调查经历，她的博士论文《女娲的信仰与神话》(1997)④ 最终并未写成对女娲神话的文化史溯源研究，而是首次将女娲的神话与信仰合为一个整体，从文献与田野两条路径揭示和呈现女娲在历史上和当下社会中的存在状貌，不仅梳理了其历史上的文字记录，还在第四章中专写了基于淮阳、西华和涉

---

① 钟敬文：《中原古典神话流变论考·序一》，载张振犁：《中原古典神话流变论考》，上海文艺出版社 1991 年版，第 1 页。2009 年，该文被收入张振犁中原神话研究文集《中原神话研究》一书中，由上海社会科学院出版社再版。

② ［俄］李福清：《中国神话故事论集》，马昌仪编，中国民间文艺出版社 1988 年版，第 169 页。

③ 廖明君、杨利慧：《朝向神话研究的新视点》，《民族艺术》2005 年第 1 期。

④ 杨利慧：《女娲的神话与信仰》，中国社会科学出版社 1997 年版。

县的田野调查而撰写的三篇调查报告，以呈现女娲以及伏羲的神话与信仰在当代中国的流传现状，从中探讨其在人们现实生活中所具有的功能，并揭示女娲在中国民族信仰中的地位。

在随后出版的博士后出站报告《女娲溯源：女娲信仰起源地的再推测》（1999）①一书中，杨利慧将田野调查的范围进一步扩展到了甘肃省天水地区，通过将田野调查资料与古典文献、考古学资料相结合，来重新探索女娲信仰起源地的问题。在该书的下编中，她还将自己于1993—1996年间进行女娲的田野研究时所写的日记展现出来，以期襄助读者了解女娲信仰的具体生存和传承情态，也为以后的女娲文化乃至更广泛的民间信仰与民众生活的研究，提供一些较详实的参考资料。

与第一个高潮时期相比，这一时期的伏羲女娲神话田野研究无论在数量和质量上都有实质上的飞跃：多聚焦于伏羲女娲神话及其信仰的本体，既在漫长的时间维度中探寻其神话与信仰的流变，同时也开始日渐注重在当下不同地域空间中相关神话的活态存在及其在民众生活中的多元功能。不过，这一时期的相关田野研究大多流于对现今搜集的神话文本的分析，在方法和资料上常运用跨越广大的时间和空间范围的资料进行大范围内的比较，而缺乏对一个个特定的社区语境、一个个具体的神话讲述人的细致、深入的考察，因而不免令人常生"只见森林，不见树木"的遗憾。②

21世纪以来，伏羲女娲神话的田野研究进入了第三个高潮期。一方面，田野调查方法为更多的伏羲女娲神话研究者所采用。比如，刘惠萍在其所著的《伏羲神话传说与信仰研究》（2005/2013）③一书，主要运用了丰富的古代和现代文献（包括古籍记录、新近发掘的考古材料，以及他人采录的相关人类学资料），重新梳理伏羲神话传说的发展脉络，并探讨神话与政治、社会、宗教信仰之间的互动互生关系，不过书中在第六章论及"伏羲神话传说与信仰的互染"时，也特别描述了作者以"实际访察"的方法，对台北市太昊伏羲氏八卦祖师纪念庙、台北县

---

① 杨利慧：《女娲溯源：女娲信仰起源地的再推测》，北京师范大学出版社1999年版。
② 杨利慧、张霞、徐芳、李红武、仝云丽：《现代口承神话的民族志研究——以四个汉族社区为个案》，陕西师范大学出版总社有限公司2011年版，第11—12页。
③ 刘惠萍：《伏羲神话传说与信仰研究》，文津出版社2005年版，陕西师范大学出版总社有限公司2013年版。

莺歌镇碧龙宫、宜兰市南侨伏羲庙的调查结果。① 这不仅为作者的著述增加了可贵的第一手资料，也为更多学者了解伏羲神话和信仰在台湾地区的传播状况，提供了富有价值的学术信息。

另一方面，民族志式田野作业（ethnographic fieldwork）的成果日渐增多。这一方法主张研究者深入一个或多个社区（实际的或者虚拟的）之中，以参与观察或者直接交流的方式，较长期地沉浸于该社区文化，并在与各种田野关系的互动过程中达至对该文化的理解②。以往那些以文本为中心的、在几天甚至半天的时间里快速接触访谈对象并获取民间文学资料的调查方法，为较长期的、通过深度沉浸于社区之中、在与文化主体的频繁互动交流过程中逐渐获得对当地文化及其传承主体的较深入理解的方法所取代。由于这一方法的运用，这一阶段对伏羲女娲神话的研究也更具有深度和广度，不仅涉及当代传承主体之间的交流以及神话观，当代民间文化的复兴、遗产旅游、媒介变迁、非物质文化遗产（以下一般简称为"非遗"）保护以及本土与外来宗教信仰的互动等话题，也纷纷进入伏羲女娲研究的领域。

杨利慧的系列论文③ 及其带领团队合著的《现代口承神话的民族志研究——以四个汉族社区为个案》（2011）、《神话主义：遗产旅游与电子媒介中的神话挪用和重构》（2020）④ 在这一时期的研究中较具代表性。在这些著述中，杨利慧及其团队尤为关注现代口承的伏羲女娲神话在具体社区中的生存状况以及个体讲述

① 刘惠萍：《伏羲神话传说与信仰研究》，陕西师范大学出版总社有限公司2013年版，第273—277页。

② 杨利慧等：《神话主义：遗产旅游与电子媒介中的神话挪用和重构》，中国社会科学出版社2020年版，第22页。

③ 例如《民间叙事的传承与表演》，《文学评论》2005年第2期；《中原汉民族中的兄妹婚神话——以河南淮阳人祖庙会的民族志研究为中心》，《云南师范大学学报》（哲学社会科学版）2010年第6期；《语境的效度与限度》，《民俗研究》2012年第3期；《遗产旅游语境中的神话主义——以导游词底本与导游的叙事表演为中心》，《民俗研究》2014年第1期；《当代中国电子媒介中的神话主义》，《云南师范大学学报》（哲学社会科学版）2014年第4期；《民俗生命的循环：神话与神话主义的互动》，《民俗研究》2017年第6期；《官民协作：中国非物质文化遗产保护的本土实践之路——以河北涉县女娲信仰的四百年保护历程为个案》，《云南师范大学学报》（哲学社会科学版）2017年第6期，等等。

④ 杨利慧等：《神话主义：遗产旅游与电子媒介中的神话挪用和重构》，中国社会科学出版社2020年版。

人对神话的创造性表演，特别注意探索神话的传承、变迁与当代社会文化语境之间的互动关系。《现代口承神话的民族志研究》一书不仅提出并大力倡导对现代口承神话进行民族志式的田野作业，也为此主张提供了实践样例。此书由她指导四位研究生张霞、徐芳、李红武、仝云丽先后历时十余年时间完成（2000—2011）。书中的四个个案，三个都与伏羲女娲有关：第三章聚焦于陕西安康伏羲山、女娲山区，探讨了现代口承神话的演述人及其神话观；第四章以山西洪洞县侯村的女娲神话和信仰为个案，讨论了民间传统的当代重建；第五章从历史以及权力和政治视角，对河南淮阳从 20 世纪 30 年代到 2005 年间的人祖庙会和神话讲述活动进行了历时性考察。该书对以往神话学史上几乎从未关注过的问题——现代民间口承神话的传承和变异是如何在一个个特定的社区中发生的？谁是当代社会里的神话讲述人？讲述人、听众和参与者是如何互动交流的？讲述人如何根据具体讲述情境的不同和听众的不同需要而适时地调整神话的讲述策略从而最终形成了一个个特定的神话文本的？等等——进行了调查和分析。

2020 年，杨利慧团队合著的《神话主义：遗产旅游与电子媒介中的神话挪用和重构》一书出版。与以往伏羲女娲神话研究的聚焦点不同，该书运用"神话主义"的概念，集中探讨了 20 世纪后半叶以来，由于现代文化产业和电子媒介技术的广泛影响而产生的对中国神话的挪用和重新建构。运用民族志式田野作业的方法，作者们对河北省涉县娲皇宫景区的女娲神话（汉族）、湖南省泸溪县侯家村的盘瓠神话（苗族）以及云南省哈尼族彝族自治州元阳县箐口村的"窝果策尼果"神话传统（哈尼族）在遗产旅游语境中的表现和变迁，以及因特网、电子游戏、电影和电视中的神话挪用和重构（其中也大量涉及伏羲女娲神话），进行了比较细致、深入的考察，分析了神话主义的文本特征和本质属性，并阐述了神话主义的生产与当代社会文化之间存在的互动关系。该书试图拓宽传统神话学的研究领域，有助于学界和普通读者在更完整的脉络中洞悉神话的生命力。

除了杨利慧及其团队的相关研究，运用民族志式田野作业方法来研究伏羲女娲神话与信仰的成果这一时期还有不少，特别是一些博士和硕士学位论文。博士学位论文如黄剑波的《"四人堂"纪事——中国乡村基督教的人类学研究》（中央民族大学，2003）、张迪的《伏羲神话的叙事策略与谱系构建》（华东师范大学，2020）、孙伟伟的《"图像场域"视角下的当代女娲图像研究——以河北邯郸地区为考察中心》(北京师范大学，2021)；硕士学位论文如卢军伟的《"非遗"保护过程中民间角色与政府作用的探讨——以天水太昊伏羲祭典为例》(西北民族大学，2009)、霍志刚的《淮阳地区伏羲神话的现代传承与重构》(中央民族大学，2017)、丁思瑶的《女娲信仰的叙事研究——以河北涉县为个案》(北京师范大学，2020)，等等。这里稍谈一下黄剑波的相关研究。黄剑波的博士学位论文是基于其 2001 至 2002 年间对中国甘肃天水地区一个普通的村庄"吴庄"(化名)进行的前后 4 次、共计约十个月的田野工作。尽管作者的问题焦点和分析中心并非伏羲信仰，而是基督教在中国乡村的存在状况，不过，当地更为普遍的伏羲信仰被当作与基督教冲突而又互动的地方民间信仰体系的代表，也在文中得到较多关注和描述(第七章)。作者以生动的笔触，描绘出作为本土民间信仰体系中的大神，伏羲及其信仰如何与外来宗教冲突互动，这为伏羲女娲研究提供了一个新的观察视角。

综上所述，一个多世纪以来，神话学、民俗学、人类学等不同学科的学者对伏羲女娲神话进行了持续的田野研究，取得了丰硕的成果，调查的深度和涵盖话题的广度上均日益深入。不过，现今看来，相关研究也存在一些不足，有待未来进一步推进：第一，田野调查方法，尤其是民族志式田野研究方法的运用在伏羲女娲神话以至于整个中国神话学的总体架构中显得还十分薄弱，与相关神话在当下民间生活中呈现出的丰富形态相比，成果明显不足，亟待强化。第二，现有研究多集中在河北涉县、河南淮阳、甘肃天水等少数几个中心点，对于全国其他地方的伏羲女娲神话存在形态的多样性，还缺乏充分的调查和分析。第三，对那些集中流布点的伏羲女娲神话在几十年中发生的变化，尤其是当下受到大众文化产业、信息技术以及非遗保护工程等的影响而产生的剧烈变迁，也应大力加强研究。

这为本书的调查研究和撰写工作提供了目标和出发点。

二、本书的写作目的、方法与结构

2017 年，上海市社会科学界联合会组织实施了"中华创世神话学术研究工程"，作为"开天辟地——中华创世神话"文艺创作和文化传播工程的重要组成部分。作为其中的一项主要建设成果，华东师范大学田兆元教授申请的"中华创世神话田野编——盘古开天、伏羲女娲、神龙生人、白虎生人篇"获得了上海市哲学社会科学规划重大委托项目。承蒙田教授信赖，邀约笔者负责其中伏羲女娲神话的田野调查。与该委托项目的总体要求相一致，本子课题的任务是通过田野调查的方法，从地方文献、口承文本、景观图像以及相关仪式活动等多方面，勾画当代伏羲女娲创世神话的整体面貌。因此，本书的写作目的，便是运用田野调查方法，对伏羲女娲神话在当代中国的现存形态进行考察和描述，同时揭示相关神话与各地不同的社会文化语境之间的互动关系，展现旅游开发、非遗保护以及社区公共文化建设等重要社会变迁对该神话传统的影响，以此进一步推进伏羲女娲神话的田野研究。

本书采用田野调查的方法，分别对河北涉县娲皇宫、河南淮阳太昊陵、甘肃天水伏羲庙、山西洪洞赵城镇侯村女娲庙、山东济宁邹城羲皇庙等地的伏羲女娲神话传承现状，进行了较深入的田野调查、研究与较细致的民族志描述。

之所以选择上述五个田野点，主要是考虑到它们都有较悠久的伏羲女娲神话传承传统，当下也有相关的实践活动，同时又各具特色。其中，河北涉县娲皇宫、河南淮阳太昊陵、甘肃天水伏羲庙、山东济宁邹城羲皇庙和微山伏羲庙均为全国重点文物保护单位，山西洪洞的侯村女娲庙则是省级重点文物保护单位。另外，涉县娲皇宫是目前国内现存最大的女娲庙宇，其女娲祭典于 2006 年被列入国家级非物质文化遗产保护名录；淮阳太昊陵（人祖庙）有长达一个月之久的人祖庙会，其伏羲祭典也于 2006 年被列入国家级非物质文化遗产保护名录；天水的伏羲庙与淮阳太昊陵并称国内祭拜伏羲的两大庙宇，每年正月十六举行庙会，相关神话和传说较为丰富；洪洞侯村女娲庙地区的女娲和伏羲神话流传已久，但在解放战争期间中断，直到 1990 年代中期才得以重新恢复和重构；山东济宁地区有丰富的伏羲女娲神话资源，这里的嘉祥武氏祠汉画像石中多有伏羲女娲画像，邹城郭里镇羲皇庙遗址是鲁西南地区最大的祭祀伏羲女娲的古建筑群，微山伏羲庙是北宋伏羲祭祀建筑，而且是少数陵上建庙、陵庙合一的庙宇建筑之一，但是对这里的伏羲女娲神话流变情况，目前学界的关注不多，缺乏正式的田野调查。上述五个个案，有的在村落，有的在县镇；有的偏重女娲（例如涉县娲皇宫地区和洪洞侯村），有的偏重伏羲（例如淮阳太昊陵、天水伏羲庙等）；有的调查点伏羲女娲的口承神话流传比较密集（例如涉县娲皇宫和淮阳太昊陵），有的则相对较弱（例如济宁地区）；有的地方长期受到学界关注（例如涉县娲皇宫、淮阳太昊陵和天水伏羲庙），相关研究较多，有的地方相关研究则比较少（例如济宁地区）……总之，五个个案具有不同的形态和特色，相互对照，恰好从不同层面展现了当代中国伏羲女娲神话的多元风貌。

五个个案的调查者均是本省人甚或是本地人（附近地区的人），熟悉当地的语言，便于与当地人交流。至于各位作者进行田野研究的具体情况，各章中都有说明，这里不再赘述。其中，张迪、霍志刚和丁思瑶三人，其博士和硕士学位论文便是研究伏羲或女娲的神话与信仰（见上文的学术史），他们在这里呈现的文字，是在其学位论文的基础上修改和完善的。

本书在结构上共分为六章。其中第一章为"总论"，由杨利慧、王均霞合作完成，主要梳理了一个多世纪以来中国学者对伏羲女娲神话的主要田野研究成果，交代了本书的写作目的、方法和过程，并对本书所涉及五个地区的田野研究的主要发现进行了归纳和总结。

第二章对山西洪洞侯村的田野研究由王旭完成。该章梳理了女娲伏羲神话在侯村的地域化传承脉络和形态特征，发现当地的上古文明为女娲伏羲神话信仰的生发孕育了土壤，近代动荡的社会变迁导致了神话信仰的破坏中断，而当代民间信仰的复兴则促成了该传统的接续、重建；在这一漫长曲折的历史进程中，口承文本、庙宇遗迹、信仰仪式是女娲伏羲神话的三种叙事形态，它们相互附着、彼此影响，共同构成了一个神话信仰的整体；在三种叙事形态的重建过程中，"民族—国家"符号不断加入，为传统资源的恢复和发展提供了合理的解释，并实现国家与地方的互动、传统与现实的对接，进而推动了自身文化的再生产和区域经济的再建设。

第三章对河北涉县娲皇宫的田野研究由丁思瑶完成。研究表明涉县的女娲神话丰富多样，其中以女娲炼石补天、抟土造人的神话辐射范围最广。新生神话和传说的融入，官方的宣传以及旅游和影视等商业资源的开发，使女娲文化处于不断发展的过程中。女娲神话在当地民众生活中发挥着重要作用，讲述女娲神话、纪念女娲功绩成为涉县人的心灵寄托，并深入到日常生活的各个方面，成为公共空间和文化建设中不可或缺的一部分。

第四章对河南淮阳太昊陵的田野研究由霍志刚完成。本章表明伏羲和伏羲神话在淮阳地区发挥着多重功能，成为促动神话不断传承的重要动因；伏羲被当地民众视为人类的最早祖先，发挥着地方保护神、药神、送子神等神职，体现了民众信仰的杂糅和实用的特点；而伏羲神话发挥着巩固人祖信仰和地方传统、解释人类起源、教化和规范、维系族群和地域认同等多重功能，还在当代被赋予了将伏羲打造为地方文化品牌、利用人祖神话作为导游讲述的文化资源、推动社区文化共同体建设等新的功能。

第五章对山东济宁地区的田野研究由王均霞完成。通过对邹城市郭里镇羲皇庙遗址的当代伏羲女娲神话叙事形态的调查，作者发现当代济宁地区的伏羲女娲神话有丰富的叙事传统；在国民受教育水平普遍提高以及人口流动性加强的社会大背景下，传统的伏羲女娲神话的口承叙事传统渐趋式微，但伏羲女娲神话的叙事并没有衰落，新的景观图像叙事与仪式叙事代之而起，成为极富时代特色的叙事形态；在非遗保护的时代背景下，当地伏羲女娲神话叙事日渐成为一种重要的文化资源。

第六章对甘肃天水伏羲庙的田野研究由张迪完成。作者经调查发现：在天水地区的民间信仰中，伏羲的形象集祖先、神灵、文化英雄于一体，其功能多元，涵盖日常生活的方方面面；伴随着非遗保护运动的兴起和地方政府力量的介入，伏羲信仰通过公祭大典仪式的发明和创造以及新式祭拜行为的倡导，其神灵性和迷信主义弱化，而作为文化英雄和文化祖先的象征符号意义不断凸显；当代伏羲神话的传承不再主要通过代代相传的口头传承方式呈现，而更多地融汇在以伏羲神话为中心的当代文化创造和生产的过程中，成为地方谋求经济发展和文化影响力扩大的保障。

遵照民俗学的学科惯例，本书中的主要受访人一般使用了化名。另外，上文提到，由于不同地方对伏羲和女娲的敬奉程度有所差异，有的偏重伏羲，有的偏重女娲，所以，尽管本书按照学界和社会上的一般表述习惯，在书名和学术史梳理中并称二者为"伏羲女娲"，但是在正文中，则尊重当地的文化传统，有时也称"女娲伏羲"，有时则只称"女娲"或"伏羲"。

三、本书的主要结论

本书的五篇田野研究报告，内容涉及五个省区的伏羲女娲神话在当地流传的历史及其在当代的传承状况等，其中又以当代的传承状况为中心，而且尤其注重神话在当代的多维传承形态。具体来说，五个个案均聚焦于当地伏羲女娲神话的当代传承形态，立足于新的时代背景，呈现相关神话的传承形态的新变化。例如，王旭对山西洪洞侯村女娲神话的研究报告，从地方文献、口承文本、庙宇景观与仪式活动四个层面，考察了当地女娲伏羲神话信仰如何实践着历史与当代的对话。王均霞对山东济宁市伏羲女娲神话的田野研究发现，在非遗保护的语境中，该地区的相关神话叙事日益从一种民间主导的叙事模式转向一种更趋官方主导的叙事模式；在这种新的叙事模式中，除了传统的文本 / 口承神话叙事之外，新兴的由相关政府机构推动的景观图像叙事（如庙宇、新建的景观、街头民俗画的展示）、仪式行为叙事（如大型祭典活动）也开始被广泛采用，因此，文本与口承的叙事、景观图像与仪式行为的叙事之间存在着内在的互动关系。丁思瑶对河北涉县娲皇宫的调查与霍志刚对河南淮阳太昊陵的调查，均显示出导游这一职业群体在伏羲女娲神话的当代传承中所起的重要作用。

除了各章得出的一些具体结论，在总体上，本书认为当代伏羲女娲神话的传承具有如下一些特点：

第一，伏羲女娲神话的讲述与当地民众的信仰生活实践息息相关。

一方面，伏羲女娲神话附着的景观建筑均以庙宇为主，涉县娲皇宫、淮阳人祖庙、天水伏羲庙、洪洞女娲庙、邹城羲皇庙等，都是远近闻名的庙宇，香火极为旺盛。以邹城羲皇庙为例，尽管其庙宇建筑早已遭到破坏，目前仅存遗址，但这并不妨碍当地民众的信仰表达——每逢阴历的初一、十五，周边村落，甚至其他更远地方的民众仍然前来烧香，尤其是正月初一这一天，虽不是庙会，但来烧香的香客之众却胜似庙会。同时，这些庙宇大多不是孤立存在，而是形成了相关建筑群。例如，涉县除娲皇宫外，在其周边村落还有诸多供奉女娲的行宫或庙宇。在济宁地区，邹城羲皇庙、微山伏羲庙、嘉祥伏羲庙，甚至包括在行政区划上被划归枣庄市的滕州女娲庙等共同构成了伏羲女娲庙宇群落。这些庙宇共同承载着当地民众的信仰观念，传播着关于伏羲女娲的神话故事。另一方面，围绕这些庙宇建筑，各地都形成了具有影响力的民间庙会。例如，涉县娲皇宫阴历三月初一到三月十五的女娲庙会，淮阳从二月二到三月三的太昊陵庙会，天水伏羲庙正月十六的伏羲诞辰、七月十九的末祭，洪洞女娲庙三月初十的女娲古庙会，邹城羲皇庙三月三和十月一庙会等……均成为伏羲女娲神话展演的重要场合。

第二，伏羲女娲神话的当代传承具有鲜明的地方性特征。

本研究所呈现的河北涉县、河南淮阳、甘肃天水、山西洪洞以及山东济宁地区的伏羲女娲神话叙事均与当地的历史、文化以及地方风物有密切关联，具有明显的地方化色彩。其中尤以与地方风物的紧密关联最为显著，所有报告均提及伏羲女娲神话叙事与当地风物景观的密切关联。例如，王旭对山西洪洞女娲庙的调查表明，侯村一带的女娲伏羲创世神话，除了保留有女娲补天、抟土造人、伏羲画卦、滚磨成婚等创世神话的基本情节母题之外，更多的是对当地庙宇遗迹、风俗活动的解释性叙事和神异事件的经验叙事。很大程度上说，正是与当地地方风物的紧密结合，使得伏羲女娲神话在当地民众心中的真实性得以成立，民众的情感亦渗透进伏羲女娲故事的讲述活动。这显然有助于伏羲女娲神话的传承与传播，是今天伏羲女娲神话在民间得到传承与传播的重要原因。另外，当地的历史文化传统也会影响到其伏羲女娲神话的讲述。例如，在山东济宁地区，当地人更愿意讲述那些在他们看来更接近历史的伏羲女娲故事，而不是那些被当地人认定为"不真实"的伏羲女娲故事，这大约与山东很强的儒家文化传统的影响有关。

第三，在现代化语境中，伏羲女娲神话叙事呈现出强烈的民族国家话语特征。

本研究所调查的五个伏羲女娲神话的传承区域均与不同层级的政府有着密切关联，例如，这五个地方的相关庙宇（遗址）均为国家级重点文物保护单位或省级重点文物保护单位，河北涉县女娲祭典与河南淮阳伏羲祭典还被列入国家级非遗保护名录。在这种背景下，伏羲女娲神话叙事中与中华民族的文化认同有关的一面在传播中被突出强调，具有强烈的民族国家话语特征。一方面，在各地关于伏羲女娲的祭祀大典中，通常强调伏羲女娲的始祖神的神格，在祭祀活动中凸显"寻根祭祖"的正当性，这在本书所研究的五个个案中均有十分明显的体现。对伏羲女娲的始祖神神格的强调，将各地原本极具地方化的伏羲女娲神话与中华民族普遍的文化认同连接在一起，以凸显当地伏羲女娲神话的重要性与合法性。另一方面，在各地关于伏羲女娲神话的景观图像叙事中，往往凸显伏羲女娲的创世功绩。例如，在微山伏羲庙周边村落的街头民俗画中，伏羲被认为是中华民族的人文始祖，女娲则是福佑社稷之正神，是东方始母。很大程度上说，这种强调伏

羲女娲作为始祖神的神格以及其创世功绩的伏羲女娲神话叙事，是超越伏羲女娲
的地方性的，也超越了传统的、具有地方性的民间口承叙事文本，而更强调具有
普遍性的书面文本的可靠性与正统性。这成为伏羲女娲神话叙事十分突出的又一
当代特征。

　　第四，在非遗保护的时代背景下，伏羲女娲神话被作为重要的文化资源得到
保护和开发。

　　如果说，过去上述地区的伏羲女娲神话叙事主要与当地民众的信仰实践紧密
结合在一起，反映的是地方民众的生活文化，那么今天参与伏羲女娲神话叙事的
主体则更具复杂性。其中既包括当地民众，也包括当地政府以及相关商业机构。
伏羲女娲神话既是民间信仰传统的一部分，今天也被当作重要的文化资源得到保
护、开发与利用——同时承担起旅游开发与公共文化建设的功能。例如，涉县娲
皇宫、淮阳太昊陵以及天水伏羲庙都已经成为当地重要的旅游景区，相关景观的
打造以及伏羲女娲神话的景区讲述均已相当成熟，而洪洞侯村女娲宫与济宁地区
的羲皇庙和伏羲庙也正沿着这一道路前进。同时，伏羲女娲神话也承担起公共文
化建设的职责，这突出表现在强调伏羲女娲神话的景观图像叙事与仪式行为叙事
中所展现的伏羲女娲的始祖神神格，以及这一神格对于中华民族的文化认同的重
要性。

　　第五，伏羲女娲神话的叙事形态更趋多元。

　　在新的时代背景下，伏羲女娲神话从地方民众自发实践的生活文化，逐渐转
变为当地重要的文化资源，得到挖掘、保护、开发和利用，这使得相关神话叙
事的参与主体日趋多元，并在很大程度上改变了伏羲女娲神话的传承形态。一方
面，伏羲女娲神话的口承文本的讲述主体逐渐发生了变化：普通民间故事讲述人
逐渐退出伏羲女娲神话的叙事舞台，而职业讲述人则在伏羲女娲神话的叙事中日
益活跃，成为新的伏羲女娲神话的叙事主体。王均霞的调查显示，济宁地区普通
民众中能够讲述伏羲女娲神话的人日益减少。在其调查中，当地年纪较轻的村民
常常否认自己会讲该神话，要其去问"有年纪的"，也即至少 70 岁以上的村民。
而能够讲述伏羲女娲神话的、70 岁以上的村民，许多已经去世，还有一些因身
体原因已经无法完整地讲述该神话。丁思瑶与霍志刚的调查则显示，在河北涉县
与河南淮阳等旅游开发相对成熟的地区，导游日益成为当地伏羲女娲神话的重要

讲述主体。另一方面，地方景观图像（如相关建筑、街头民俗画等）与新时期的仪式展演（如各地的伏羲女娲祭典）已经成为伏羲女娲神话叙事的重要媒介。本书的五篇研究报告显示，各地均有隆重的伏羲女娲祭祀大典，这些祭祀大典成为伏羲女娲神话叙事的重要载体。王均霞的调查还显示，济宁地区邹城羲皇庙与微山伏羲庙周边村落的街头画以及羲皇庙旁边新建的朝拜广场，成为了伏羲女娲神话的新的叙事形态。可以说，今天的伏羲女娲神话的传承是口承/书面叙事、景观图像叙事、仪式行为叙事统合在一起的新的整体性叙事模式，诉诸听觉的和诉诸视觉的叙事形态紧密融合在一起，共同讲述着当代的伏羲女娲神话。

伏羲女娲神话不仅仅存在于古典文献中，也不只属于遥远的过去，相反，它仍然生机勃勃地存在于我们当下的日常生活中，并与当代社会、文化、政治密切互动，不断展现出新的万千风貌，生动地体现了中国神话传统的强大生命力。

（杨利慧，北京师范大学文学院教授；
王均霞，华东师范大学社会发展学院副研究员）

第二章　山西洪洞县赵城镇侯村的女娲伏羲神话

王　旭

女娲伏羲神话是中国创世神话中的经典内容，文化底蕴深厚久远，流布范围广泛多样，形成了具有不同区域特色的发展轨迹和形态特征。其不仅反映了相关地区早期社会文化、口传文学和信仰生活的历史风貌，也成为当代社会中各地区进行集体精神认同和区域文化构建的历史依据和现实资源。山西省洪洞县赵城镇侯村是女娲伏羲神话密集分布且具有代表性的区域之一。这里是典籍文献记载中的女娲埋葬之地，坟冢前的娲皇庙始建于唐代以前，是受到历代朝廷认定和祭祀的古帝王陵庙，历史悠久，规模宏大，碑刻林立，信仰浓厚。以侯村娲皇陵庙为中心，周围还分布有众多女娲伏羲的庙宇和古迹，流布着大量女娲伏羲的神话传说，形成了一个以女娲为主体、伏羲为辅助的女娲伏羲神话信仰群。但是，这些庙宇古迹在近代抗日战争、解放战争和"文革"期间基本毁坏殆尽，侯村娲皇庙的所有建筑也无一幸免，相关的神话传说和庙会活动一度衰落。直到20世纪90年代末，在全国各地传统文化复兴的背景下，侯村娲皇庙得以重建，女娲庙会和神话传统得到恢复。又经历了二十年的发展，今天的娲皇庙正在进行当代的第二次重建，女娲文化节正在被塑造，女娲伏羲神话也正在经历从传统到资源的创造性转化。庙宇、仪式和神话作为一个整体，努力参与到区域经济文化建设的整体之中，呈现出一种新的时代景象。总体来看，侯村地区女娲伏羲神话的鲜明特点在于：拥有深厚的历史传统，地方文献和神话遗址非常丰富，但是传承脉络却经历了中断和恢复的过程，为我们观察当代社会中神话的重构提供了典型样例。

已有一些调查研究关注到侯村女娲伏羲神话的历史渊源、传承现状和信仰活动，例如徐芳运用民族志田野调查的方法，较为细致地分析了侯村娲皇庙在当代的第一次重建过程以及女娲神话的传承与再创造①，为我们提供了重要的资料和研究基础。不过，近二十年来侯村娲皇庙及神话信仰一直持续进行着重建，出现了许多新的特点和样态，需要我们展开回访调查。并且，以往学者的关注点主要集中于侯村娲皇庙和女娲文化，较少结合周边村落的女娲和伏羲庙宇遗迹群进行整体研究，对女娲伏羲神话传说的文本整理分析也不够系统，而这些正是本章非常关心的问题。

本章的主要思路是从地方文献、口承文本、庙宇景观、仪式活动四个层面，考察当地女娲伏羲神话信仰如何实践着历史与当下的对话，主要方法是将地方史志资料、碑刻资料与民族志资料相结合进行对读分析。笔者的主要田野调查时间为 2019 年 8 月，主要调查地点为洪洞县赵城镇侯村、明姜镇北伏牛村和淹底乡卦底村，当地村委会领导、地方文化人、寺庙住持及居士信众对本次调查给予了热情支持与帮助，提供了丰富的口述资料、内部刊印文件、碑刻拓片、庙会视频图像等，这些支持与帮助起到了重要的资料支撑作用。

一、侯村的地理与人文环境

侯村位于山西省南部的洪洞县赵城镇，历史悠久，人杰地灵，素有"洪洞第一村"的美誉。洪洞县东靠太行山，西倚吕梁山，地处山西南北交通要冲，战略地位十分重要，自古为兵家必争之地，因洪洞大槐树而闻名，根祖文化浓厚。洪洞县上隶临汾市，下辖 9 镇 7 乡，侯村所在的赵城镇，相传为周穆王封造父之地，距今已有近三千年的历史。从隋朝设赵城县开始，历代相沿，直到 1954 年，赵城县与洪洞县合并之后才改为镇，属洪洞县管辖。

（一）造父封地：古县赵城

赵城镇地处洪洞县北端，属临汾盆地，东望霍岳，与明姜镇毗邻，西濒汾水，与堤村乡隔河相望，南连大槐树镇，北接霍州市境，镇域面积 84 平方千

① 杨利慧、张霞、徐芳、李红武、仝云丽：《现代口承神话的民族志研究——以四个汉族社区为个案》，陕西师范大学出版总社有限公司 2011 年版，第 184—221 页。

米。地势东高西低，东北两面环山，为丘陵地带，西南临河，为平川地带。丘陵区占总面积30%，平川区占70%，耕地面积610000余亩。全镇下辖41个村委会，55个自然村，居民8万余人，其中农业人口6.8万。[①]气候特征表现为冬季寒冷干燥，夏季炎热多雨，干旱、干热风是较为严重的两种自然灾害。农作物以小麦、玉米、豆类、薯类、棉花、蔬菜为主。镇域内有原煤开采、洗煤、炼焦企业，是洪洞县主要的煤炭加工转化基地，同时还有机械修配厂、铸造厂、粮油加工厂、造纸厂、塑料厂、建筑工程队、石料厂、搬运队等。[②]

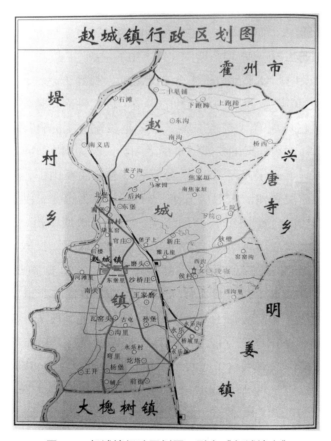

图 2-1 赵城镇行政区划图，引自《赵城镇志》

---

① 王秋平：《赵城镇志》，山西人民出版社2014年版，第1页。
② 张青：《洪洞县志》，山西春秋电子音像出版社2005年版，第24—25页。

赵城一带人类早期活动的历史久远，先后发现有二十里铺、耿壁、侯村等仰韶和龙山文化遗址，出土大量石器和陶片，说明早在新石器时代，人类就在这片土地上生息繁衍，是中华民族的重要发祥地之一。唐尧都平阳，赵城在尧封百里之内；虞舜肇十二州，赵城属冀州；夏禹定九州，赵城仍属冀州，为距王城五百里的甸服之地，均表明赵城处于上古文明生发的核心区域。据清代《赵城县志》载："赵城周穆王以封造父，赵氏守姓之始也"，"《史记·赵世家》造父取骥之乘匹于桃林，盗骊骅骝绿耳，献之缪王，王使造父御，功徐偃王破之，乃赐造父以赵城，由此为赵氏。"[①] 相传，造父为伯益的十三世孙，是西周时期的驾车大夫，因善御得幸于周缪王。他在桃林一带觅得八匹骏马，献于周穆王，驾车西行至昆仑山，见到西王母，乐不思归。期间（前960），徐偃王叛乱，造父驾车，日行千里，才使穆王及时归朝平乱，穆王念造父之功，封其于赵城，造父一族由此为赵氏。可见赵城一名源于西周，是赵姓的封地，因赵姓而得名。

春秋时期，赵城属晋，赵简子居之，今赵城东北1.5千米简子城为赵国故城。战国赵城属韩，秦分天下，属河东郡平阳县。汉为河东郡彘县地，以彘水故名。隋为霍邑县地，义宁元年（617）分置赵城县，属霍山郡，是为赵城命县之始。唐属吕州，后属晋州。宋熙宁五年（1072），改为镇，隶洪洞县，元丰三年（1080），恢复置县。金属平阳府，贞祐三年（1215）改属霍州。元亦属霍州，明清归属平阳府，乾隆三十七年（1772）改属霍州直隶州。民国三年（1914）设道，赵城隶属河东道，道治在今运城。民国十九年（1930），废道，县直隶属省。民国二十六年（1937）十月，日军侵入山西，阎锡山省政府退至晋南，赵城属全省第六行政专区。1938年2月，赵城沦陷，1939年，日军在赵城设立日伪赵城公署。1940年，中国共产党成立赵城县抗日民主政府。1945年，洪洞县、赵城县在铁路以西地区成立洪赵（河西）联合县民主政府，1948年，联合县撤销，恢复旧建制。1954年，洪洞、赵城合并为洪赵县，县治设洪洞，赵城从此改县为镇。[②]

拥有千年历史的古县赵城，在广袤的霍岳汾水之间，钟灵毓秀，古迹遍布，

---

① （清）李升阶：《赵城县志·沿革》卷二。
② 王秋平：《赵城镇志》，山西人民出版社2014年版，第5—7页。

形成了深厚的人文底蕴。《赵城县志》所载当地十二景致有"霍山翠岭、汾水洪波、娲陵古井、粮山古泉、中镇神松、广胜奇柏、伏牛土台、出佛石峡、豫桥流水、蔺墓灵棘、简城晓色、崖灯晚照"①，包括了娲皇陵、女娲庙、伏羲庙、简子故城、蔺相如墓、广胜寺、中镇寺等星罗棋布的庙宇遗迹，流布着大量与此相关的神话传说和信仰仪式。其中，侯村娲皇庙的兴衰变化，正体现了赵城县的历史缩影。宋乾德四年（966），宋太祖赵匡胤敕令重修赵城娲皇庙，设守陵长吏五户，从此娲皇庙享国之祀典。这与赵匡胤出生于这座"赵姓古县"不无关系，赵城当地就流传着赵匡胤重视寻根祭祖、修建了娲皇庙的说法。此后，娲皇庙一直作为"国庙"受到历代朝廷御祭。只可惜在抗日战争和解放战争期间，赵城因其特殊的地理位置沦为主要战场，娲皇庙、伏羲庙等许多珍贵建筑均毁于战火之中。不过，至今存留的地方史志、金石碑刻、口承文本等资料，都从不同侧面印证了赵城孕育女娲伏羲神话信仰的这段深沉久远的历史文明。

（二）"娲皇故里"：侯村

娲皇陵庙的具体所在地为侯村。侯村位于赵城镇东部，距镇政府 3 千米，耕地面积 4458 亩，常住人口六千六百余人，是赵城镇第一大村。由于娲皇陵庙坐落于此，因而得名"娲皇故里"。侯村的地理位置比较优越，不仅靠近镇政府，交通便利，柏油马路与沙桥庄、西沟村、新庄村、永乐村等周边村庄相联通，而且紧邻三维、瑞德、远中公司及工业园区，形成了集农、工、商、副、运输于一体的产业格局，创建了远近闻名的典型村，城镇化程度较高②。一段时间内，许多村民在种地的同时，还在周边厂子里务工，过着像城里人一样"早八点、晚五点"的生活，经济收入有所提高。但是 2018 年，村子周边的化工企业因环保问题全部关停，工农兼作的劳动生活方式有所改变，农村青年劳动力外流的情况明显。除了外出打工之外，农民的经济来源主要是务农和家庭副业。在农村基础设施建设方面，侯村近年来有了较大变化，不仅硬化道路，修盖楼房，建成新农村和谐小区，还新建了现代化的侯村小学和幼儿园，学生分别有二百余人，村民的

---

① （清）安锡祚：《赵城县志·景致》卷一。
② 王秋平：《赵城镇志》，山西人民出版社 2014 年版，第 64 页。

生活条件和居住环境有所提高，体现出在乡村振兴的大环境中，农村面貌正在不断改善。

侯村还是一座远近闻名的历史文化古村。关于村名的来历，侯村人传说在商周时期，这里是一位侯爵的封地，故名侯村；也有人说，侯村曾是周朝的诸侯国赵国的风水宝地，得名侯村。虽然村落确切的形成时间无从查证，但考古遗址证明了侯村的古老历史。1984 年，山西省考古研究所在侯村娲皇陵庙之下及周围发现了侯村遗址，出土了许多骨器和石器制作的生产生活用具，年代约属公元前二千年左右的尧舜传说时期，属于龙山文化遗址。在娲皇陵庙东北方向约一千米的耿壁遗址，发掘出一处原始社会的大房子，面积为 156 平方米，房内不设火膛和土炕，属仰韶文化遗址。专家推测为氏族部落的祭祀场所，也有人传言为女娲酋长议事之地。① 可见，在新石器时代，侯村已经成为一处人类活动的聚居地，是一个拥有悠久农耕文明和上古文化内涵的古老村落。

图 2-2　侯村西门题字"女娲故里"

---

①　刘北锁：《"侯村遗址"简介》，载洪洞县赵城镇人民政府编：《女娲文化论坛文集》（内部资料），2015 年印，第 100—101 页。

过去侯村有四道城门，城门上均有气势恢宏的城楼，现在只有西门保存下来。西门上题写着"女娲故里"四个大字，旁边的墙壁上还绘制有"女娲是中华民族的伟大母亲"的宣传语，彰显了女娲作为民族始祖的崇高地位。实际上，历史上的侯村庙宇众多，不仅有古代帝王遣官御祭的娲皇陵庙，在娲皇陵庙周围 5 里，还分布有其他大小庙宇 48 座，形成了一个规模庞大、形制完整的古建筑群和神灵体系。这些庙宇中供奉着上古神话中的诸位创世神灵和远古帝王。例如，三皇殿内祀奉有盘古、有巢氏和燧人氏三位创世之神，五圣殿供奉的是水神共工和圣王帝舜，火星庙内供奉着火神祝融，原补天寺的后院里建有禹王殿。还有古老神话里的众多女性人物，以女娲为核心，构成了侯村信仰体系中地位尊贵的女性神灵群像。东汉建和年间（147—149）修建的华胥庙，就在娲皇庙西侧，供奉着女娲伏羲的母亲华胥圣母，"民间求嗣者多祀之"[①]；娲皇庙内东南角的乐祖楼上，供奉的是为女娲掌管音乐的女臣娥陵氏和圣氏；庙内西南角墙外的门楼上，祀奉着黄帝的女儿女魃；村西门楼上祀奉的则是黄帝的妻子嫘祖；东门楼的四母圣殿中，供奉着稷母姜嫄、契母简狄、尧母庆都、挚母常仪[②]。这些出自上古神话的神灵信仰体系，映射出远古社会人类的生活图景，为侯村烙印上了浓厚的史前文明色彩。同时，女娲在侯村被视为至高无上、孕育万物的人文始祖，地位超越所有男性神灵之上。受此影响，侯村对以女娲为首的众位女性神灵格外推崇敬仰，形成了"不祀其夫奉其妻，不扬其子显其母"的独特现象，彰显出远古母系氏族社会女性的伟大功绩和崇高地位。

此外，侯村的周边村镇也曾经分布着许多伏羲庙、女娲庙及相关遗迹，关联最为密切的是明姜镇北伏牛村的羲皇庙和伏牛台、淹底乡卦底村的伏羲庙和画卦台，这些神话遗址之间流布着一系列女娲伏羲的神话传说。不过，曾经遍布侯村的庙宇以及周边的女娲伏羲神话遗址，都在近代战火和"文革"中毁坏。目前，侯村村内只存留有一处五圣殿，1960 年代作为供销社使用，早已凋敝破败，仅残存了部分壁画和七八通碑刻，其余庙宇则全部被毁。娲皇庙在 1947 年解放战争的临汾战役之中遭到严重毁坏，女娲神话信仰也一度衰落。20 世纪 90 年代以

---

① （清）李升阶：《赵城县志·坛庙》卷二十七。

② 刘北锁：《北宋后官方及精英认定的女娲、赵城娲皇陵庙》，载洪洞县赵城镇人民政府编：《女娲文化论坛文集》（内部资料），2015 年印，第 79 页。

来，在文物保护和新农村建设的社会背景下，侯村不断积极开展以娲皇庙为主的庙宇建筑修复工程。2000 年娲皇宝殿在原址东边的空地得以重建，2019 年规模更大的娲皇宝殿正在原址上重建，周围的其他庙宇也被纳入修复工程的总体规划之中。

正是由于侯村的历史发展经历了古代文明的积淀、近代战争的破坏、当代乡村的复兴这一跌宕起伏的过程，从而使侯村女娲伏羲神话信仰形成了自身的传承演变脉络，呈现出一种历史断裂和当代重建的鲜明特点。

二、娲皇陵庙的毁坏与修复

侯村娲皇陵庙，原址坐落在村庄东北的高台之上，这里黄土堆积较厚，土质肥沃，是村里的一处风水宝地，侯村遗址即发现于此。娲皇陵庙的格局为前庙后陵，相传这里是女娲的埋葬之地，有正副陵各一处，"皆在庙后，东西相距四十九步，各高二丈，周四十八步。居左者为正陵，其副陵相传葬衣冠者。陵前古柏一百八，树多八九人围，俗言鸟雀不粪，虫蚁不蚀"[1]。正陵右边有一块补天石，高五尺余，百窍玲珑，古色斑驳，左边一窍，伏听如有水声。[2] 娲皇庙东侧有一处女娲饮马池，饮马池旁有娲皇井，其形八角，俗称八角井，"朝不满二尺，至夕常盈，每日验之如故。"[3] 宋乾德四年（966），宋太祖诏令，派守陵人五户，春秋奉祀。此后，娲皇陵庙成为历代帝王认定和祭祀的皇家陵庙，气势恢宏，碑刻林立。娲皇庙的始建年代无考，最早的记载可见于《平阳府志》中的"唐天宝六载（747）重修"[4]，说明娲皇庙在唐代之前已经建成，历史较为悠久。后来，娲皇庙在不同历史时期又因战乱、地震、火灾等原因屡次毁坏，从而进行过数次重修，庙宇规模不断扩大，祭祀活动愈加兴盛，形成了一段女娲神话信仰传统在曲折中发展的历史过程。

---

① （清）李升阶：《赵城县志·陵墓》卷二十九。
② （清）李升阶：《赵城县志·古迹》卷二十八。
③ （清）安锡祚：《赵城县志·古迹》卷一。
④ （清）章廷珪修、郑维纲等纂：《平阳府志》，山西人民出版社 1989 年出版，第 56 页。

（一）千年国庙：娲皇庙在古代的七次重修

侯村娲皇庙的毁坏和修复历史，在地方志和碑刻中有大量详细记载，佐证了娲皇庙在唐、宋、元、明四代，至少经历过七次重修，体现了娲皇庙作为"国庙"的辉煌历史和多舛命途。

庙内现存的宋代和元代两通大型石碑，记载了娲皇庙在宋元两代分别进行的两次重修。宋开宝六年（973）《大宋新修女娲庙碑》记录了宋太祖赵匡胤亲自诏令："诸道、郡、县，应境内有先代帝王陵寝之处，俾建祠庙，四时享祭，庶百姓祈福焉。乃于平阳故都得女娲之原貌，遂命中使葳事，有司揆功，选良材，召大匠，以坚易脆，去故如新。"①经过宋代朝廷的大规模重修之后，娲皇庙"南北百丈，东西九筵，雾罩檐楹，香飞户牖。虬负担以欲动，马承阿而若驰。金碧相辉，丹青互映。即严且肃，不矜而状。亲寝载新，庙貌如故"。②不过，在元朝夺取天下的战争中，梵宫、道宇、帝庙、神祠，悉为灭尽。③据至元十四年（1277）《大元国重修娲皇庙碑》载，宋代重修之后的娲皇庙，在战争中废弃已久，平阳赵城县道人张志一在庚戌岁（1250）承郡礼召，主持修缮，五年之后庙貌小成，并将"娲皇庙"改名为"补天宫"。④实际上，在元代短暂的几十年间，娲皇庙还经历了两次毁坏和重修。甲子年（1264）娲皇庙毁于大火，次年重建，庙貌宏敞，周围约五里许。⑤到了至元四年（1267），娲皇庙盛极一时，庙宇结构包括："路寝一，小寝二，主廊过殿属焉。恢纲门二，立极门次焉。余三方有门，左右有廊，合九十楹。腹庙之左为观，以居徒侣。大殿一，小殿一，堂庑厨库备，又合六十楹。层檐揭角，丹腹一新，缭以周垣，云木森映。岁时香火之祀，四方之民率不远千里而至，咨嗟踊跃举手加额，以为天下伟观。"⑥元大德七年（1303），如此宏伟壮观的娲皇庙毁于洪洞八级大地震，三十二年后（1335）重修，"前庙五楹，后宫三楹，厨库门垣，靡不

---

① ② 碑文《大宋新修女娲庙碑铭并序》，石碑现存于赵城镇侯村女娲庙。

③ （清）安锡祚：《赵城县志·艺文志·娲皇碑记·大金重修娲皇寝庙碑铭序》卷八。

④ ⑥ 碑文《大元国重修娲皇庙碑》，石碑现存于赵城镇侯村女娲庙。

⑤ （清）安锡祚：《赵城县志·艺文志·娲皇碑记·嘉靖重修娲皇寝庙碑记》卷八。

图 2-3　宋代石碑　　　　　　　　　　图 2-4　元代石碑

毕备"①。

　　明洪武年间，朝廷遵循故典，派遣大臣，恢复祭祀，每年春秋二仲及季春，以太牢祭之。但是，娲皇庙在明代有两次均因庙会期间不慎，失火烧毁。一次为明正统七年（1442）三月初十女娲诞辰之日，"祀者弗戒于严，毁于回禄，正庙灾，后宫存。"②两年后（1444）赵城知县何子聪奉朝廷之命主持重修，捐款者甚多，修建了"正殿五间，寝殿三间，左右廊四十间，三门五间，二门五间，碑楼二座，擂星门三间，东西斋宿二十间，神厨三间，神库三间，宰牲房三间，钟楼一座，鼓楼一座，外斋宿六间，官厅一所，周围缭以垣墙"③，金碧璀璨，焕然一新。另一次为明嘉靖四十三年（1564）三月，"三晋之民来进香火者如市，是月复遭回禄之灾，寝殿沦于煨烬矣"。赵城知县前往视之，蹙然叹曰："余闻之，始火于大元甲子，于今复火于大明甲子，无乃数乎！改作而新之，以妥神崇祀，吾

---

①②　（清）安锡祚：《赵城县志·艺文志·娲皇碑记·敕建娲皇庙碑》卷八。

③　（清）安锡祚：《赵城县志·宫室志》卷二。

辈之责也。"于是率众重修庙宇，官员、大夫、乡民纷纷出资捐助，建立"寝殿三楹，中塑圣母，饰以金碧，栋宇轮奂，视昔尤盛"。①

从现已发掘的三十多通清代碑刻资料来看，基本上是帝王遣官祭祀女娲的御祭碑，尚未发现娲皇庙毁坏和重修的记载，说明娲皇庙在清代可能没有受到大的损坏，祭祀活动十分活跃兴盛。只是清乾隆十七年（1752），太常卿金德瑛上奏皇帝，侯村娲皇庙中，旧有衮冕执圭的女像，旁侍嫔御，殿壁绘有断鳌炼石的壁画，但当地百姓看到塑像却误将女娲当作求嗣之神，实为亵渎，应毁旧像，立木主。②于是，拆毁塑像，更立木牌位。传说撤像之日，天降大雨，村数十里哭声震山谷。③此后，娲皇庙中便再无女娲塑像。民国时期（1934），著名建筑学家梁思成、林徽因夫妇考察侯村娲皇庙，在《晋汾古建筑预查纪略》中讲到，离侯村三四里，已看到巍然高起的殿宇，内院正殿居中，外院有宋元碑亭两座，东西对立，印象宏大，明清两代重修或祀祭碑碣无数。④可见直至此时，娲皇庙经历了数次重修之后，依然保留着其原有的宏伟壮观的布局风貌。

（二）佛道融合：娲皇庙在当代的两次重建

1947年，在解放临汾的战役中，侯村娲皇庙遭到严重破坏，所有建筑几乎全部毁于战火。据侯村分管文化旅游工作的沈平讲述，20世纪五六十年代，娲皇陵曾经远近闻名的108棵参天古树，也由于可作为大材使用，而被砍伐殆尽，其中三棵因长相歪扭，不成大材，才幸免于难。经由林业部门鉴定，这三棵仅存的古柏至少有3200年以上树龄。1984年，由于缺乏文物保护意识，曾经建在娲皇庙外东南角的补天寺（亦称大雄宝殿），也被村里拆除，盖成民房。⑤从新中国成立后到2010年的几十年间，娲皇庙原址上盖起民房，一直作为侯村小学使用，仅有宋元两通石碑、三棵古柏保存完好，映照着娲皇庙的往昔历史。

①　（清）安锡祚：《赵城县志·艺文志·娲皇碑记·嘉靖重修娲皇寝庙碑记》卷八。

②　（清）李升阶：《赵城县志·坛庙》卷二十七。

③　（清）李升阶：《赵城县志·杂记上》卷三十六。

④　梁思成、林徽因：《晋汾古建筑预查纪略》，载《梁思成文集》（第1卷），中国建筑工业出版社1986年版，第324—325页。

⑤　受访人：沈平，男，1965年生，侯村人，2014年开始分管侯村文化旅游工作。访谈人：王旭。访谈时间：2019年8月11日。访谈地点：侯村女娲庙内。

1. 1990 年代的第一次重建

20 世纪 90 年代，随着对优秀传统文化的弘扬和文物保护意识的增强，侯村以倡导精神文明建设、促进旅游事业发展为目的，开始了娲皇庙在当代的第一次重建。这次重建以民间力量为主，村里成立了"修复女娲陵庙领导小组"，主要成员为刘北琐、刘斗娃、申振元①，他们充分发挥自身优势，尽力促使修复工作的有效推进。刘北琐作为赵城娲皇庙文管所名誉所长和"修复女娲庙领导组"的总工程师，发挥研究专长，对女娲庙进行探源、梳理和考辨，修复了民众在学术层面上对女娲的认识，构建了侯村的女娲文化场域。刘斗娃、申振元利用自身的社会关系网，争取那些离乡在外拼搏闯荡，在从政、经商等方面有所成就的同乡给予相应支持。②修复工作中，还有一位主要人物为僧人释永方。释永方也是土生土长的侯村人，从小受到女娲信仰的浸染，1982 年在洪洞广胜寺入道出家之后，1999 年回到侯村，一心希望能恢复娲皇庙的昔日风貌，于是广募资金，为娲皇庙重建提供了主要资金来源。此外，侯村村民也"三块五块，百儿八千"地凑钱捐款，表达心意。集众人之力，新修的娲皇庙于 2000 年落成，但由于原址仍被侯村小学占用，所以建在了学校的东边。受到资金限制，这次修建的娲皇庙规格不高，坐北朝南，面阔三间，没有塑像，只有木牌位，名为娲皇宝殿。2002年，河南绳池县的居士们为娲皇庙捐赠了由整块樟木雕刻而成的女娲娘娘塑像，材料专门请自安徽九华山，代表了女娲娘娘的功德不朽。女娲娘娘的两侧为姜源和简狄塑像，背后供奉着观音娘娘和子孙娘娘。

2. 2000 年以来的第二次重建

2010 年，侯村盖起了新学校，侯村小学从娲皇庙原址搬迁出去，但民房尚未拆除。在住持释永方和居士们的日常维护和推动建设之下，至 2011 年，娲皇宝殿的南边，即原侯村小学的操场上又建成了补天寺，包括戏台、弥陀殿、天王

---

① 刘北锁（1936—2019），男，侯村人，生前任兵器工业第二〇四所研究员，退休后致力于女娲庙研究 20 年，"修复女娲陵庙领导组"总工程师、"赵城娲皇陵文管所"名誉所长；刘斗娃，男，99 岁高龄，曾担任侯村村支书数十年，女娲庙第一次修复的负责人之一；申振元，男，83 岁，侯村退休教师，女娲庙第一次修复的负责人之一。

② 徐芳：《民间信仰的恢复与重建——以侯村女娲信仰个案研究为例》，《民俗研究》2004 年第 1 期。

图 2-5　娲皇宝殿

图 2-6　女娲塑像

殿、四维殿等佛教建筑，呈现出浓重的佛道融合趋势。补天寺建成后于2011年农历正月举行了开光仪式。临汾市委统战部负责人、临汾与洪洞两级宗教事务管理部门负责人、佛教协会人员和前来祝贺的其他寺庙主持长老出席了开光仪式，随后诸山长老、护法居士参加了开光法会。不过，这样隆重的补天寺佛教开光仪式在"国庙"娲皇庙内举行，在有些地方文化人看来并不妥当，他们认为这弱化了传统的女娲信仰。早在修复侯村娲皇庙之初，当地文化人就对诸多佛教居士在筹备、修复女娲庙工程的建设中靠前站位有所顾虑，对女娲庙内开展诵经、开光仪式、接受布施等活动容易引起公众误会表达了担忧，认为上述活动会削弱民众对"国庙"的认同感，不利于修复工作的开展。① 从深层次看，也是希望对女娲信仰的尊崇得到最大化的彰显。这种担忧的确反映了在目前较为常见的佛道融合发展之路上，佛教经济遮蔽改变传统民间信仰的异化现象。对类似情况应当予以警惕，提高认识。同时，也应客观看待寺庙经济对传统民间信仰复兴的助推作用。

其实，这并非娲皇庙在当代才出现的新特点。历史上的娲皇庙内，东侧由北向南，依次建有道教的补天观、儒家的竹林书院、佛教的补天寺，形成了儒释道三教共融的显著特点。据说曾经的补天寺，规模要比今天大得多。可见古今皆是如此，元代碑刻中记载的张志一和申至宽、今天的释永方等僧侣道人，在娲皇庙的修复过程中发挥了直接的推动作用，也影响着娲皇庙的发展方向。关于女娲娘娘与佛教的关系，释永方对信众这样解释：

> 女娲是人类的祖先，从佛教来讲，女娲是观音菩萨的化身，是救世主。她和伏羲创造了人类，奠定了秩序，发明了文化，是至高无上的，是一切一切的母亲。佛教讲知恩报恩，百善孝为先。我们应该先把人类的母亲供养起来，先行孝道，这也是我为什么要建女娲庙的原因。逢年过节，不管信佛还是信道，谁来了都要先供献女娲。就像我写的这副对联："娲皇是先祖功高日月，众生皆成佛女娲是佛母。"②

---

① 申民顺：《修复女娲庙　严把文化关》（内部资料）。

② 释永方，男，1960年生，侯村人，侯村娲皇庙住持。讲述时间：2019年8月11日。讲述地点：侯村女娲庙内。

在佛教的影响下，女娲在当地不仅作为人类始祖受到敬仰，还有了"佛母"的新身份，得到许多佛教信众的供奉。女娲庙和补天寺内的居士有二十多人，主要来自侯村和周边村镇，负责寺庙的日常护持工作，还有全国各地的信徒前来参加佛法活动，捐赠了不少神像和贡品。例如，娲皇宝殿内女娲塑像和前面的三张供桌，价值不菲，均由佛教信众捐赠；院内摆放有三棵从新疆运来的古树化石，由一位居士捐赠，希望作为女娲庙内的一处景点供人们参观。由于殿宇空间有限，一些神像只能暂时摆放在一起，或供养在院内，显得较为杂乱。

2019 年初，为了提升娲皇庙及补天寺在县域旅游产业发展中的地位，扩大旅游招商影响力，侯村村委会、补天寺主持和民间居士们决定在娲皇庙原址上重建一座有三层楼高的娲皇宝殿，以期恢复原貌，重振往日风采。娲皇庙开始了当代的第二次重建。建设资金来源由补天寺主持募集、民间居士捐献、外来捐助等多方面构成。重建工作得到了侯村村委会的支持，给予了组织帮助，作为省保单位女娲陵文物安全直接责任人的沈平，也参与到了娲皇庙的扩建当中。需要指出的是，在娲皇庙原址上已有一尊于 2009 年立起的新女娲塑像，高 5 米多，宽 3

图 2-7　正在新修的娲皇庙

米多，重达 3 吨，纯铜铸造，由释永方从河北涉县请来，造价几十万元，资金均为居士信众募集。而如今新建的规模宏大的娲皇宝殿，将以这尊女娲塑像为基准施工建设，预计在 2019 年底前建成。等到新庙建成之后，便准备将东边原来女娲庙中的娘娘塑像，也请到新庙中来，东边的庙宇建筑将主要作为补天寺的佛教活动场所。此外，曾经学校留下的校舍民房也将全部拆除，整片区域都将用于娲皇庙的修复。

从 1999 年到 2019 年的二十年间，侯村娲皇庙经历了两次重建，建筑规模不断扩大，文物修复意识不断增强，为断裂的女娲神话信仰提供了新的传承空间。通过访谈可以获知，在两次修复中，民间自发力量发挥了很大作用，当地文化人和寺庙住持在募集资金、探寻历史依据、构建文化场域等方面做出了主要贡献。在未来很长一段时期内，侯村的娲皇庙仍将处于持续建设之中，呈现出一种历史重构与当代变迁的景象。

三、女娲伏羲神话的地方化叙事

神话的地方化叙事是一种广泛存在的普遍现象，不同地域和文化背景的人群，总是把发生于混沌世界中没有具体时空指向的神话，作为一种公共资源，结合当地特有的环境、古迹、风俗、信仰、人物进行地方化重构，衍生出一系列以神话为基础形成的地方传说。侯村一带也流布着丰富的女娲伏羲创世神话及其衍生传说，除了保留有女娲补天、抟土造人、伏羲画卦、服牛乘马、兄妹滚磨成婚等创世神话的基本情节母题之外，更多的是对当地庙宇遗迹、风俗活动的解释性叙事和神异事件的经验叙事，生动地诠释了创世神话的地方化重构过程。

（一）从创世神话到家庭传说：女娲伏羲神话传说链的景观叙事

神话的地方化叙事方式之一，是与地方自然和人文景观的黏合。侯村一带由女娲伏羲创世神话演化而来的口承叙事，最为显著的特点是对众多庙宇遗迹之间"源"与"流"关系的解释。洪洞县的女娲伏羲神话信仰流布广泛，在全县形成了重要的陵寝、庙宇、遗迹等几十处之多。以历史最为久远、影响力最大的侯村娲皇陵庙为中心，周围分布有赵城镇信义坊女娲庙、堤村乡张端村娲皇庙、辛村乡辛南村娲皇圣母庙、刘家垣镇西义村娲皇圣母行宫、曲亭镇范村女娲庙、明姜镇北伏牛村羲皇庙、淹底乡卦底村伏羲庙，以及娲皇井、补天石、伏牛台、伏牛池、画卦台、碾子沟等遗址。这些庙宇遗址虽然大部分已经毁坏，但通过女娲、伏羲和三个女儿的神话传说，彼此勾连成一个整体文化场域，形成了逻辑完整的女娲伏羲神话传说链。

1. "十里卦底"和"碾子沟"

在以侯村娲皇陵庙为中心的整体文化场域中，现今仍流传着女娲伏羲创世神话的古老母题，但同时也呈现出鲜明的地方化特点。例如，当地的女娲造人神话中除了保留有抟土捏造泥人的情节之外，还增加了女娲将捏好的泥人放在太阳下晒干，感受天地灵性，不巧外出时下起暴雨，许多泥人被暴雨冲坏，所以世界上形成了相貌不同的人的内容。① 女娲炼石补天的神话在核心情节之外，出现了结合远古社会历史和侯村自然地理的解构与重构现象。

> 过去人们讲女娲炼石补天，但天怎么能漏了呢？实际原因是，原始社会，人们理解头上三尺就是天，天漏了，就是天下雨了。炼石就是烧石灰，原始社会人们住的是洞穴，用树叶盖住，下雨肯定要漏了，所以用土掺上石灰，抹在树叶上，防渗漏。过去我们侯村，整个村子地面上就有一层5毫米的白灰，下雨了地上一点都不泥，就是天然防渗漏用的。女娲立四极，实际上是对盖房子的一种表现。②

田野调查中，受访人沈平多次强调女娲的伟大功绩，其不仅炼石补天、抟土造人，还发明农业工具、奠定婚姻制度，尽力将女娲阐释为人类始祖、中华之母。特别是对女娲炼石补天的诠释，排除了神话中奇异的、超自然的成分，寻找出历史的、理性的内核。这种较为典型和普遍的神话历史化做法，成为近年来各

---

① 《三月初十"刨娃娃"》，载郭万金编：《山西民间故事大系·晋南卷》（一），商务印书馆2017年版，第140页。
② 受访人：沈平，男，1965年生，侯村人，2014年开始分管侯村文化旅游工作。访谈人：王旭。访谈时间：2019年8月11日。访谈地点：侯村女娲庙内。

图 2-8　卦地，伏羲画卦处

地方社会在民间文化复兴过程中谋求政治合法性的一种普遍策略。①

　　还有一些神话母题与当地的自然风物附会黏合。《洪洞县志》载："卦地，相传即伏羲画卦处，建有画卦台。一说地形卦象故名。"② 卦地位于洪洞县淹底乡，距县城30千米，坐落在三面环山的一块垣地上。由于垣面沟壑纵横，形似八卦，相传为伏羲画卦之地。早期村民居住在山底，也名卦底，后逐渐搬迁到交通较为便利的山腰上生活，由此分成南卦和北卦两个村庄，两村中间有一条"S"形沟壑，形成一个天然的太极图。传说伏羲画卦时，站在画卦台上，以卦底为太极图基底，四周画出八个村庄，均相距八里；十里之外，又画出距离相同的十个村庄。每个村庄代表一个字，每个字有一个符号③，构成了阴阳八卦图，俗称"十里八卦"。伏羲始作八卦的神话母题在卦底村衍化出丰富生动的细节。此外，村东还有一条硇子沟，即使深秋时节，沟底也有涧水潺潺流过，传说这就是女娲和伏羲兄妹二人滚硇问婚的地方。伏羲拿一扇硇子在东山，女娲拿一扇硇子在西山，两人的硇子从山下滚落合在一起，兄妹成婚，繁衍人类。婚后，兄妹两人为了加速繁衍子孙，女娲抟土造人，卦底村漫山遍野的料角疙瘩，被民众称为女娲抟土造人留下的残次品，还有黄土下边的黄胶泥，也被解释为小泥人身上留下的血。卦底村不仅流传着许多女娲伏羲生产生活的神话传说，过去还建有女娲庙、伏羲庙和八卦庙，1945 年被侵华日军焚毁，现在仅存四通残碑，分别为清乾隆三十六年（1771）《重修卦底娲皇庙碑》、乾隆四十三年（1778）《修伏羲庙内献庭碑》、乾隆五十三年（1788）《修伏羲庙正殿碑》、嘉庆八年（1803）刻有"伏羲画卦处"的古碑。

在卦底村、侯村、伏牛村一带民众的口头传统和思想认识中，女娲炼石补天、抟土造人、伏羲画卦、伏羲女娲兄妹婚的古老神话，已然成为一种凝练的语料信息和根植的地方性知识，成为各种女娲伏羲地方传说生发的主干。

2."侯村的奶奶，伏牛的爷爷"

由伏羲女娲兄妹婚神话母题衍生出的、民众熟悉度最高的神话传说是"侯村的奶奶，伏牛的爷爷"：

> 相传，伏羲、女娲同为华胥圣母所生，都住在赵城侯村的女娲宫里。伏羲的职责是照料女娲生活起居。有一天，伏羲正在给女娲梳头，一位年青美貌宫女由面前经过，伏羲思想走神，没把女娲的头梳好。惹得女娲大怒，抬腿一脚，就把伏羲踢到九里十三步远的伏牛村了。因此，赵城县伏牛村羲皇庙里的伏羲塑像，脊背上有一个大脚印。①

这则传说解释了北伏牛村羲皇庙的来历，也将侯村和北伏牛村因女娲和伏羲的神亲姻缘勾连起来。北伏牛村位于洪洞县明姜镇，历史上一直属赵城县管

---

① 刘北锁：《洪洞县赵城地区女娲娘娘的传说故事十则》，载洪洞县赵城镇人民政府编：《女娲文化论坛文集》（内部资料），2015 年印，第 102 页。

图 2-9　伏羲塑像

辖，在侯村之南"九里十三步"。相传，"伏羲氏于此伏牛以驾"①，是其服牛乘马之地，故名伏牛村；这里也是传说中女娲和伏羲发生口角，伏羲从侯村出走后一直居住的地方，故有伏羲庙。据《赵城县志》记载，"伏羲庙在城东南二十里伏牛里，元至大元年（1308）建，正殿三间，寝殿三间，门楼一座，献厅一座，嘉靖四十二年（1563）重修"②。"伏牛台在伏牛里，俗传以为羲皇伏牛之所"，"伏跪坑在伏牛里，俗传以为羲皇伏牛跪处，今有坑存"③。明末，伏牛里被洪水冲为北伏牛、南伏牛和伏

牛堡三个村庄，伏羲庙及旁边的伏牛台、伏牛坑、伏牛池在北伏牛村。抗日战争时期，北伏牛村的民兵拔掉了南同蒲线上的永乐碉堡（紧邻侯村西南边），歼灭了一个班的日本兵，却不慎跑掉一个做饭伙夫，于是这个伙夫领着日本军火烧北伏牛村，包括伏羲庙在内的 13 座庙宇全部被烧毁。④现仅存一块清同治五年（1866）的碑刻《犧皇庙记》，印证着伏羲庙在明代重修（1468）和塑像（1472）的历史。据村内老人回忆，过去伏羲庙内的伏羲塑像别具一格，脸色赤糖，长发披肩，头顶发髻上有一把木梳，背部有一个脚印，坐在一头首西尾东的牛背上，

① （清）李升阶：《赵城县志·坛庙》卷二十七。

② （清）安锡祚：《赵城县志·宫室志》卷二。

③ （清）安锡祚：《赵城县志·古迹》卷二。

④ 受访人：蒋新涛，男，1973 年生，北伏牛村村委副书记。访谈人：王旭。访谈时间：2019 年 8 月 12 日。访谈地点：北伏牛村羲皇庙内。

其形象显然是对伏羲给女娲梳头传说的图像叙事。

2014年，时任北伏牛村委会主任的蒋宾十分重视伏羲文化的修复和重塑工作，邀请专家学者对伏羲庙历史文化展开考察论证，借了三间民房暂时修复起伏羲庙，塑起伏羲像。2015年和2016年，他号召村民集资，搭台唱戏，恢复中断已久的"爷爷庙会"。过去，北伏牛村一直延续着伏羲庙会的传统，时间与侯村女娲庙会相同，均为农历三月初十，村民俗称"爷爷庙会"，也是受到传说的影响。伏羲庙被毁之后，庙会中断，在蒋宾的推动下，庙会恢复了两年，但由于缺乏资金，庙会再次中断。2017年，蒋宾成立了山西伏羲文化旅游发展有限公司，积极规划开发伏羲文化旅游项目，未来目标是以伏羲女娲神话传说为依托，修建伏羲庙宇、广场、雕像、大道等景观建筑，结合乡村绿色生态产业，打造一个集庙宇建筑、观光体验、休闲娱乐于一体的伏羲文化园，与周边的女娲陵庙、广胜寺、大槐树寻根祭祖园一起纳入洪洞县域旅游的整体之中。但是，这些设想均因缺乏资金支持而举步维艰、难以实施。

3. "女娲伏羲的三个女儿"

以侯村娲皇陵庙为中心，周围村庄还分布有众多女娲庙遗址，虽然庙宇基本都已毁坏，但在地方县志和口碑资料中仍能找到历史印迹。例如，清代《赵城县志》载："娲皇行祠，在南关里东，元大德年建。"[①]民国《洪洞县志》载："娲皇庙二，一在城内东岳庙左，建始无考，同治五年邑痒生南岳等募资重修，一在县南范村，元大德十年里人张元庆建。"[②]刘家垣镇西义村也有一座规模宏大的娲皇圣母行宫，始建年代不详，现存为清代建筑，正殿面阔三间，殿内塑有女娲圣母神像，东西墙面残存部分壁画，殿前立有清嘉庆、道光、同治、宣统年间重修的碑碣数通。辛村乡辛南村娲皇圣母庙历史悠久，始建于北宋元祐年间（1086—1093），清代经历几次重修，形成了圣母大殿、寝宫、梳妆楼、献厅等建筑格局，形制宏伟，金碧辉煌，但毁于"文革"期间。此外，民众口耳相传的记忆中，辛村乡屯里村、堤村乡张端村、广胜寺镇板塌村、明姜镇北伏牛村等村庄，历史上也存在女娲庙。关于这些女娲庙的来历，则与女娲和伏羲三个女儿的传说有关。

---

① （清）安锡祚：《赵城县志·宫室志》卷二。
② （清）孙奂仑：《中国方志丛书·洪洞县志》（一），成文出版社民国六年（1917）版，第438页。

据传，伏羲在给女娲梳头时，两人产生口角，女娲在伏羲背后蹬了一脚，伏羲一气之下来到侯村南边的北伏牛村。事后，娘娘非常后悔，就命她的三个女儿前去追赶寻找。一个女儿追到现广胜寺镇的板塌村，一个女儿追到现辛村乡的屯里村，一个女儿追到伏羲的所在地，即现明姜镇北伏牛村。后人为了纪念，分别在板塌村、屯里村和北伏牛村都建有娘娘庙。①

女娲三个女儿的传说在晋南其他地区也有流布，如闻喜县一带《女娲嫁女》的传说讲述了女娲的三个女儿嫁到不同的地方，揭开麻叶盖着的嫁妆后，分别变成了一座荆金山、一道金银岭和一口满水井。②也是通过三个女儿各自的行动轨迹来解释地方风物。在北伏牛村，据说原来羲皇庙的后门正对着女娲庙的大门，庙中供奉的不是女娲，而是女娲的一个女儿，原因是她没有将父亲劝回去，自己也不好意思回去，于是也长久住在这里。上述传说表达了民众对女娲庙的看法，即侯村娲皇庙是"源头"，其他女娲庙为"支流"。内容上，从女娲补天造人、伏羲画卦、兄妹成婚的创世神话，到伏羲给女娲梳头、发生口角出走的夫妻生活传说，再到三个女儿寻父的家庭伦理传说，构成了一个神话传说链，反映了地方民众潜在的叙事逻辑和法则。

（二）风俗起源传说：女娲神话传说的行为叙事

神话还常与一定地域的风俗习惯相结合，产生对当地风土人情的解释性传说。侯村民众通过对女娲创世神话母题的移植和再造，编织出许多独具特色的风俗传说，为当地一些特殊的风俗寻找合理解释。最为典型的有三月三刨娃娃、烧枷和添仓节的传说。这些传说中，明显存在着女娲抟土造人、炼石补天的神话母题，体现了民众将女娲视为始祖神、生育神、儿童保护神、农业神的信仰传统。

1. "求子佑子"的生育习俗传说

作为民众信奉的始祖神和生育神，女娲抟土造人的神话成为侯村民众解释求

---

① 乔国喜：《女娲与伏羲文化研究之浅见》，载洪洞县赵城镇人民政府编：《女娲文化论坛文集》（内部资料），2015年印，第341页。

② 《女娲嫁女》，载郭万金编：《山西民间故事大系·晋南卷》（一），商务印书馆2017年版，第12—14页。

子习俗的重要素材。每年农历三月初十的女娲庙会，侯村及周边地区一些企盼怀孕的妇女，都要到娲皇陵的坟土堆上刨料角石，形成了独特的刨娃娃习俗。关于这种习俗的起源，民众这样解释：

> 女娲临终前，又想到了那些婚后不孕的夫妇。于是把白垩土掺水搅成白泥，用绳子蘸满白泥浆用劲儿一甩洒在地上，待干了以后收拾起来，这就是人的初形。并留下遗言："我死后，把他们埋在坟墓里，如有婚后不孕的妇女，可以刨出来一个带回家中，我便会给她们送去子女。"①

这显然是把女娲抟土造人的古老神话母题，嫁接到地方风物娲皇陵和求子习俗之上而形成的传说。还有一则异文讲的是，女娲造人用绳子甩泥时，泥点难免会掉进鞋里。所以每次甩完，都得把鞋里的土倒出来。时间长了，就堆成了两个大土堆。土堆中那些小拇指大小的料角石，就是没有踩碎的干泥点。其中有的酷似人形，可辨男女，长为男，圆为女。②其实，关于刨娃娃的来历，每个村民所讲细节都不尽相同，产生诸多异文，但核心情节是女娲造人用绳子甩出的泥点，成为了娲皇坟冢上的料角石，象征着

图 2-10　娲皇陵

---

① 《三月初十"刨娃娃"》，载郭万金编：《山西民间故事大系·晋南卷》（一），商务印书馆 2017 年版，第 140 页。

② 刘北锁：《洪洞县赵城地区女娲娘娘的传说故事十则》，载洪洞县赵城镇人民政府编：《女娲文化论坛文集》（内部资料），2015 年印，第 103 页。

初民的原始意义，表达了民众对女娲造人功德的传颂。

在女娲庙会上，还要进行一种烧枷的习俗。成群结队的小孩，每个人脖子上都戴着用谷粟杆绑成的三角形"防身枷"，枷上插满皂角刺，由母亲拉着去烧枷池把枷烧掉。传说这一习俗源于上古时期洪水灾难之后，死了很多人，死尸成为飞禽猛兽的主要食物，养成了猛兽食人肉的习惯。它们不敢对成年人下手，只好叼小孩来吃。女娲娘娘为了保护儿童，发明了防身枷，从此飞禽猛兽果然再不敢靠近。① 据《淮南子·览冥》对女娲补天神话的记载："往古之时，四极废，九州裂，天不兼复，地不周载。火滥炎而不灭，水浩洋而不息；猛禽食颛民，鸷鸟攫老弱"，于是女娲炼石补天、重建世界秩序，使得"淫水止，冀州平，狡虫死，颛民生"。很显然，烧枷的风俗传说是民众对女娲补天神话的进一步想象和解读，儿童象征着生命的希望和延续，传说不仅为女娲增加了儿童保护神的身份功能，还传达了女娲对人类生命延续的重要意义。

2. "补天止雨"的农业习俗传说

与女娲炼石补天的神话相附会，还形成了关于侯村添仓节要吃"摊馍馍"的习俗传说。每年农历正月二十添仓节这一天，侯村及周边地区的民众都要吃一种由小米面制成的食品。做法是将小米磨面，掺水搅成糊状，其间要加入切碎的椒叶，象征着女娲补天的五色石，然后用鏊子摊成薄煎饼，当地称为"馍馍"。摊好的馍馍为圆形，代表穹窿，上面布满了如石子般色彩不同的椒叶，整个过程正是对女娲炼石补天神话的一种行为叙事。并且，民众还有一系列的仪式行为，例如：有威望的神职人员带上准备好的馍馍去娲皇庙进行祭拜，有时会组织在寺庙内现场摊馍馍，祭祀女娲。村民们一般不专门去庙里祭祀，而是在自家庭院内摆好供桌，把馍馍放在盘中，焚香祝祷，嘱咐女娲娘娘慢慢享用。② 同时还要把馍馍放在屋顶上，模仿补天行为，感谢女娲补天的伟绩；放在粮瓮和粮仓里，祈求女娲添仓，来年丰收；放在门庭两旁的土地爷窑洼里，感谢女娲抟土造人。供献给土地爷的馍馍上，要再扣一个碗，碗底还要倒满水，因为这一天允许孩子偷吃

---

① 刘北锁：《洪洞县赵城地区女娲娘娘的传说故事十则》，载洪洞县赵城镇人民政府编：《女娲文化论坛文集》(内部资料)，2015年印，第104—105页。

② 张珍珍：《山西赵城镇侯村祭女娲仪式研究》，大理大学硕士学位论文，2017年。

馍馍，如果水能洒在孩子袖子里，便预示着这一年将是不旱不涝的好年景。①

　　添仓节是一个民间传统的农业祭祀节日，寓意五谷丰登、填满谷仓。侯村民众在添仓节这天，通过对女娲补天神话的多形态仪式叙事，敬谢神灵，祈求丰收，体现了女娲作为农业神的神职功能。由于女娲在神话中"炼五色石以补苍天"，"积芦灰以止淫水"，堵住了天漏，平息了洪水，因此在民间常被视为原始农业水利的创造者，成为民众乞求风调雨顺、五谷顺成的农业神。例如，洪洞县及周边地区的民众把编织炕席的芦苇叫作"女秆儿"或"堤秆儿"，正是为了纪念女娲"抗洪救灾"的功绩。相传，女娲用石灰补漏成功后，又将芦苇捆绑，拴上石头投入河决处，再把石灰渗入泥土倒在上面夯实筑成堤坝，把人类从洪水灾害中解救出来。②再如，在麦收期间如果遭遇连阴雨，侯村一带民众祈求止雨的方法是在院子里立一个杵子，上面放一个小酒盅，传说雨水把酒盅灌满了，雨就停了。原因是如果雨还没停，女娲娘娘就会用她的杵子，去追打龙王爷，龙王爷怕挨女娲的打，只好把雨停了。③杵子是古代社会民众使用的捣谷工具，女娲用杵子追打龙王止雨，生动地展现了女娲作为农业神的神格。

（三）灵验传说：女娲神异事件的经验叙事

　　灵验传说是关于神灵的超自然力量而引起的神异事件的叙述，内容上可划分为神灵显示自身神迹、神灵赐福、神灵降祸三种类型。④与历史传说和解释性传说不同，灵验传说一般表现为经验的叙事，描述了个体或群体所经历的神异事件。以侯村娲皇陵庙为中心，流传着数量众多的灵验传说。

　　1. 神灵显示自身神迹

　　在这类传说中，神灵往往通过化身、指示物、预言等方式，主动显示出神异的征兆。侯村女娲庙神像用哭声显灵、要求供奉的传说，便是一例。相传，有一

---

　　① 刘北锁：《洪洞县赵城地区女娲娘娘的传说故事十则》，载洪洞县赵城镇人民政府编：《女娲文化论坛文集》（内部资料），2015年印，第104页。

　　② 辛中南：《华夏始祖女娲与伏羲》，民族出版社2005年版，第42页。

　　③ 刘北锁：《洪洞县赵城地区女娲娘娘的传说故事十则》，载洪洞县赵城镇人民政府编：《女娲文化论坛文集》（内部资料），2015年印，第103—104页。

　　④ 王尧：《灵验传说：事件的选择、叙述与传播》，《民间文化论坛》2010年第2期。

年霍山北麓发了大水，淹没了侯村，把娲皇庙中的女娲神像冲到西边的辛南村，村民听到河边有女人的哭声，发现了神像，于是抬回去，集资盖起了女娲庙。①还有一种异文是，侯村娲皇庙曾经拆毁塑像、更立木牌位时，天降大雨，哭声震天，民众把女娲像放在木筏上，顺着庙前洞河漂到三十里外的辛南，村民听到哭声，发现了端坐筏上、眼中含泪的女娲像，于是抬回村中，建庙祭祀。②正是基于对显灵事件的叙事，侯村和辛南村之间结下了神缘，每年农历三月初十侯村女娲庙会的前一天，辛南村民都要高举锦旗、锣鼓齐鸣，到曾经女娲像搁浅的方位迎接娲皇圣母回庙祝寿。辛南村娲皇圣母大殿前，坐落着一座清代建筑梳妆楼，其修建原因也与女娲显灵有关：

> 清顺治年间，平阳县知府的女儿正值妙龄，聪慧美丽，知书达理，却在一天早晨沐浴梳妆之际，突然无病而逝。知府悲痛欲绝，夜不成寐，独自一人身处静室，和衣榻上，不知不觉，昏昏入睡。睡梦之中，女儿走到面前，跪地叩拜："父亲，莫怪女儿薄情绝意，实乃洪洞辛南娲皇圣母采童子，要女儿侍奉她老人家去，从此不能在您身边尽孝，望父亲大人务自珍重。"知府惊醒，翌日前往辛南察看，果然如梦中所见，于是在此修建梳妆楼以彰永远。③

这则传说用知府女儿离奇去世和神秘梦境来显示女娲的神召，梳妆楼二层便塑有平阳知府女儿侍奉女娲娘娘梳妆之像。还有传说是通过神异天象来显露女娲神迹，侯村娲皇庙内明洪武七年（1374）书于宋碑之阴的《碑阴记》记载了这样一则传说：

> 乡见危公素为孟兼言：元时一夕，天大雨，风雷电起冢上，旁屋瓦尽震。居民大恐，中夜起奔走。俄闻空中语嘈嘈，有窃视无见。见冢上神辉亘

---

① 辛中南：《华夏始祖女娲与伏羲》，民族出版社 2005 年版，第 86—89 页。
② 同上书，第 53—54 页。
③ 同上书，第 80—82 页。

天，成五彩霞文。风雨已，神采散尽，余一炬火，大如车轮，旋转冢间久，乃后销落。危自言殆，未尽信，然灵异不可诬。召冢旁二三父老，因问危言，有会如危者。①

明洪武七年（1374）冬，礼部官员、碑文作者张孟兼因公事路过侯村，乡见危公素给他讲了娲皇冢上风雷电起、五彩霞光，一团火炬大如车轮，在冢间旋转，同时伴随着空中嘈嘈的话语声。张孟兼不敢轻信，又向附近村民询问，与危公素所言相同。据碑文记载，明洪武三年（1370），皇帝诏祭古帝王陵，张孟兼认为女娲"炼石断鳌，事出荒唐"，上奏不祭女娲。但读了宋碑、听了乡民所言之后，才知道自己孤陋寡闻，愚昧无知，嗟叹许久。这则传说在今天仍有异文流传，沈平讲了一件自己的"亲身经历"：

> 上初三时，教室就在现在建的女娲庙东边。我们那时候上学比较早，到学校天色还没有完全放白。我就在庙门外边十几米，突然看见现在建庙的地方，一团大火突然升空。火有多大呢？大如车轮。突然升空大概30米高，之后稀稀拉拉落下来。这个火不特别发光，就像棉花团一样稀稀拉拉掉下来了。这是我亲眼所见。②

表面看来，这是一则有关自己纯粹个人经验的叙事，描述了对个人经历的一种超自然现象的"神奇记忆"③。实际上，其内容显然受到《碑阴记》所载传说的影响，体现了当地社会女娲信仰的集体经验。

2. 神灵赐福和降祸

灵验传说中常有神灵对信众赐福或对忤逆者降祸的内容。侯村是女娲信仰极为浓厚的地区，因此这类传说数量非常多。神灵对信众赐福的传说一般讲述的是信众求神指示疑难、求子、求医、除祟以及婚姻、考学、财禄、摆脱厄运等事件

① 碑文《碑阴记》，书于《大宋新修女娲庙碑铭并序》石碑之阴，现存于赵城镇侯村女娲庙。
② 受访人：沈平，男，1965年生，侯村人，2014年开始分管侯村文化旅游工作。访谈人：王旭。访谈时间：2019年8月11日。访谈地点：侯村女娲庙内。
③ 刘文江：《神奇记忆：一个重要的欧洲传说学概念》，《民间文化论坛》2018年第5期。

的灵验。① 女娲在民间多被奉为生育之神，侯村流传的女娲娘娘赐福信众的传说也主要集中于求子灵验传说。其中，有一则是关于古代帝王金章宗在娲皇陵庙求子的传说：

> 金章宗结婚几年后无子，听说女娲有求必应，特地去侯村娲皇庙，向女娲求嗣，他真的在女娲坟土堆上刨出了显示男孩的方形料角石。回宫后，他虔诚的按规定把料角石放在与皇后同榻共眠的姻简角里。一年后就生下了儿子，取名为旬。②

历史上金章宗无子嗣，民间流传着许多金章宗在太庙、山陵、双泉寺等地求子的传说。清代《赵城县志》记载："案《金史·礼志》，章宗未有子，尚书省臣奏行高禖之祀，乃以春分日祀青帝伏羲、女娲、简狄、姜嫄，则求嗣于女娲，其由来亦久已。"③ 金章宗求嗣于女娲的记载，便与侯村娲皇陵刨娃娃求子的习俗附会在一起，衍生出颇为生动的细节。平日里，除了周边县市的信众，还经常有来自河南、河北等外省的信徒，来到娲皇陵前，或打坐一夜，或席地而睡，以感受女娲神召，表达虔诚。通常，他们都是在梦中受到女娲点化而来，有些甚至寻访过多处女娲庙后才最终找到这里，形成了许多女娲点化指示消除厄运、获得福运的传说。

传说中的神灵不仅会赐福于信众，还会为了维护威信而对忤逆者降祸。最典型的是当地流传着一些村民由于缺乏敬畏心理和文物保护意识，破坏娲皇陵而招致灾祸的传说。在古代县志和文人诗词中，有许多关于娲皇陵的记载，两个坟冢二丈多高，是赵城县的制高点，冢上长满参天松柏，站在霍山望去阴森一片，村民望而生畏。后来随着庙宇在战争中被毁、古树在"文革"期间被砍伐，两个坟冢也逐渐凋敝破败。20世纪70年代，附近的生产队就在坟冢旁边喂猪、喂羊，取坟土垫牲口圈。传说只要用坟土垫圈，第二天所有的牲畜都要死掉。"有一年

---

① 王尧：《灵验传说：事件的选择、叙述与传播》，《民间文化论坛》2010年第2期。
② 辛中南：《华夏始祖女娲与伏羲》，民族出版社2005年版，第51—52页。
③ （清）李升阶：《赵城县志·坛庙》卷二十七。

从内蒙运来的马匹用这个土垫圈，第二天马匹全部死掉。"① 还有人取土盖房，家里也发生了许多怪事。可见在侯村人的认识中，亵渎了神灵必然会受到惩罚。1999 年，娲皇陵与娲皇庙同步修复，坟冢旁边围起了院墙，再没有人从这里取土，但女娲降祸的传说却依然流传着。

四、女娲庙会与祭祀活动

在侯村一带民众关于女娲神话传说的叙述中，女娲既是一个创世神话人物，又是人们心目中崇拜的地方保护神，具有掌管生育、婚姻、祸福、洪涝、农业生产的多种神职功能。民众对女娲的神灵信仰，不仅通过口承叙事和庙宇景观显现出来，还经由活态的仪式行为得以传承和延续。侯村农历三月初十的女娲庙会，以娲皇庙为依托，有着悠久的历史传统。随着娲皇庙的毁坏与修复，女娲庙会和祭祀活动也经历衰落与复兴，在历史与当代的对话中呈现出新的生机。

（一）御祭碑：古代女娲神话信仰的仪式记忆

作为历代朝廷认可的古帝王陵庙，至迟从宋代开始，侯村娲皇陵庙便受到最高规格的官方祭祀。据清代《赵城县志》载，"宋乾德四年（966）诏给守陵五户，长史春秋奉祀，其后代有祭告。"② 当时，赵城的女娲陵与宛丘太皞陵、长沙炎帝陵、桥山黄帝陵、城阳唐尧陵等 16 位古帝王陵寝，均设置守陵五户，享每岁春秋二祭。娲皇陵旁边有专供水源，用于浇灌松柏和守陵户使用。并且，宋代将赵城县所在地命名为"石补关"，派重臣镇守，遣使臣充括庙宇，增崇祀典。元、明、清三代，朝廷也极为重视对赵城女娲陵的祭祀，不断修葺庙宇，四时祭享。尤其是明清两代，朝廷多次遣官祭祀，甚至有帝王亲自前往赵城祭祀女娲，产生数量众多的御祭碑，成为女娲神话信仰仪式记忆的重要载体。

1. 御祭碑

2012 到 2013 年，在修复女娲庙和修建女娲陵附近道路的过程中，陆续发现

---

① 受访人：沈平，男，1965 年生，侯村人，2014 年开始分管侯村文化旅游工作。访谈人：王旭。访谈时间：2019 年 8 月 11 日。访谈地点：侯村女娲庙内。

② （清）李升阶：《赵城县志·陵墓》卷二十九。

了十几通有关侯村女娲祭祀活动的石碑，虽然碑体多有残缺，但碑文清晰可见。碑刻的历史年代横跨明清两代，内容均为历代皇帝遣官祭祀女娲庙的记载，其中一些碑头刻有"御祭祝文"或"御祭"字样。县志记载，明清朝廷"历次遣官致祭，祭文并砌石立庙中，守土官每岁春秋二祀，用羊豕簠簋笾豆如制"[①]。古代官方祭祀女娲除了每年固定的春秋二祀之外，遇到国之大事也会专门遣官祭祀，祭文砌于石碑，并立庙中，数量颇多。侯村的一些村民也回忆说，小时候在女娲庙附近见过很多石碑，不过都被砸成石子，毁坏了不少，还有许多埋在地下，至今还没有找到。通过对清代顺治和乾隆版《赵城县志》、2005 年版《赵城镇志》及侯村提供的碑文拓片等资料的对比研究，笔者共搜集整理了明清两代御祭女娲庙碑文共 44 通，从中可以管窥历史上官方祭祀活动的繁盛。

表 2-1　明清时期侯村娲皇陵庙御祭碑列表

序号	刊碑年	碑文名（碑阳）	备 注
1	不详	丁巳年奉祀残碑	碑存，残损
2	1371	（洪武四年）御祭娲皇氏	康熙《平阳府志》载有祭文
3	1450	（景泰元年）御祭娲皇氏	碑存，残损
4	1495	（弘治八年八月）御祭娲皇氏	碑存，2000 年出土
5	1506	（正德二年）御祭文	碑存
6	1522	（嘉靖元年）御祭娲皇氏	顺治《赵城县志》载有祭文
7	1556	（嘉靖三十五年三月）祭文	碑存
8	1591	（万历十九年八月）御祭娲皇氏	碑存
9	1603	（万历三十一年）御祀文	碑存
10	1606	（万历三十四年）御祭娲皇氏	碑存，文字不清
11	1618	（万历四十六年八月）御祭娲皇氏	碑存
12	1651	（顺治八年四月）御祭娲皇氏	道光《赵城县志》载有祭文
13	1668	（康熙七年四月）御祭娲皇氏	道光《赵城县志》载有祭文
14	1676	（康熙十五年二月）御祭娲皇氏	道光《赵城县志》载有祭文
15	1682	（康熙二十一年三月）御祭娲皇氏	道光《赵城县志》载有祭文
16	1688	（康熙二十七年十二月）御祭娲皇氏	道光《赵城县志》载有祭文

① （清）李升阶：《赵城县志·陵墓》卷二十九。

（续表）

序号	刊碑年	碑文名（碑阳）	备注
17	1696	（康熙三十五年正月）御祭祝文	碑存
18	1697	（康熙三十六年八月）御祭女娲氏	道光《赵城县志》载有祭文
19	1703	（康熙四十二年四月）御祭文	碑存完好
20	1703	（康熙四十二年十一月）御祭女娲氏	道光《赵城县志》载有祭文
21	1713	（康熙五十二年五月）御祭女娲氏	道光《赵城县志》载有祭文
22	1719	（康熙五十八年二月）御祭女娲氏	道光《赵城县志》载有祭文
23	1723	（雍正元年正月）御祭女娲氏	道光《赵城县志》载有祭文
24	1724	（雍正二年正月）御祭女娲氏	道光《赵城县志》载有祭文
25	1735	（雍正十三年十二月）御祭女娲氏	道光《赵城县志》载有祭文
26	1737	（乾隆二年七月）御祭女娲氏	碑存完好
27	1749	（乾隆十四年六月）御祭女娲氏	道光《赵城县志》载有祭文
28	1752	（乾隆十七年正月）御祭女娲氏	道光《赵城县志》载有祭文
29	1755	（乾隆二十年八月）御祭女娲氏	碑存，残损
30	1759	（乾隆二十四年十二月）御祭女娲氏	道光《赵城县志》载有祭文
31	1762	（乾隆二十七年正月）御祭女娲氏	道光《赵城县志》载有祭文
32	1772	（乾隆三十七年二月）御祭女娲氏	道光《赵城县志》载有祭文
33	1776	（乾隆四十一年七月）御祭女娲氏	道光《赵城县志》载有祭文
34	1780	（乾隆四十五年三月）御祭女娲氏	道光《赵城县志》载有祭文
35	1785	（乾隆五十三年三月）御祭女娲氏	道光《赵城县志》载有祭文
36	1790	（乾隆五十五年三月）御制祝文	碑存
37	1796	（嘉庆元年三月）御祭女娲氏	道光《赵城县志》载有祭文
38	1799	（嘉庆四年二月）御祭女娲氏	道光《赵城县志》载有祭文
39	1809	（嘉庆十四年三月）御祭女娲氏	道光《赵城县志》载有祭文
40	1819	（嘉庆二十四年三月）御祭女娲氏	道光《赵城县志》载有祭文
41	1820	（嘉庆二十五年十一月）御祭女娲氏	道光《赵城县志》载有祭文
42	1821	（道光元年七月）御祭女娲氏	道光《赵城县志》载有祭文
43	1895	（光绪二十一年三月）御祭祝文	碑存，完好
44	1905	（光绪三十一年二月）御祭女娲氏	碑存，完好

注：碑刻上无明确"碑文名"的，统一拟定名为"御祭娲皇氏"或"御祭女娲氏"。

　　上述碑文直观反映了明清时期帝王遣官祭祀侯村娲皇庙的次数非常频繁。其中，遣官祭祀次数最多的是明太祖朱元璋、成祖朱棣，以及清康熙帝和乾隆帝，康熙帝甚至还曾亲祭女娲。清康熙四十二年（1703）正逢康熙皇帝知天命之年，黄淮水域治理竣工，亲寻察看，目睹人民意气风发、欢欣鼓舞，于是龙颜大悦，四月遣官祭享女娲；又于十一月巡视山西时亲自前往祭祀，看到赵城娲皇陵和参天古柏，不禁感叹道："适河东之大郡，睇古帝之旧陵，松柏犹存，感怀往昔。"[①] 康熙帝遣官致祭女娲的碑刻共有 10 通，祭祀的事由涵盖了登基亲政、立太子、平定三藩、孝庄太后国丧、水旱灾害、平定北部边疆等国之大事，祭祀日期并不固定。其他帝王的祭祀缘由也大多如此，说明女娲被历代朝廷奉为古帝王的典范，保佑着一国安宁。

图 2-11　部分明清御祭碑

2. 古代官方祭祀仪式

　　古代帝王遣官祭祀女娲的仪式规模盛大，礼仪繁琐，场面隆重。前来参加祭礼者大致分四类：一是领受皇命的遣官，一般为王朝京官或地方官吏；二是州县

---

① 王秋平：《赵城镇志·康熙四十二年十一月御祭女娲氏》，山西人民出版社 2014 年版，第 300 页。

官员；三是地方士绅及具体办事人员；四是僧众。他们依官爵高低，分别承担着司职承祭、陪祭、捧香、捧帛、执爵、执事等不同角色职责。为了安顿浩大的祭祀队伍，娲皇庙前修筑了一条东西走向的官道（今天可直通侯村西门），专供朝廷祭祀之用，官道两旁设有驿站，不远处还有饮马池，长几十米、宽十几米，可供祭祀而来的上百匹马使用。出于对女娲娘娘的虔诚敬仰，祭祀队伍到达侯村之后，并不能直接到娲皇庙祭拜，而是必须先在驿站休息一日，沐浴更衣，第二天才能正式祭拜。平日里，如有官员路过娲皇庙前，文官下轿，武官下马，唯恐风尘仆仆，亵渎神灵，所以不进庙内，只在门口祭拜。直到现在，侯村的一些村民平时路过娲皇庙，仍然对着庙门祭拜。

祭祀当天，鸣锣开道，鼓乐伴奏。奉祀队伍衣着整洁，有序站位，列队于娲皇庙外东南方不远处的补天寺内，在此处整理衣冠、焚香祝祷后，准备前往娲皇庙。祭祀队伍最前排的鸣炮手鸣炮三响之后，祭祀仪式正式启动。紧随其后的僧众开始奏乐、合掌诵经，站在队伍最后的献祭官员们手捧拱盘，俯首弓腰，恭敬前行。至娲皇庙大殿前，供献祭品，诵读祝文，行三跪九叩大礼。礼毕后折返至补天寺，行另一套寺庙仪式，之后再到娲皇庙殿前祭拜，如此反复三次，直到半夜方能结束。[1] 明洪武三年，皇帝"遣官斋金香盒一个，重十六两，命有司常加修理，以附近户看守"[2]，足见朝廷对娲皇陵庙的重视，可惜后来被盗。至于帝王亲自进行的御祭，规格礼制极高，据说主要发生在清朝以前，十年才有一次。

（二）女娲文化节：当代女娲庙会的传统再造

古代官方祭祀仪式彰显着国之祀典的庄严气派和女娲作为上古帝王典范的历史政治地位，而延续千年、热闹盛大的民间庙会活动，则显现出女娲作为地方保护神所受到的虔诚敬仰和在民间的生命力量。前文已述，历史上娲皇庙的几次毁坏，都是由于庙会期间香火太旺而不慎烧毁，可见古庙会活动极为兴盛。伴随着娲皇庙的屡次毁坏和修复，女娲庙会也经历了盛衰变化的历程，成为观察侯村女娲神话信仰历史与现在的一面镜子。

---

① 修复娲皇陵领导小组编：《女娲皇陵》（内部资料），2002 年印。
② （清）安锡祚：《赵城县志·宫室志》卷二。

1. 女娲古庙会的传统延续

每年农历三月初十，相传为女娲娘娘的诞辰，侯村在这一天要举行热闹隆重的祭祀仪式，附近各县乡的民众都要纷纷前来迎神赛社。据村里老人回忆，民国年间，女娲庙会的规模很大，三月初十的那几日，要连唱四天对台大戏，"京广货棚、饮食摊点、牲畜交易，庙里庙外，接连一片，占去将近整个侯村面积的三分之一，除了本县，还有来自洪洞、安泽、浮山、霍县、蒲县、汾西以及周边县市的民众，人山人海，络绎不绝"①。上万名远道而来的信众和周边的村民聚集于此，有的民众甚至要翻山越岭，走十几里路专门来赶会。传说，有一个来赶会的外乡人，在会场转了三天，都没有找到女娲庙的庙门，可以想象当时女娲庙会场面之大、人数之众。②运自内蒙的牛羊、新疆的马匹以及周边县市的各色货物商品，都集中在庙会上交易，形成了一个繁华的物资交易大会，曾经一度成为侯村的重要经济支柱之一。

庙会期间，还形成了一些具有地方特色的祭祀仪式和民俗活动，一直延续至今。清代《赵城县志》记载："每岁三月，村民赛神于庙，妇女求祀者，穴陵上土得小石，以帛裹之，石方者为男，圆者为女。"③这便是当地盛行的"刨娃娃"求子习俗。每年农历三月初十，周围十里八村的一些媳妇和婆婆，都要带着供品来到娲皇宝殿和娲皇陵前焚香祷告、许愿还愿。在祭祀女娲的供品中，一定要带上一种名为"妈拖儿"的食品。"妈拖儿"又称"麻陀"，是一种制作工艺较为复杂的油炸食品，造型酷似女阴，反映了民众对女娲古老的生殖崇拜。祭祀之后，祈求怀孕的妇女们便会来到娲皇陵的丘冢旁，从坟土中刨一种当地人称为"料角石"的小石块。刨到了料角石，就代表求得了子嗣，刨得的石块若外形方正，便象征得男丁，若石块光滑圆润，则象征得女孩。据一些村民讲述，刨石子、抱孩子只能在副陵，因为正陵是女娲的真身所在，而且娲皇陵的土质非常坚硬夯实，但为了表示求子的诚心，刨料角石不能使用任何工具，只能用手来刨。这种千百年来流传下来的习俗，据说十分灵验，有些媳妇和婆婆会因为刨不到料角石而伤

---

① 修复娲皇陵领导小组编：《女娲皇陵》(内部资料)，2002年印。

② 受访人：沈平，男，1965年生，侯村人，2014年开始分管侯村文化旅游工作。访谈人：王旭。访谈时间：2019年8月12日。访谈地点：侯村村委会。

③ （清）李升阶：《赵城县志·坛庙》卷二十七。

心哭泣，从而再三恳求女娲娘娘能赐给他们子孙，可见信仰的虔诚。即使在娲皇庙毁坏后的几十年里，三月初十刨娃娃的习俗也从未中断过。

除了刨娃娃的传统求子习俗之外，2000 年女娲庙重建后侯村还兴起了一种"摸鞋求子"的风俗。想要怀孕的妇女带着供品祭祀女娲娘娘之后，会在供桌下摸取小孩的鞋子，摸到蓝色或黑色的鞋子代表生男孩，摸到红色或黄色的鞋子代表生女孩。随后，求得子嗣的妇女便拿着鞋子直奔回家，等到怀孕后再带上四双鞋来庙里还愿，颜色分别为蓝色、黑色、红色和黄色。[①] 如今，民众生活水平有很大提高，每年庙会上都有很多卖小孩鞋子的商贩，求子或还愿的妇女们买上十双八双放到女娲庙里，人们想要男孩就放一双男鞋，想要女孩就放一双女鞋，所以庙里经常会有几十双小孩的鞋子。

此外，"烧枷"也是一项女娲庙会上的传统祈福活动。如前文所述，相传"枷"由女娲创制，是一种用谷物杆绑扎而成的三角形"枷锁"，外面裹着黄色和粉色的裱纸，小孩戴在脖子上可以防止老鹰和猛兽叼食幼童，保佑小孩健康茁壮成长。三月初十庙会这天，许多母亲领着刚满 12 岁的小孩，脖颈上戴着"枷"，来到女娲娘娘神像前磕头跪拜 3 次，然后前往烧枷池排队烧枷。目前，由于娲皇庙正在进一步修复和改造，烧枷池暂时拆除，随后还会重新修建。但这并未影响烧枷传统风俗的延续，庙会上民众把彩色的"枷"堆放在娲皇宝殿的殿前，约有一米多高，象征着孩子们通过了 12 岁的成年仪礼。

在侯村民众的记忆中，曾经商贸交易、人员往来、酬神演戏、热闹非凡的女娲古庙会，虽然由于庙宇的毁坏而由盛转衰，但民间祭祀女娲以及刨娃娃、烧枷等传统庙会活动却从未间断，因为女娲的坟冢还在，三月初十有些村民仍然会在废弃荒凉的冢丘上进行简单的祭拜仪式，从而使民众对女娲娘娘的虔诚信仰于困境中得以维持和延续。

2. 女娲文化节的当代再造

在侯村娲皇庙重建后的二十年里，女娲庙会随之再次复兴，且规模渐趋扩大。一般从农历三月初八开始起会，初十是女娲诞辰的正日子，到三月十二、十三日结束，一共持续五六天左右。庙会期间，不仅延续了祭祀女娲、刨娃娃、

① 张珍珍：《山西赵城镇侯村祭女娲仪式研究》，大理大学硕士学位论文，2017 年。

烧枷、戏曲表演、商品交易等传统庙会活动的核心内容，还出现了一些新的发展变化，主要体现在突出女娲作为中华始祖、人类母亲的崇高历史地位，将女娲庙会升级打造为女娲文化节和女娲娘娘公祭大典，使地方信仰转化为一种民族—国家的象征符号，从而谋求女娲庙及庙会复兴的合法性①，推动当地传统文化建设和旅游经济发展。下面以 2015 年和 2018 年的两届女娲文化节为例。

2015 年农历三月初十，由中共洪洞县委宣传部牵头，在侯村娲皇陵庙举办了"纪念赵城奉敕修建女娲陵庙 1050 年暨洪洞县首届女娲文化论坛"。从北宋乾德四年（966）赵匡胤诏令重修娲皇庙至 2015 年，女娲庙恰好历经 1050 年的历史。因此，本届庙会的主题是纪念奉敕修建女娲陵庙 1050 年，同时在庙会活动之后召开了首届女娲文化论坛，邀请全国知名专家学者、书画作家出席论坛，并参观了娲皇庙、宋元碑、明清历代皇帝遣官祭祀女娲庙碑展、女娲正副二陵、女娲庙周围的仰韶与龙山遗址出土文物展。本次论坛的目的非常明确，即"为了进一步传承中华民族优秀传统文化，弘扬社会主义核心价值观，深入挖掘女娲文化，提升洪洞县文化旅游产业综合软实力，促进文化旅游产业的大发展大繁荣，突显中国最具价值文化遗产旅游目的地的魅力"②。论坛结束后，在侯村村委会召开了一个老中青三代侯村人共同回忆侯村娲皇庙历史的会议。会上，刘北琐首先宣读了首届女娲文化论坛的会议纪要，指出：

> 综合与会专家的讨论，我们认为，女娲文化是女娲神话传说及其信仰活动的总称，一般包括女娲神话故事、民间与官方对女娲的祭祀、造像、立庙、建坟、求嗣以及报恩等诸多内容。女娲祭祀文化的活动有许多地方，晋南尤为密集，但是由乾德四年起直到清末历朝历代皇帝遣官致祭的只有侯村这一座陵庙。本次论坛提出如下倡议：第一，敬请洪洞县委县政府能够尽快恢复女娲的公祭活动。第二，尽快启动恢复女娲陵庙及其附属建筑的立项事宜。第三，尽快申请国家文物保护单位。第四，尽快出版首届女娲文化论坛论文集。同意上述内容的专家学者共有近 60 个人，全部在倡议书上签了字，

---

① 杨利慧：《仪式的合法性与神话的解构和重构》，《北京师范大学学报（社会科学版）》2005 年第 6 期。

② 《首届女娲文化论坛会议纪要》(内部资料)，2015 年印。

表示同意。①

　　侯村娲皇陵庙虽然历史底蕴深厚，但没有庙宇建筑存留下来，对于文化旅游资源相对丰富的洪洞县而言，一直没有得到县政府的重视。此次女娲庙会及女娲文化论坛的召开，正是侯村为了使女娲庙的历史价值得到官方认可，谋求政府支持庙宇修建，推动旅游开发的再一次努力。2018 年清明节，洪洞县举办了"第二十八届中国洪洞大槐树寻根祭祖文化节暨首届中华礼乐大典公祭女娲娘娘大典"。活动时间为 4 月 4 日至 7 日，其中 5 日为主祭日，上午在洪洞大槐树寻根祭祖园举行了隆重的寻根祭祖仪式，下午来到侯村女娲陵庙举行公祭女娲娘娘大典；6 日在临汾尧帝陵举行公祭唐帝伊尧大典；7 日在运城舜帝陵举行公祭虞帝妫舜大典。于清明节举办的根祖文化活动中，洪洞县委县政府突出了女娲的中华始祖身份，提升了祭祀女娲活动的规格，与公祭尧帝、舜帝活动和寻根祭祖仪式"打包祭祀"，通过整合域内同类型传统文化资源，以期实现旅游产业发展的整体组合效应。

图 2-12　2018 年女娲庙会

---

① 《首届女娲文化论坛会议纪要》(内部资料)，2015 年印。

2018 年农历三月初十，在侯村举办的女娲文化节上，也可以随处看到将女娲塑造为中华始祖，并将女娲文化与国家政治战略相契合的情形。此次女娲文化节由侯村村委会主办，组织机构包括党总支书记张忠忠，村主任杨青旦，支委委员沈平、申迎增、刘星，村委副主任申慧平，鼓乐队关全等。初十这天，村委会门前一条东西走向的主干道两侧，沿街摆满摊位，长达三五百米，美食小吃、服装鞋帽、生活用品、儿童游乐、传统手工艺表演，各色商品琳琅满目，来往人群络绎不绝，十分热闹。集市上空拉起的横幅内容为"贯彻两会精神，构建美丽侯村"，彰显了女娲庙会之于构建美丽乡村的重要意义。娲皇庙正门前的横幅为"女娲文化与世长存"，女娲补天塑像放置在院内的中轴线上，前往娲皇宝殿焚香祝祷的信众颇多，虽以女性为主，但也不乏男性，且有不少年轻人虔诚跪拜祈愿。祭拜过女娲娘娘之后，不少民众便聚集到戏台前观看表演。过去，侯村庙会有三台大戏献唱，女娲庙内一台，庙外一台，火神庙（今侯村文化活动中心）一台。现在的侯村共有两处戏台，一处在补天寺天王殿对面，另一处在文化活动中心。每年庙会的戏剧表演多由信众组织，献唱的剧团大多来自运城、临猗、洪洞等周边区县，隔几年换一拨，他们不以盈利为目的，主要是为了做功德。演唱的剧目种类较为集中，以流传于晋南地区的蒲剧和眉户戏为主，也有现代戏剧和歌舞表演。2018 年庙会，补天寺的戏台上悬挂着"弘扬女娲传统文化节庙会"的横幅，由翼城县琴蒲剧团表演，以传统戏剧为主，台下观众百余人，大多为年龄较高的老人。文化活动中心的戏台上，悬挂着"热烈庆祝戊戌年女娲文化节"的横幅，由吉县蒲剧团表演，演出内容更为现代时尚，吸引的观众多为年轻人和妇女儿童。主持人的开场语也颇具时代精神和政治高度：

两会精神鼓舞人心，三春甘雨滋润万物，八方亲朋云集侯村，又是一年三月十，女娲故里欢迎您！女娲文化源远流长，自古以来，女娲就以炼石补天、抟土造人、置作笙簧、创始婚姻、积灰止水、断鳌立极等丰功伟绩，为人类的发展做出了极其伟大的贡献。而今年的三月初十更具有特殊的历史意义。这次女娲文化节，是今年在两会精神的感召和鼓舞下举办的。它一方面显示了华夏同根、万姓同祖、习俗同源的骨肉深情，更体现了我们中华民族沿袭多年的和平、和睦、和谐的传统文化道德准则。在庆祝女娲文化节的今天，我们将一如既往地遵照党的要求，在新的一年里为实现转型发展的梦想，凝心聚力，撸起袖子加油干，为打造美丽新侯村而不断拼搏，作出更大的贡献。

这段开场语宣扬了侯村举办女娲文化节的历史意义和时代价值，一方面概括女娲对人类发展做出的伟大功绩，并将其提升到华夏同根、万姓同祖、习俗同源

图 2-13 2019 年
女娲庙会

图 2-14 2019 年女
娲庙会锣鼓表演

的始祖地位，为女娲文化节增添了寻根祭祖的色彩，另一方面把举办女娲文化节与两会精神、建设美丽乡村、山西转型跨越发展等当下的政府决策结合起来，意在突出庙会节庆活动的政治正确性，强调传统文化在强化地方认同、推动乡村建设中的积极力量。有不少演出节目由侯村村民自发组织编排，如侯村幼儿园教师的古典舞《梅花泪》、儿童歌舞表演、时尚女青年的《鬼步舞》、侯村舞蹈队的广场舞以及侯村威风锣鼓队的表演。侯村威风锣鼓队，约二三十人，身穿红衣，肩披绿巾，头戴战盔，威风凛凛，一展侯村人的风采。表演结束后，锣鼓队在观众的簇拥下走出文化活动中心，走向街头，与民众组成了长长的队伍，在热闹的锣鼓声中前往娲皇庙为女娲娘娘祝寿。但是，祝寿的队伍并不能直接进入娲皇庙内，而是先要在补天寺整肃队伍、敲打一番之后，才能进庙拜见女娲娘娘。此时，娲皇宝殿前已有一班锣鼓完成表演，侯村锣鼓队的到来，又开启了新一轮的庆贺高潮。这些锣鼓班社由侯村和周边村庄自发组织，2018 年以前每年庙会只有两三个班社前来祝贺，2019 年增加到五大班社，据说 2020 年新的娲皇庙建成之后，规模将会更大。

结　语

本章梳理了女娲伏羲神话在赵城侯村一带的地域化传承脉络和形态特征。可以发现，当地厚重的上古文明为女娲伏羲神话信仰的生发提供了孕育土壤，近代动荡的社会变迁导致了神话信仰的破坏中断，当代文化的复兴促成了传统的接续重建。在这一漫长曲折的历史进程中，口承文本、庙宇遗迹、信仰仪式是女娲伏羲神话的三种叙事形态，相互附着为一个神话信仰的整体。从景观叙事来看，侯村的娲皇庙、北伏牛村的羲皇庙、卦底村的画卦台和碰子沟等庙宇遗迹，以及实物存在的大量碑刻，不仅为女娲伏羲神话和庙会提供了物质载体和信仰空间，也成为神话信仰毁坏断裂之后，踏寻历史、接续传统的重要佐证。从文本叙事来看，女娲伏羲神话附着于地方风物之上，解释了庙宇遗迹的来历和庙会仪式的成因，并通过符合民间叙事逻辑的方式，在不同庙宇遗迹之间建立起关系，构成一个包含创世神话、家庭生活传说、灵验传说等内容，具有内在叙事关联的神话传说链。从仪式叙事来看，娲皇庙会和祭祀活动是对女娲神话传说中伟大功绩的行为再现，通过地方化的信仰风俗表现出女娲在当地所具有的始祖神、生育神、保护神、农业神的多重神格，巩固了神话传说在民众信仰世界中的深远影响。

正是基于三者之间的相互依存关系，侯村娲皇庙等庙宇遗迹的毁坏与重建，也深刻影响了女娲伏羲的口承文本和信仰仪式。当前的实际情况是，侯村娲皇庙正在大规模重建，相应的女娲伏羲神话传说和庙会活动也正在重构，呈现出一种历史复原与现实再造的整体倾向。具体表现为以下三点：

第一，庙宇历史价值的重新定位。在侯村娲皇庙的重建过程中，地方文化人通过古代的地方史志、金石碑刻、文人诗词等大量文献资料，查找串联娲皇庙的蛛丝马迹，为娲皇庙不可替代的历史价值寻找"可信"依据。经过对这些历史资料的再阐释，论证出侯村娲皇庙是古代帝王认定的祭祀女娲的"唯一正庙"，凸显其唯一性价值和皇家陵庙的至高地位。并且，通过资料对比分析之后，地方文化人认为在三皇五帝的陵庙中，侯村娲皇陵庙的官方祭祀次数最多，得出宋元明清四代的帝王和民众，对女娲的虔诚信仰程度，远超炎帝、黄帝等男性始祖。[①]其意在证明侯村娲皇庙虽然在战争中毁坏，但其历史重要性并不亚于、甚至超过了河南淮阳的太昊陵、陕西黄陵的黄帝陵、山西高平的炎帝陵等那些建筑保存完好、影响力较大的古帝王陵庙。

第二，神话传说的历史化诠释。虽然侯村当地的女娲伏羲神话传说历史悠久、内容丰富，涵盖了创世神话、家庭生活传说、风俗传说和显灵传说，但是普通民众在日常生活语境或信仰仪式场合中的讲述却并不多见。在对一些村民的随机访谈中，村民一般只能说出"娘娘一脚把爷爷踢到了伏牛村""女娲坟上刨娃娃""烧枷保护小孩不被老鹰叼走"之类的核心母题，很少能讲述出完整的情节内容。目前，地方文化人和补天寺住持则是常常讲述女娲神话传说的一类群体，他们讲述的听众多为来访官员、专家学者或游客信众，讲述的内容主要集中于反映女娲伟大功绩的神话母题，例如补天造人、创制婚姻、发明文化。尤其是会把女娲的创世功绩放置于整个人类或民族的文明发展进程中进行历史化解读，目的在于构建女娲的始祖地位。

① 刘北锁：《北宋后官方及精英认定的女娲、赵城娲皇陵庙》，载洪洞县赵城镇人民政府编：《女娲文化论坛文集》（内部资料），2015 年印。

第三，庙会的公共节日化重构。虽然今天农历三月初十的侯村娲皇庙会仍然以女娲信仰和祭祀为核心内容，延续着刨娃娃、烧枷等古老的地方传统，但是，从"女娲庙会"到"女娲文化节"的演变，是一种从"作为生存技术的仪式"到"作为权力技术的仪式"的改造，[①]已经呈现出庙会公共节日化重构的趋势。在女娲文化节中，女娲正在由一位地方信奉的保护神转变为中华民族的始祖神，求子、保佑等地方信仰因素逐渐被遮蔽，全民族的寻根祭祖开始渗透到庙会的核心价值层面，公共文化节日的性质愈加突显。并且，与贯彻两会精神、构建美丽乡村、乡村振兴等国家宏观战略的紧密结合，体现出地方社会主动营造国家在场的语境，从而为自身发展的合法性谋求现实途径。

概言之，在庙宇建筑、神话传说和庙会仪式三种叙事形态的重建过程中，侯村与其他许多地域一样，从各个方面不断加入"民族—国家"符号，为传统资源的恢复和发展提供合理的解释，以期顺利实现国家与地方的互动、传统与现实的对接，推动自身文化再生产和区域经济再建设。

（王旭，山西大学文学院副教授）

---

① 郭于华：《仪式与社会变迁》，社会科学文献出版社 2000 年版，第 1—2 页。

第三章　河北涉县娲皇宫地区的女娲神话

丁思瑶

女娲的神话与信仰一直是学术界关心的重要话题。广泛流传的女娲创世神话在时代传承中不断发展和丰富，这些多样的口传神话在不同群体的地方化过程中因各地不同的风土人情形成了特色各异的地方信仰传统。

涉县位于河北省西南部，地处晋冀豫三省交界处。据《汉书·地理志》记载，公元前 206 年，刘邦建立西汉时始置涉县，该地区的建县历史距今已有两千多年。涉县的女娲信仰十分盛行，按照当地人的说法，这里是女娲炼石补天、抟土造人的地方，境内共有大大小小三百多处女娲庙、殿和行宫，以娲皇宫为中心形成了历史悠久、规模庞大的女娲信仰传统，同时也广泛流传着各种围绕女娲展开的口头叙事，包括创世神话、传说、民间故事和歌谣谚语等。

本章的田野地点涉县具有丰富的女娲信仰资源和悠久的神话叙事传统，吸引了大量学者进行田野调查和个案研究，已有不少著述为本章对当地女娲神话的考察提供了基础。其中，杨利慧对冀南尤其是涉县地区的女娲信仰和神话研究最具有代表性。她以河北涉县娲皇宫及其女娲信仰为个案，梳理当地自明、清、民国直至当代的近四百年本土非遗保护实践的历程，凸显历史上不同行动主体在相关方面的长期工作，总结出注重"内价值"以及官民协作模式的中国本土非遗保护经验。[1] 她还以娲皇宫导游对女娲神话的整合运用与重述为例，生动地展现了遗产旅游语境中的神话主义，总结出口头传统与书面传统有机融合、叙事表演以情

---

[1]　杨利慧：《官民协作：中国非遗保护的本土实践之路——以河北涉县女娲信仰的 400 年保护历程为个案》，《云南师范大学学报（哲学社会科学版）》2017 年第 6 期。

22222

061

境和游客为中心、神话的系统化和地方化更加凸显等特点。①

此外，也有其他学者从不同视角呈现了涉县女娲信仰的文化生态。信仰圈的形成是某一大神在一定区域内影响力的标志，也是俗民神灵信仰的组织结构方式。常玉荣指出，涉县全境存在着大小不同的以"社"为单位的祭祀女娲的组织，具备了信仰圈形成的五个基本要素，最终以中皇山娲皇宫为核心形成了女娲信仰圈。② 黄悦从女性主义的视角审视涉县的女娲信仰，认为涉县以女娲为核心形成了一个广泛包容的女神圈，反映出母系氏族社会时期女性的崇高地位，在当地妇女的精神和日常生活中发挥了巨大的作用。③ 杨帆考察了涉县女娲信仰的变迁过程，为当地的非遗保护与传承提供了具体对策和建议。④ 有关河北涉县的女娲信仰调查还有孙达《传承女娲精神，构建和谐社会——中国女娲文化首届高层论坛侧记》、陈崇《"女娲祭典"追忆人类始祖》、杜学德《女娲祭典与庙会》、新文《中皇山的女娲民俗》、王书俊《华夏祖庙——娲皇宫》、李霞《女娲与娲皇宫》等，这些文章分别对涉县女娲的信仰习俗、庙会习俗、祭典仪式、娲皇宫的建筑特色作了不同程度的介绍与分析。

这些著述对于涉县地区女娲信仰及神话的研究历史进行了详尽的梳理。但是近年来随着非遗保护运动的开展和当地的旅游开发，女娲神话成为娲皇宫景区乃至涉县重要的文化资源，涉县人对女娲神话的讲述和交流出现了许多新的变化，需要关注和调查。此外，以往的研究视角主要集中在娲皇宫，较少观照娲皇宫周边村落的女娲庙和行宫，不同村落的女娲神话文本也有待调查和补充。

2018 年 7 月至 2019 年 8 月间，笔者曾多次到河北涉县娲皇宫及周边村落开展田野调查，以涉县娲皇宫为主要田野点，以居住在涉县的百姓为主要田野对象，对他们的女娲信仰活动进行参与和观察，并着重考察了涉县民众在日常生活

---

① 杨利慧：《遗产旅游语境中的神话主义——以导游词底本与导游的叙事表演为中心》，《民俗研究》2014 年第 1 期。

② 常玉荣：《河北涉县地区女娲信仰圈的形成》，《河北工程大学学报（社会科学版）》2015 第 1 期。

③ 黄悦：《从河北涉县女娲信仰看女神文明的民间遗存》，《中国比较文学》2007 年第 2 期。

④ 杨帆：《非物质文化遗产视角下河北涉县女娲信仰文化研究》，《赣南师范学院》硕士学位论文，2011 年。

中如何通过神话叙事来理解和维系当地的女娲信仰，结合地方志和碑刻内容，系统搜集、整理涉县女娲神话的历史和现今情况，并特别关注对地方文化精英、娲皇宫导游和女娲祭典组织者等特殊行为主体的考察，同时参考了涉县地方志、涉县各村志、涉县民间作品集成以及文史、报刊资料汇编等文献资料。走访了娲皇宫、传统村落9个（赤岸村、弹音村、索堡村、沙河村、王金庄村、东鹿头村、岩上村、东泉村、磨池村）以及新华广播电台旧址、一二九师纪念馆等，共访谈30人（男23人，女7人），有效录音500分钟，拍摄近400张照片。由于调查获取了大量资料，内容庞大繁杂，本章田野报告将围绕"女娲创世神话及其信仰实践"这一主题，以娲皇宫为主集中呈现女娲的神话传说、信仰体系、外界力量影响和非遗开发与传承几个方面的有效信息。遵照民俗学学科的惯例，除特别说明外，本章对访谈对象一律使用化名。

另外，此行受到时任涉县文广旅局负责人李淑英女士和申艳宏先生的大力支持，他们帮助联系了各村村干部及文宣负责人，并提供了涉县地方志、传统村落调查册及女娲故事的相关出版物，帮助此次调查省去了许多不必要的麻烦，在此致以衷心的感谢。

一、涉县的自然、经济与文化概况

涉县为河北省邯郸市辖县，下辖308个行政村和464个自然村，面积达1509平方千米，总人口42万。当地位于河北省西南部、冀晋豫三省交界处，交通十分便利，是联通京津冀地区和中原地区的重要枢纽，素有"秦晋之要冲、燕赵之名邑"之称；境内邯长铁路、阳索铁路、青兰高速等连通四方，区位优势明显。

涉县因涉水而得名，境内第一大河流为漳河，属海河流域水系，由清漳河、浊漳河汇流而成，流经县境113千米。涉县地处太行山东麓，属于太行深山区，地形复杂，东边有青阳山、老爷山等，西边有黄栌垴、大寨垴、马鞍山、黄仡山等，北边有界牌山、左权岭等。当地峰峦叠嶂，河谷纵横交织，整体地势自西北向东南缓慢倾斜。涉县的森林覆盖率高达49.1%，气候温暖湿润，生态环境优美，曾被评为"中国最佳人文宜居城市"。

涉县境内矿产资源丰富，产有铁矿、石灰岩、白云石、黏土等，早在春秋战国时期就成为邯郸的矿石原料基地之一。此外，涉县工业基础雄厚，现有 70 多家钢铁、煤炭、电力相关的工业和企业。2000 年，涉县成立了经济开发区，在优化原有优势产业的同时发展壮大新材料、生物医药等新型战略产业。涉县还拥有丰裕的林果资源，核桃、花椒、柿子被誉为"涉县三珍"，产量均居全国前列，涉县也被称为"中国核桃之乡"和"中国花椒之乡"。①

此外，涉县还是我国著名的红色革命老区，这里曾经是八路军一二九师的驻扎地，也是晋冀鲁豫边区政府的所在地。刘伯承、邓小平等领导人在此战斗生活了六年之久，为抗日战争的胜利作出了不可磨灭的贡献，涉县也因此被誉为"中国第二代领导核心的摇篮"。如今，一二九师纪念馆已经成为全国先进爱国主义教育示范基地、全国红色旅游经典景区和国家 4A 级旅游景区。

除了是经济强县，涉县还是一个有着悠久历史和灿烂文化的千年古县，相传大禹治水之时，这里属九州之一的冀州地。涉县古称沙侯国，春秋时属晋，战国时先后属魏、赵，秦朝时属邯郸郡。② 据《汉书·地理志》记载，公元前 206 年，刘邦建立西汉时始置沙县，后改为涉县。涉县文化底蕴深厚，先后发掘了新桥旧石器遗址、龙虎三里峧古人类遗址、西戌商周时期古村落遗址和古墓群等，境内文物保护单位多达 111 处，而且女娲信仰十分盛行。按照当地人的说法，涉县是女娲"炼石补天、抟土造人"的地方，这里不仅有建筑规模最大、时间最早的祭祀女娲的古建筑群娲皇宫，还有大大小小三百多处女娲庙和行宫，如此密集的数量分布在全国其他信奉女娲的地区是十分罕见的。

二、娲皇宫：女娲神话的核心讲述场域

（一）娲皇宫的历史沿革

据《太昊纪》记载："女娲起于承匡之山，都于中皇之山，葬于风陵则此。"位于涉县索堡镇中皇山上的娲皇宫就是女娲建都立业之所，也是我国建筑规模最

---

① 《涉县概况》，载涉县网 www.sxw.ccoo.cn/bendi/info-103932.html，2020 年 3 月 13 日。

② 《涉县概况》，载涉县人民政府网 www.shexian.gov.cn/zjsx/，2020 年 3 月 13 日。

大、时间最早的奉祀人类始祖娲皇圣母的古代建筑群，被誉为"华夏祖庙"，是全国的祭祖圣地之一。

娲皇宫起初的建筑规模很小，后来经过历朝历代的修葺续建，尤其是明清时期大规模修建了不少庙宇，逐渐形成了一组建筑群。至于娲皇宫始建于何时，一直众说纷纭，马乃廷的《涉县娲皇宫历史沿革考》和刘心长的《涉县女娲传说考察研究》等文都对娲皇宫的历史展开了各种推测和争论。

相当一部分说法认为，娲皇宫最早是"北齐离宫"。据清嘉庆四年（1799）涉县县令戚学标主持修撰的《涉县志》记载，中皇山是北齐文宣帝高洋往返北齐都城邺城（今邯郸市临漳县）与陪都晋阳的必经之地，所以在此修建了途中休憩的行宫，"起离宫以备巡幸，于此山腰见数百僧行过，遂开三石室，刻诸尊像……"这里并未直接言明文宣帝建造的行宫就是娲皇宫，而且现存的明嘉靖三十七年（1558）抄本、清顺治十六年（1659）和康熙五十三年（1714）的古涉县志都没有相关的记载，因此"北齐离宫"的说法还有待商榷。也有人推断娲皇宫最早修建于公元6世纪左右，清嘉庆年间的《娲皇圣地建立志》碑文记载："有悬崖古洞，迨汉文帝创立神庙三楹，造神塑像，加崇祀典，其初谓之中皇山。"女娲信仰在汉代就已十分活跃，多地都出土了带有女娲形象的文物，这种说法也不无道理。

由于缺少确凿的文献记载，先且不论以上推断是否准确，可以肯定的是，娲皇宫的历史至少可以追溯到明代。中皇山上上下下共存有明代至今的75通石碑，其中，娲皇阁的底座和第一层碑记显示为明万历三十七年（1609），其他建筑的碑记时间均在此后。此外，清人李可珍在《重修娲皇庙碑记》一文中注明："娲皇之祀，自明洪武间，以礼官之请，增祀古帝王陵寝。于是，始祀于冀城。"[1]可见，涉县信奉、祭祀女娲的传统在明代就已存在。

从清朝、民国时期到建国后，娲皇宫历经了多次灾祸，如"风侵雨蚀，雪欺霜凌，兵燹战火，人为祸害"[2]等。涉县文物保管所所长花费了十五年时间重塑女娲神像，修整娲皇阁，使娲皇宫面貌一新；当地政府也多次拨付专款对古建筑

---

① 马乃廷：《涉县史志纵横》，方志出版社2012年版，第14页。

② 涉县地名办公室：《女娲文化》，天马出版社2003年版，第185—186页。

群进行抢救性修复。2001 年，涉县开始实施文化强县战略，大力打造"千古名县，女娲故里"，投入三千余万元对娲皇宫景区进行了全新规划，增建了补天湖和女娲文化广场，重塑了花岗石女娲塑像和金身塑像。景区先后被列入全国重点文物保护单位、国家级风景名胜区和国家 5A 级旅游景区。

（二）娲皇宫的空间布局

"任何一种民俗事象的开展都需要一定的空间载体"[①]，人们关于女娲神话的各种讲述实践必然发生在一定的实体场所，内在的心理活动和信仰情感无法脱离外在的空间感知而单独存在，因此信仰空间也是神话传承必不可少的组成部分。娲皇宫为当地百姓的信仰实践和交往娱乐提供了一个可以自由言谈、行动的场所，无论是选址还是整体的空间构造，都反映出涉县民众的信仰习俗、生活方式和审美观念，蕴含着当地人的集体记忆。

娲皇宫由女娲文化体验区、补天台文化观光区和娲皇宫核心保护区三大部分组成，现存北齐石刻、唐代题记、宋代砖墙、明清建筑等古迹遗址，还有山谷、园林、湖泊等自然景观，整体布局依山就势、匠心独运，融道教文化、佛教文化和生态景观于一体。整体的空间布局被有意识地加以利用，园林、建筑、绘画等无一不是展示女娲伟大神圣的手段。"制度、信仰、宇宙观等无形的精神元素，通过'事物'得以表现并被转换成可视的世界，由此可将共有的价值观、生死观、连带感等嵌入到共同体每个成员的意识当中。"[②]

从入口开始，娲皇宫就在不断营造女娲信仰的神圣氛围。景区石碑和门票介绍强调了娲皇宫作为"华夏祖庙"的重要地位，表明女娲信仰得到了官方的承认。入口广场上陈列了两排旗帜，上面印有"中华文明发祥地""人类从这里起源"的字样，和当地打造女娲文化之乡的宣传策略不无关系。

踏入景区，迎面而来的就是一幅精致勾勒的女娲补天壁画，随后是占地广阔的文化体验区，包括娲皇部落园、女娲功德园和金石文化园，中间穿插了观景台、补天湖等景点。这些景点大多为近年打造，使景区占地面积扩大至 5 平方千

①　孟令法：《文化空间的概念与边界——以浙南畲族史诗〈高皇歌〉的演述场域为例》，《民俗研究》2017 年第 5 期。

②　［日］藤井明：《聚落探访》，宁晶译，中国建筑工业出版社 2003 年版，第 17 页。

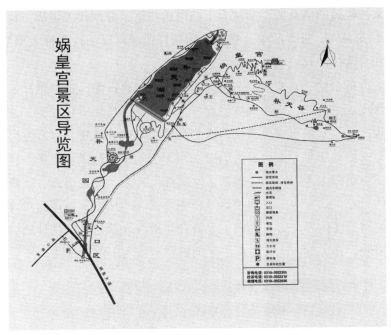

图 3-1　娲皇宫景区导览图（测绘版）①

米，大大延展了女娲信仰的空间。其中，娲皇部落园是 2014 年由开发公司设计的一片具有江南水乡特色的园林，在外观上有意追求古朴的造型和风格，以契合女娲信仰的悠久历史。女娲功德园通过九个造型奇特的石刻，用绘画的方式展现了女娲的九大功绩，包括生万物、造人类、别男女、通婚姻、创笙簧、教耕稼、补苍天、断鳌足、立四极，总结了女娲一生对人类社会所作出的贡献。

　　审察山川走势、择选吉祥布局的风水理念也对娲皇宫的建造影响颇深。整个景区背倚中皇山，前望补天湖，是当地公认的依山傍水的"风水宝地"。山腰处的女娲文化广场也体现了风水格局——中心是太极八卦，内圈刻有周易卦象，外圈刻有代表四象的二十四节气，蕴含着人与自然和谐相处的理念。广场四周安放了十二生肖的塑像，憨态可掬的造型吸引了不少人合影。广场的右前方立有一座

---

　　① 《娲皇宫导览图（测绘版）》，载娲皇宫景区官网 http://shexianwahuanggong.com/?p=113，2020 年 8 月 10 日。

梵钟 ①，来往经过的信众或游客都会上前敲击三下，分别代表了福、禄、寿，以此来祈求平安兴旺、长寿健康。整座广场被打造成可以举行各种大型祭祀仪式、节庆活动和日常休闲娱乐活动的公共空间。

广场后方的台阶上矗立着一尊高达 9.9 米的女娲石像，她脚踏祥云，树叶披肩，腰缠兽皮、系虎扣，头顶高高挽起一个发髻，庄严而不可侵犯。作为娲皇宫的标志景观之一，女娲石像是景区内极为高峻壮观的建筑物，以实体形象呈现出百姓心中对女娲的想象，彰显着人们对女娲深切的敬奉与崇拜，是一种物化的象征。塑像下方是四面浮雕，集中展现了女娲炼石补天、抟土造人、怒斩恶龙、受万民朝拜的景象。这里也是女娲神话最被频繁提起的地方，每每面对外来游客或非信众人群对浮雕内容的好奇询问，导游和当地信众总是不厌其烦地讲述女娲创世的种种事迹，相关的口头叙事在不断的解释与重复中传承延续。

图 3-2　女娲塑像

---

① 梵钟是佛教传入后在寺院兴起的产物，撞响时声音洪亮致远，能够清净寺院梵刹。

核心保护区由朝元宫、停骖宫、广生宫、吕仙祠和娲皇阁等古建筑群组成，分布在山上、山下两个区域。山下建筑群大多兴建于清代康乾年间，呈卫星环绕状分布在女娲文化广场周围。大小不一的庙宇根据周边的环境特征建造，因地势高低错落起伏，形成了彼此呼应又相互和谐的整体风貌。这些庙宇供奉的神像既有道教的，也有佛教的，各种民间宗教因素在长期交错中相互影响、重叠，体现了当地多神信仰的传统。

朝元宫原名大悲准提庵，是娲皇宫山下古建群中的第一组建筑，始建于清康熙四十一年（1702），在乾隆和道光年间分别增建、重修，原本是进行祭祀准备工作和庙内相关人员居住的场所。因其为山前首庙，故名"朝元宫"。① 朝元宫占地面积1392平方米，坐东北面西南，是一座两进四合院。中轴线上是主殿大乘殿，两侧有三佛殿、华佗庙、三官庙、钟楼及斋房等陪衬建筑，是佛、道文化相互交融的典型代表。主殿大乘殿供奉千手千眼佛，下首是大智文殊、大行普贤、大愿地藏、大悲观音四大菩萨。天王殿内大肚弥勒佛盘坐中间，四大天王各持法器，分立两侧。三官庙和华佗庙均建于清乾隆六年（1741），前者供奉天地水府的"三官大帝"，即天官赐福大帝、地官赦罪大帝、水官解厄大帝，后者供奉三国时期伟大的医学家华佗。庙内古朴威严，香火旺盛，可以见到众多有序跪

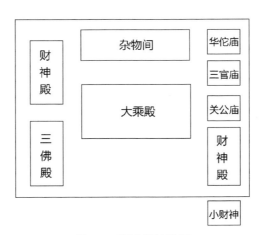

图3-3 朝元宫结构图

---

① 这里"朝"取拜谒之意，"元"是第一的意思。本章各庙宇的具体建造时间参考当地碑文记录。

拜的香客嘴里正念念有词，祈求祛除疾病。

吕仙祠的创建时间无从考证，从院内的几处碑文可得知，在清代曾两次重修，之后一度被夷为平地。1992年在原址上进行了重建，殿内供奉吕洞宾和桃柳二仙。

停骖宫是一处独立的四合院，始建于清康熙六年（1667），是旧时达官显贵到娲皇宫胜地祭祀、游览时下马休憩之所。受地形所限，停骖宫前筑高台、后拓山坡而建，由正殿、南北厢房、门楼和倒座组成，占地面积576平方米。歇马殿是停骖宫的主殿，内祀娲皇圣母坐像，紫霞元君和碧霞元君分列左右。据导游介绍，紫霞元君和碧霞元君是女娲的两个得力助手，当年女娲炼石补天、创造笙簧、制定习俗的时候，她们立下过汗马功劳，所以将她们两位和女娲放在一起，接受后人的供奉。[1] 殿内东、北、西三面的墙壁上，是清代绘制的"娲皇圣母出宫图"和"八仙庆寿过海图"等壁画。

广生宫始建于元末明初，明万历年间被大火烧毁，清康熙年间兴工重建，也是依地形而建的一个独立四合院。院落大门朝西，门下有两处牌坊，门前的石阶有45度之陡。院内由正殿、南北厢房、门楼等组成。主殿为子孙殿，殿脊装透雕龙凤，中镶狮子宝瓶，两端各置吞脊吻兽。殿内供奉了九尊神像，分别为广生圣母、眼光娘娘、忌风奶奶、保姆、送子爷爷、糠疮奶奶、水痘奶奶、奶姆、催生奶奶，造型和神态惟妙惟肖。他们大多是与幼童疾病有关的神祇，在过去医术并不精湛的情况下，很多人都会到此处祈求孩子健康成长。

其他古建筑都位于中皇山顶，在缭绕的云雾间若隐若现，更显神秘。到达山顶需走过十八盘山道，蜿蜒的石阶增添了朝拜的仪式感，信众在登顶过程中获得了对自我虔诚的肯定与满足。山顶的古迹有娲皇阁、梳妆楼、迎爽楼、钟鼓楼、皮疡庙、灵官庙等，娲皇阁居中，梳妆楼、皮疡庙分立左右，钟楼、鼓楼南北对峙，灵官庙、功德祠点缀其间，充分展现了中国古代建筑的独特布局。

山门处的摩崖壁刻是娲皇宫最早的古迹之一，六部佛经分五处刻于崖壁之上和石窟之内，面积达165平方米，字体有魏碑体、隶体和楷体，"银钩铁画，天

---

[1] 受访者：李可，女，娲皇宫导游。访谈人：丁思瑶。访谈时间：2018年7月12日。访谈地点：涉县娲皇宫。

下绝奇"。这是我国现存摩崖刻经中时代最早、字数最多、面积最大的一处，也是我国佛教发展史中弥足珍贵的资料，对于研究早期的佛教地域、流派及书法镌刻演变史有着极高价值，被誉为"天下第一壁经群"。

娲皇阁是山顶建筑群中的主体建筑，高 23 米，共分四层，底层是一座拱形宝鼎，上面三层阁楼都是木质建筑。整座建筑依山就势而建，没有紧贴崖壁，一旦游客增多楼体便会左右晃动，非常危险。明朝的工匠架起了九根铁索将阁楼固定在崖壁之上，如果阁楼向前倾斜，铁链自然拉直将阁楼拉回原处，还会琅琅作响。因此，娲皇阁素有"活楼""吊庙"之称，是河北省古建筑十大奇观之一，可与恒山的悬空寺相媲美。

娲皇阁第一层的"华夏始祖"拜殿原本是北齐天保年间（550—559）的石窟，门口的楹联上书"圣德齐天无涯限，神功五石补北天"。在石窟内三尺高的神台上，供奉着身着帝王加冕服饰的女娲神像，华丽而不失威严。石窟后壁下是通长的神台，上祀九天玄女，九尊神像姿态各异，手中俱持有器皿。关于九天玄女的身份，当地人众说纷纭，有人称是女娲的姐妹，也有人认为是女娲的九个化身。

石窟前原有三楹神庙，在明嘉靖年间改为楼阁，明万历三十六年（1608）不慎失火被毁。明天启六年（1626）就楼基、凿条石、券宝顶，建起了三层楼阁。然而，清咸丰二年（1852）因祭祀不慎，楼阁再次失火被毁，同年七月，涉县知县李毓珍调拨钱粮，征悬民夫，在原址上仿造旧阁重建，历时一年竣工完成。为了感念他的功劳，后人在迎爽楼后为他建造了一座功德祠，事迹名垂后世。拜殿往上是三层阁楼，各供奉一尊姿态不同的女娲神像，代表了女娲做出的不同贡献。清虚阁的女娲盘坐在神台上，左手托盘降祥瑞，右手持壶垂甘霖；造化阁的女娲怀抱男婴，寓示着人丁兴旺；补天阁的女娲手持五色神石，欲补天倾地裂。此外，每层阁楼的墙壁上都绘有壁画，如"纣王敬香留诗图"和"圣母派妖灭纣图"，直观展现出女娲下凡拯救苍生的过程。每逢初一、十五，小小的阁楼人头攒动，挤满了前来拜谒女娲的信众，在众多庙宇中香火最为旺盛。阁楼前摆放的供人休息和聊天的石凳，也成为信众聚集、交流的新的空间。

除了底基石窟外，娲皇阁左侧另有"眼光洞"和"蚕姑洞"二处石窟，均凿于北齐天保年间（550—559），总面积约 12 平方米。窟内石像因多年的磨损而

图 3-5　清虚阁女娲像

图 3-4　娲皇阁外观

残缺不齐，内壁环刻的经文还较为完好。眼光洞窟内原有一佛二弟子石像，现仅存一尊释迦牟尼像，窟壁刻有《十地经》。蚕姑洞窟内原有华严三圣石像，现也仅存一尊释迦牟尼像，窟壁刻有《十地经》《佛遗教经》及《佛说盂兰盆经》。途经这里的百姓会拿一块红布摩擦石像的各个部位，然后再擦擦自己身上对应的部位，边擦边说："擦擦手，擦擦腿"等，祈求无痛无病。在经年累月的摩擦下，石像已经变得平滑光亮。

梳妆楼紧挨娲皇阁，始建于清康熙二十一年（1682），为女娲沐浴、梳洗之处。有趣的是一楼供奉送子观音，二楼供奉女娲，充分表现了百姓求子"双保险"的心理。也许是紧临娲皇阁的缘故，梳妆楼香火并不旺盛，大多数信众会直接到娲皇阁祈禳还愿。娲皇阁的另一侧是皮疡庙，始建于明万历年间（1573—1620），供奉了皮疡王和鲁班二神。旁边的钟鼓楼始建于明万历十四年（1586），分为两层，楼上置鼓，楼下悬挂"女娲九大功德祈福钟"，因此又名"祈福阁"。

除了专门为信众打造的各种供奉和祭祀场所，娲皇宫还有许多因信仰观念和需求生成的空间。譬如，女娲文化广场东侧专门搭建的戏台，就是由涉县娱神酬神的习俗衍生而来，每逢节庆或庙会都能在此看到各地剧团的精彩演出。此外，娲皇阁前的几棵古树和人为放置的祈福木架，随着信众相沿成俗的挂祈福牌、平安锁的行为，构成了一个新的信仰空间。整体来看，娲皇宫的规划和建设愈加完善，一方面在于信众的乐捐，另一方面也得到了政府的大力支持，如今已成为涉县对外展示的名片。

图 3-6　蚕姑洞石像

正如列伏斐尔所说："空间从来就不是空洞的，它往往蕴涵着某种意义"。[1] 有关娲皇宫的空间布局，从建筑学角度的研究已有很多，但很少将其作为信仰叙事发生的具体场域加以考察。我们无法否认，语言和文字是最主要的叙事媒介，但这些不可移动的历史古迹同样直观反映出涉县民众对女娲的评价、态度和情感寄托，是物理空间下一种静态的叙事表达。除此之外，其他口头叙事和仪式行为的演述也需要一定的场域为依托，娲皇宫不仅是承载女娲信仰的物理空间，也是信众各种信仰实践和神话交流不可或缺的文化空间。

文化空间的内涵和范围涉及广阔，目前还没有共识的定义，更多时候是非遗保护和研究的专门用语。以两份官方文件的表述为例，联合国教科文组织在《人

---

① 包亚明主编：《现代性与空间的生产》，上海教育出版社 2003 年版，第 83 页。

类口头和非物质遗产代表作申报书编写指南》中将文化空间定义为："民间或传统文化活动的集中地域，但也可确定为具有周期性或事件性的特定时间。"① 我国颁布的《国务院关于加强我国非物质文化遗产保护工作的意见》指出，文化空间是"定期举行传统文化活动或集中展现传统文化表现形式的场所，兼具空间性和时间性"。② 为了便于我国公众的理解，文化空间这一学术概念在中国被"本土化"为"文化场所"。③ 每年农历三月，娲皇宫都会固定举办盛大的女娲祭典，满足了"定期或周期性举办民间传统文化活动的实体性场所"的要求；不仅如此，在其他时间，信众、导游和游客等也可以随时在此进行交流与实践。可见，娲皇宫是女娲神话讲述的核心场域，为女娲神话的代际传承提供了广阔的文化空间，在非遗运动中也被纳入了保护行列，其重要性不言而喻。

（三）娲皇宫的神话叙事

导游是女娲神话传承中不容忽略的一支力量，在一些情况下，他们可被视为新时代的职业神话讲述人。④ 作为现代口承神话的重要承载者，娲皇宫的导游是女娲神话在当代传播和传承的重要媒介，也是涉县言语社群中最稳定的表达者。

导游讲解服务通常在娲皇宫景区内提供，在游览过程中向游客介绍涉县的风土人情，女娲作为人类始祖的伟大事迹，以及娲皇宫的历史变迁等。导游由一支年轻的女性队伍构成，受众以外地的团体游客为主，也有当地学校的学生，他们都是对女娲叙事比较陌生的群体。讲解流程从景区入口开始，导游会结合不同的功能区依次向游客讲述女娲到底是谁、是否确有其人，她为什么要在涉县补苍天、断鳌足，为什么要造人类、斩黑龙，这些神话传说表达了什么精神等内容。女娲塑像和娲皇阁是导游解说的重点对象，尤其在娲皇塑像的浮雕前，导游会集中讲述女娲炼石补天、抟土造人、滚磨成亲的神话，成为"地方神话的新权

---

① 转引自朱刚：《非物质文化遗产文化空间研究的时空维度——以云南剑川白族的石宝山歌会为例》，《民间文化论坛》2015 年第 3 期。

② 参见《国务院办公厅关于加强我国非物质文化遗产保护工作的意见》附件一《国家级非物质文化遗产代表作申报评定暂行办法》第三条，载人民网 ip.people.com.cn/GB/12867685.html，2020 年 4 月 9 日。

③ 参见巴莫曲布嫫：《非物质文化遗产：从概念到实践》，《民族艺术》2008 年第 1 期。

④ 杨利慧：《神话与神话学》，北京师范大学出版社 2009 年版，第 255—256 页。

威"①。在娲皇阁，导游会结合每一层的女娲神像和壁画展开讲解：

　　这层叫做清虚阁是赐福的意思，是求平安求健康。我们看一下左右两侧的壁画，右手边就是商朝时期商纣王，文武百官建议他去朝拜女娲上香，他见女娲非常漂亮就起了色心，在临走之前题了一首诗，说女娲非常漂亮，如果你是真人，就把你娶回宫里当妃子。女娲非常生气，就派下九尾狐狸精、九头雉鸡精、玉石琵琶精三位用美色迷惑商纣王，最后毁掉了商朝的大好江山。左边的壁画上，三位妖女在完成使命之后，并没有回到天上，而是在人间为非作歹，残害忠良，被女娲发现，打入十八层地狱，永世不得翻身。这是告诉人们因果报应，善有善报，不是不报，时候未到。

　　第二层叫造化阁，就是讲述了女娲抟土造人、造化万物的故事，所以这层当中，女娲的姿势就变了，这个是手托男婴，所以这层很显然是求子的。结婚后，女娲发现只靠自己很难造成万事万物，所以她灵机一动，用清漳河畔的泥捏成了小泥人，轻轻一吹就活蹦乱跳了。但是时间一长，女娲捏累了，女娲就用柳条沾着泥点往外甩，结果甩出来的泥点也变成了活蹦乱跳的人。……捏出来就要分男女，繁衍后代。人和人都是女娲用泥捏出来的，并没有感情，所以女娲派碧霞、紫霞去南山、北山取来了笙和簧，当笙簧合在一起，就变成了笙，笙一演奏，人们就手舞足蹈，产生爱慕之情。所以现在人们结婚后都有敲敲打打的习俗。人们过上了安居乐业的生活，但是有条龙经常残害百姓，所以女娲挺身而出，怒斩恶龙，保护了人们。女娲发明了早期的畜牧业和农业，让人们过上了安居乐业的生活。

　　第三层女娲手托的五色石变成了五彩祥云，她完成了补天的伟业，所以这一层是求事业求学业。壁画讲述的是火神共工和水神祝融，在一次战斗中，共工被打败，他一气之下，把西北极的不周山撞到，导致天倾西北、地陷东南，猛兽出来作乱，洪水泛滥，民不聊生。女娲挺身而出，用清漳河的五彩石熔炼 49 天，炼成五彩祥云。补好了天上的窟窿，然后断鳌足、立四

　　① 杨利慧、张霞、徐芳、李红武、仝云丽：《现代口承神话的民族志研究——以四个汉族社区为个案》，陕西师范大学出版总社有限公司 2011 年版，第 24 页。

极，使天再没有塌陷的可能。女娲生日是阴历三月十五，现在向联合国申报，希望成为世界华人的母亲节。①

导游的演述始终以受众，即游客为中心，讲解时一直面带微笑，用清脆洪亮、有节奏的语调将女娲与涉县的渊源娓娓道来。正式解说通常在参观中皇山顶后结束，下山时导游会针对不同游客的需求穿插对涉县风土人情的介绍，或是解答游客关于涉县和娲皇宫的问题，还时不时地与游客互动，用本地的幽默笑话、特色民歌拉近与游客的距离，调动现场氛围，整体基调十分轻松。

导游们有固定的解说词本，入职前均需经过专业的培训和记忆。现有的导游词由娲皇宫管理处负责人王艳茹撰写，在古代典籍记载的基础上进行多次补充与修改，内容不断丰富，以创世神话为主要文类，更加注重语境的动态变化，形成了相对稳定的表达模式。虽然有底本存在，但导游的讲述并不是的一板一眼的僵化背诵，她们有权力根据讲述情境和游客需求进行适当的调整，但不允许进行大幅度的、根本性的改编，可以说在一定的规约下保持着表演活力。

美国人类学家吉尔兹曾提出"地方性知识"的概念。在他看来，地方性知识是一种与民间性模式有关的、具有本体地位的知识，即来自当地文化的自然而然的、固有的东西。地方性知识通常与民间传统和生活经验有关，大多是日常生活中民众默会的知识或经验。女娲叙事不仅包含了涉县的风物习俗，更是民众对文化想象体验和集体记忆的表达，积淀了当地的信仰情结、地方观念和审美趣味，被作为一种地方"真实的"历史在讲述。导游对涉县流传的女娲叙事进行抽绎和总结，将地方性知识公共化，不仅成为外来游客了解女娲文化和相关神话传说的重要渠道，也对本地传统受众的表达方式了产生影响。景区里有许多周边的村民来做生意，他们对女娲神话的讲述与导游的措辞和表达存在细微差异，但大体情节基本一致，明显受到了导游词的浸染：

这女娲和伏羲是兄妹结为夫妻。就是上古时期，洪水滔天，九州废，万

---

① 受访者：李可，女，娲皇宫导游。访谈人：丁思瑶。访谈时间：2018 年 7 月 12 日。访谈地点：涉县娲皇宫。

物俱毁，这个世界上没有人类存在，只剩下女娲跟他哥哥，他们兄妹两人长大以后在世上过的是好寂寞好孤单，后来哥哥要求跟女娲结为夫妻，但女娲说这世界上没有人，但不能兄妹成婚，知道吗？但不成婚，这世界上没有人，就光咱们兄妹，就好寂寞，好孤单，后来，就想来想去，就想出一个办法，就是磨盘那边有，他从那取下两块石磨，一个从东山，一个从西山往下滚，要是石磨融合一块，这就是缘分了，就可以结为夫妻，要是融不在一块，兄妹就不能结为夫妻。终究石磨滚在了一块，兄妹成为了夫妻。

成婚三年，女娲跟他哥哥说了，靠一年生一个孩子生到老，世界上的人还是太少太少，后来就开始用泥捏上泥人了。女娲她在河边走着走着，忽然，河边有水嘛，就照到了自己的影子，就怎么能捏出小泥人来，后来她就在河边捏小泥人了，女娲白天晚上都在精心细致地捏小泥人，然后拍成饼，接好之后再晾干。然后她想出个办法，用柳树条甩，沾点河水往外甩，甩出来的泥人，女娲轻轻一吹，变成活蹦乱跳的小泥人。后来忽然天下起了大雨，把女娲捏好的小泥人浇瘫痪了，然后她那时就是又搬回去的，搬回屋里的小泥人他没有瘫痪，他有胳膊有腿。当时下雨，有淋坏了腿，有碰坏了胳膊，形成了世界上的残疾人。但是这个搬回来的人，因为下雨下的多嘛，有一部分人就没有晾干。然后就拣点柴火烤，有的就是火大了，烤黑了，有的就是烤的黄的，有的就是晾干的，就是富贵人，就是没有经过火烤的富贵人了。这个女娲造人的传说就是这样传开的。然后就是女娲为什么要补天哪？就是有了人了，黑龙他从天上捅了个窟窿，就是漏了好多水，整个人类就是没有办法生存，后来就是女娲挺身而出，帮助百姓战胜了黑龙，把黑龙打下来，她女娲胜利了就是吧。①

从上述叙述可见，女娲神话的地方化倾向十分明显，多处涉及了涉县的历史、地理和风土人情。如女娲造人用柳条蘸取的是涉县的母亲河——清漳河里的水，补天的五彩神石也是从清漳河里取出的；滚磨成亲体现了太行山区多石头的

---

① 受访者：石秀芬，女，娲皇宫内拍照商户。访谈人：丁思瑶。访谈时间：2018 年 7 月 12 日。访谈地点：涉县娲皇宫。

特点，磨池村也因石磨滚落之处而得名。地方性知识的渗入使得神话更具有真实性和地方感，增强了当地民众对女娲信仰的认同，也是涉县作为女娲文化发源地的有力"证明"。

需要说明的是，无论是导游还是当地人讲述的创世神话中都很少出现伏羲，提及到的也是一语带过，相比女娲来说，伏羲的形象和作用并不突出。伏羲女娲兄妹成婚的神话只在娲皇宫及磨池村、弹音村等有滚磨遗址的地方小范围内流传，村民们的神话讲述也少见对伏羲的具体描述，且通常称呼为"女娲伏羲"：

> 就说洪水滔天的时候，整个地面就没人了，就留下女娲和伏羲，他是姊妹二人。为了不绝了这个人类，姊妹两人就协商咱们滚磨盘。你从西山上推，我从东山上推，如果这两扇合到一块，咱们两个就可以成婚，就是女娲和伏羲。这姊妹俩，成婚以后，就繁衍了人类。就繁衍了人类以后，女娲就开始，就那个天吧，大窟窿，女娲就补天，补了天以后，就是和泥，我们这个人都是泥捏的……①

娲皇宫景区内有一尊伏羲像，但位置非常偏僻，很多游客都不知道。事实上，这是景区开发人员出于宣传和推动旅游目的所设立的。当地对女娲的信仰历史十分久远，其形象和事迹尤为凸显，而缺少信仰传统和相关遗迹的伏羲在影响力上弱了许多。百姓对女娲的崇拜远远超过了伏羲，既没有相关的祭祀行为，口头讲述时也很少提及伏羲，往往一语带过。当然，这一现象也与涉县强调"女娲之乡"的定位有关，在被称为"羲皇故里"的甘肃天水地区，伏羲在人们心中享有崇高地位，情况自然是大不相同的。②

----

① 受访者：石霍勇，男，磨池村村民。访谈人：丁思瑶。访谈时间：2018 年 7 月 16 日。访谈地点：涉县磨池村。

② 据北朝时期郦道元所著《水经注》记载，伏羲生于成纪，研究者大多认可其位于今甘肃天水市的说法，因此天水被称为"羲皇故里"。天水市境内有两座较大的伏羲庙，是全国性的规格最高的伏羲祭祀中心，人们普遍信奉人祖伏羲，相关的祭祀和习俗活动一直持续至今。参见安德明：《文体的协作与互动——以甘肃天水地区伏羲女娲信仰中的神话和灵验传说为例》，《西北民族研究》2014 年第 1 期。

（四）女娲身份与职能的演变

娲皇阁三层阁楼里供奉的三座女娲神像，在当地被称为"大奶奶""二奶奶"和"三奶奶"。在涉县地区的民间信仰体系中，女娲无疑居于主神地位，同时当地也有其他女神在女娲身侧充当"辅神"，村民们将这些叫不出名字的女神统称为"奶奶"。涉县各地对于女娲的产生、女娲的身份和女娲的亲缘关系说法不一，对娲皇阁供奉的"大奶奶""二奶奶"和"三奶奶"的身份也是众说纷纭，大致可以概括为以下几种：三位奶奶均是女娲的化身，只不过每一层的功绩和职能不同；三位奶奶是女娲的姊妹；"大奶奶"指女娲，"二奶奶"和"三奶奶"则是她的姊妹；三位奶奶为碧霞、紫霞、云霄（或称碧霄、云霄、琼霄）三位女神；三位奶奶是女娲的三个侍女。此外，还有一些缺失确切称谓的民间说法，如"二奶奶是沙河村的""三奶奶脾气最大"等等。

种种说法造成了女娲身份定位的复杂性，究其原因，一是"奶奶"的指称过于泛化，并没有明确的指向；二是女娲作为女神群体的代表，影响力较大，因此当地百姓将众多神性人物及其事迹都叠加附会到女娲身上，使其成为多个女神形象的复合体，相关的神话传说也是将女娲与其他神话人物和民间信仰相杂糅的产物；三是人们并不关心女娲与其他女神之间的身份关系问题，真正关注的是这些神灵的职能，祈盼神灵有求必应。

女娲集祖先、生育、创造多神于一体，其形象具有多指性，除了女性始祖，女娲也被称为娲皇、菩萨、娘娘、老奶奶……在涉县称呼年长的女性为"奶奶"，一般泛指家中曾祖母辈分以上的女性角色，"老"则是华北地区对最长一辈的尊称。因此，称呼女娲为"老奶奶"有视女娲为全人类的长辈之意，显示其作为人类始祖的崇高地位；同时也拉近了女娲和普通信众的关系，将一个高高在上、端庄威严的始母神具象化为一个拥有丰富人格的"奶奶"，使其走下娲皇宫的神坛，变成女娲庙中和蔼可亲的女娲娘娘，抑或是乡间山野中慈祥的老奶奶。独特亲切的称呼显示出女娲与涉县民众的联系，在不容置疑的神性之外赋予了女娲凡人的形象和品格。女娲在人们心中更加亲切可感，也与世俗生活有了更多的联系。

此外，随着社会发展和生活变化，女娲抟土造人、炼石补天、制笙簧、置婚姻、合夫妇的功绩已不再是吸引信众的主要原因，相反，人们赋予了女娲越来越多的世俗功能，以满足自己的实际需求。随着新生叙事内容的不断融入，涉县的女娲神话仍处于一个不断发展和成长的过程中，其世俗性逐渐凸显。

涉县人出于各种实用性目的，将自己的世俗需求投射到女娲这一信仰对象身上，认为她无所不能、无所不包、无所不管。除生育外，女娲还衍生出施雨，庇佑，治病赐药，掌管官运、财运、文运等职能，确定了与世俗生活的联系。伴随着女娲职能的多样化，娲皇宫附近不断传播着女娲有求必应、惩恶扬善的灵验故事。人们很容易将对女娲的不尊重与一些不幸遭遇联系起来，比如有人在游览娲皇宫后说了对女娲不敬的话，之后查出乙肝，周围的人都认为是他出言不逊的结果。女娲的神性表现在各种灵验传说和日常的琐碎生活中，各种微小的联系均会被赋予因果关系，其"灵验"与"神圣"是人们深信不疑的。村民们正是在一次又一次的讲述和被讲述中建立了女娲信仰和地方性知识，当地复杂的女娲信仰状况决定了女娲神话的混乱复杂。女娲的神圣性和祭祀仪式的得以完成都建立在口头叙事传统的基础上；同样，女娲信仰与仪式活动也是女娲神话传承的原动力，规约着女娲叙事传统的演述。

三、村落层级的女娲神话讲述圈

女娲的信仰空间类型多样，除娲皇宫外，宗族祠堂、村落庙宇、家庭神龛都可以成为涉县人敬奉女娲的场所。在涉县西戌镇的西戌、东戌、赵峪等村，唐王峧沟一带的温庄、磨池、高家庄、石家庄等村，上河峧的一带的曲峧、神头、石门等村，下河峧一带的固新、后池等村，以及会里村、弹音村、王金庄等地，都有专门供奉女娲的行宫或庙宇。① 村落的女娲信仰情况往往与距离娲皇宫的远近和是否有女娲庙等因素有关。由于一些村落距离娲皇宫较远，村民们一年中到娲皇宫的次数屈指可数，这些女娲庙成为当地人供奉、祭祀女娲的重要场域，在村落内部具有很强的凝聚力和影响力。女娲作为乡村基层社区民间信仰的代表，

---

① 许多女娲庙在"文化大革命"期间被拆除，现有的庙宇大多是村民自发筹资重建的，相较娲皇宫而言规模较小。

具有极强的象征意义，各村之间存在的彼此攀比、竞争女娲庙的情形，实际上是对信仰资源的争夺。在村落内部相对封闭的环境下，女娲信仰具有很强的自主性，各村的庙宇建设、祭祀制度和仪式活动在遵循地方传统的基础上，会根据村落环境、村民意志和生活习惯进行一定的变化。

图 3-7　涉县行政地图及当地主要的女娲神话流传地 [①]

　　涉县的女娲信仰在流传和发展过程中经历了失落、丰富、融合等一系列过程，逐渐从单一走向系统化，演变成一个复杂庞大的信仰体系，并在此基础上衍生出以娲皇宫为中心，向周边村落辐射的多层级女娲信仰圈，女娲神话也形成了以村落为单位的讲述流传圈。

---

　　① 参见李淑英：《涉县一带女娲传说故事生态的形成和价值》，载王矿清、李秀娟主编：《女娲的传说》，河北人民出版社 2016 年版，第 8—10 页。

除了娲皇宫，很多村落都有专门供奉女娲的行宫或庙宇，如沙河村和东泉村的娲皇行宫、王金庄的奶奶庙等。这些女娲庙的庙头、社首等成为讲述和传承女娲神话的重要力量。下面是沙河村娲皇社社首杨林翠讲述的女娲揉石补天、被称作神媒的神话：

> 天上有个黑龙，看不下女娲老姑做下的这些事儿来，主要是心里不平和，嫌女娲老姑功劳大，就跟女娲老姑置起气来。有一天，他故意用自己的脚在天上踩了个窟窿，这下可不得了，呼呼地冒着黑气，吹着冷风，把地上的人们和山川都罩了起来。女娲老姑赶紧跑到漳河里捞出了五种颜色的石头，捞了一把又一把，又把这些石头揉在一起，蘸着漳河水和了下，才一把一把地往那个窟窿里糊，终于把那个大窟窿糊住了，地上的山川河流平静了下来，人类和其他动物也能生活下去了。
>
> 女娲老姑在漳河边造出许多人来，心中高兴，寂寞感没有了。她觉得有些累了，稍微休息了一下，又站起来向四处走去。一天，她走到一处，见人烟稀少，十分奇怪，俯下身去仔细察看，见地上躺着不少小人，动也不动，她用手拨弄，也不见动静。原来这就是她最初造出来的那些小人儿，这时已经头发雪白，寿终正寝了。女娲老姑看到这种情形，心中暗暗着急，她想到自己辛辛苦苦造了人，这些人却又不断地衰老死亡。这样下去的话，要想使世界上一直有人，自己不得永远不停地造下去啊！这总不是个长久办法。想来想去，女娲老姑就参照世上万物传宗接代的方法，叫人类也男女配合，繁衍后代。因为人是仿神的生物，不能与禽兽同等，所以她又建立了婚姻制度，使他们有别于像禽兽那样乱交。后来的人们就把女娲老姑奉为了"神媒"。①

在女娲信仰的浓厚氛围下，当地民众或多或少存在着与女娲攀亲附会的心态。沙河村位于涉县西戍镇，世世代代的沙河人都相信女娲的娘家就在这里，因

---

① 受访者：杨林芳，女，沙河村娲皇社社首。访谈人：王矿清、李秀娟。访谈时间：2016年4月23日。访谈地点：涉县沙河村杨林家中。参见王矿清、李秀娟主编：《女娲的传说》，河北人民出版社2016年版，第82—83页。

此特别称呼女娲为"老姑"，以示自己与女娲更近一层的亲缘关系。据当地人的说法，女娲原是村中工匠的女儿：

> 传说工匠在塑造神像时要经过装藏和收音两道工序，在神像塑成之前，预先在神像后背留一个拳头大小的洞，这就是用来装藏经的洞，在装上经之后，由工匠在听到天地之间的第一抹声音之后将神像后面的洞抹上，就是收音，经历了这两个步骤的神像脱离了泥胎，真正具有神性，可以保佑一方水土。但是由于神像的神性难得，所以被收音的生物会在三天后死去。涉县沙河村有一个叫妮娃的小女孩，她的父亲是造神像的工匠，父亲为了在收音的时候不伤及他人而选择在深更半夜进行，正巧妮娃夜半惊醒，找不到父亲，于是她一边哭喊着爸爸，一边从家中出走找寻，她喊爸爸的时候恰逢工匠在收音，妮娃的生灵就被摄入神像，在三日后去世了。去世后妮娃的父亲梦见妮娃对他说自己没死，而是到中皇山做女娲了。由于沙河村是中皇山女娲生前的家，所以也就成了女娲的娘家。①

每年农历三月十八，沙河村人都会身着盛装，手持金瓜、钺斧，排成一字长龙的队伍，到索堡镇的娲皇宫迎接女娲回娘家。女娲神像被安放在村中的娲皇行宫里，以供村民祭拜。相传女娲最爱吃饸饹，这一天家家户户都会吃饸饹，饸饹煮熟后，村民们需要先端一碗供奉在女娲神像前，意为"请老姑先吃"，凡是嫁到外村的女儿也要回娘家吃饸饹，因此三月十八的庙会也称"饸饹会"。庙会当天，在女娲行宫前的广场上，村中会邀请戏班为女娲老姑唱赛戏，此外还有扭秧歌、跑旱船、练武术等各种活动，十分热闹。

此外，在村落之下还形成了以家庭为单位的祭祀层级。许多村民会在家中悬挂女娲画像，或供奉女娲神像，当地流传的"让女娲"故事也发生在家庭场域里——村中某户人家转让房屋时，原房主在自家女娲神像的保佑下日子过得红红火火，和女娲像的感情也十分深厚，按道理在搬家时应当把女娲神像一起带走。

---

① 受访者：王振经，男，西戌镇文化站站长。访谈人：丁思瑶。访谈时间：2018 年 7 月 13 日。访谈地点：涉县沙河村。

但是原房主出于善心，会把女娲神像留给新房主，让新房主善待女娲，也接受女娲娘娘的庇护。

从神话中衍生出大量的民间传说，也是女娲形象逐渐世俗化的表现。伴随着女娲职能的多样化，当地民众不断传播着女娲有求必应、乐善好施的传说故事，体现出世俗观念对女娲原始神格的不断消解。与娲皇宫导游的讲述不同，当地村民对于女娲炼石补天、抟土造人的上古神话，大多不会讲述也并不热衷，即使是上了年纪的老人也了解不多；他们更津津乐道的是女娲与唐王（也有称汤王）争夺中皇山宝地的传说，以及关于女娲的各种灵验传说和生活故事。

争地传说在各村广为流传，内容大体相当，仅细节上存在一定差异。以石家庄村民讲述的版本为例：

> 为啥叫唐王峧吧？就是女娲、唐王都路过娲皇宫，都看这个地方好，都想占这个地盘。所以唐王先来，他把这个宝剑插到这儿了，插在娲皇山上了，女娲路过这儿的时候看这个地方也是个宝地，她看这占住了，他占我也得占，脱下个绣鞋来，过去女人的绣鞋，把这个绣鞋埋在宝剑下面了。他们都占了这个地盘了，唐王说我先占的，女娲说我占了，而结果，咱拿出来看看，那女娲从剑下面拿出绣鞋来，说我绣鞋在下面，你剑在后头，这下子女娲耍赖了。最后唐王说我走，你在这，但是你得给我留个名，必须这个地方叫唐王峧，就是这样形成的。①

在这个传说中，女娲并不是一个完美端庄的女神形象，与唐王争地的举动和暗埋绣鞋的巧思都体现出她的聪慧和狡黠，其形象也更加鲜活立体。

除此之外，涉县一带还广泛流传着女娲显灵的传说。在涉县的女娲信仰中，各种微小的联系均会被赋予因果关系，女娲的"灵验"与"神圣"是人们深信不疑的。

涉县作为一个革命老区，红色传统悠久，在这里女娲信仰与红色故事并存。

---

① 受访者：石霍勇，男，磨池村村民。访谈人：丁思瑶。访谈时间：2018 年 7 月 16 日。访谈地点：涉县磨池村。

沙河村是新华广播电台的旧址，也是红色故事的核心传播区，村中流传着女娲奶奶保护广播电台、为官兵送饭、帮助官兵躲避日军等故事：

> 自卫反击战打响以后，我们这一个连的战士，被困在这个地方了，喝不上水，就是敌人也发起总攻了，战斗受到影响。可是，这个时候呢，有个老太太，裹着这个白头巾，挎着一个竹篮子，带着一个小陶罐，去送水啦。当时这个战士就以为是附近的老乡，他说，你干什么啊，这战斗马上就打响了，你快下去吧，这里危险。这个老太太就说，这战士需要喝水嘛，我来送水。他说，你这水，你这么个小东西给我们喝，怎么够喝呢？她说，这个没事，你尽管喝，还有馒头，尽管吃。战士们喝了一圈又一圈，馒头吃了一个又一个，都饱了，水和馒头还有。后来战士就问，老奶奶，你究竟是什么地方的人？她说，我家是唐王峧的，后来就不见了。战斗打响以后，大家就不想了，直到打了胜仗以后，连长才想起这事来，想起老奶奶给我们做了这么好的事是吧，不能忘记她，查一下这附近什么地儿叫唐王峧。结果说这附近没有，唐王峧在涉县呢，后来到我们这，在我们涉县谁都知道唐王峧，后来就说，这是老奶奶知道我们遇到危难了，提着水，提着馒头，去给我们送，帮助我们打了胜仗。
>
> 当时电台在这的时候，就是敌军过来轰炸的时候，他在上面看到的不是一个红旗，是黄旗，是庙宇，就把这个遮盖住了，就掩饰了他这个视线，最后轰炸了邢台沙河市，就保住了电台。就是说女娲老姑很有灵气，抗日战争时期，敌人过来了，就是走到这他就迷路，他就走不进来，就是受女娲老姑保护。[1]

当地民众将对女娲的崇拜与对抗日官兵的热爱相杂糅，在民族面临危难之际渴望得到女娲的帮助，侧面表现出人们弘扬正义的朴素愿望。另外，随着女娲文化与地方生活的密切融合，也衍生出大量具有明显的地域特征和时代特征的生活

---

① 受访者：王振经，男，西戌镇文化站站长。访谈人：丁思瑶。访谈时间：2018 年 7 月 13 日。访谈地点：涉县沙河村。

故事。女娲神话的传说化、在地化过程是女娲文化被当地百姓认可、融入当地人民生活的重要表现。

涉县民间信仰氛围浓厚，各村普遍存在多神信仰的现象，除女娲庙外还有龙王庙、关帝庙、观音庙、五道将军庙等，女娲神像与其他神像并列的情况也十分常见。除了资金有限、空间狭小等原因，同一庙宇供奉多个神像也出于功利性的考量，方便当地人同时祭拜多位神灵，保证各种诉求得以实现，这与娲皇宫道、佛相融的情况十分相似。这种复杂的信仰状况导致女娲神话中常常出现玉皇大帝、太上老君等道教神祇，有时也涉及唐王李世民、民族英雄岳飞等历史人物以及抗日将领、日本鬼子、村民等现代人物。

尽管女娲信仰的辐射和传播范围较广，但女娲信仰并未覆盖整个涉县，在一些没有供奉女娲神像的村落中，女娲信仰则相对淡薄，也没有相关的祭祀仪式，村民们只略微知道索堡镇娲皇宫中的女娲。还有一些村落的女娲庙疏于管理，破败不堪，积尘满地，并且平时上锁，仅在初一、十五开门接受祭拜。当地也缺乏专门的神职人员，大多是村中年纪较大的虔诚信徒自愿为女娲庙服务，年龄和体力的限制使他们有心扩大女娲影响却无力执行，女娲神话和传说在这些村落的传播和影响力逐渐减弱。

除此之外，近些年快速发展的基督教也一定程度上冲击了当地的女娲信仰。基督教于 20 世纪 80 年代传入涉县，从县城向周围的村落扩散，整个涉县目前已有近百所教堂和 2000 多名信众。据受访村民介绍，与女娲信仰相比，基督教会组织严密，活动时间固定。以王金庄村的基督教会为例："星期三、星期五白天聚会，礼拜天也是。神就说了，你六天的劳动，第七天敬拜神，休息一天比较好。"此外，每个月都有专人到县里邀请"同工"（牧师）到村里讲经传道，连续三天，其间的聚餐花销来源于教徒平时的自愿捐献。① 王金庄耕地有限，年轻人大多外出务工，留守在村里的老人缺少后辈的陪伴和足够的文化娱乐活动。在这种情况下，固定举办的传教活动成为一种精神慰藉，因此有相当数量 ② 的村民投向了基督教的群体之中。这些信徒大多经历过较大的不幸或挫折："有病的，家

---

① 受访者：王富强，男，王金庄村村民。访谈人：丁思瑶。访谈时间：2018 年 7 月 14 日。访谈地点：涉县王金庄村。

② 据王富强介绍，王金庄的基督教徒有二三十人。

庭不和睦的，年纪偏大的，精神空虚的，还有就是离过婚的……"① 教会内部之间的"抱团互助"带给他们较强的归属感，能有效解决一些现实问题，满足民众信仰的功利目的。

作为一神教，基督教在涉县的本土化过程中保持了这一特征，要求信众必须遵守基督教义，只能信仰上帝，不能信奉其他神灵。在女娲信仰中，儒、道、佛等不同教派之间并没有十分明显的界限，而基督教却与中国的本土信仰泾渭分明。涉县西戌镇文化站站长表示，当地的基督教徒很少与非教徒来往，甚至不能与非教徒通婚。② 但在基督教徒看来，基督教与女娲信仰可以共存，"你信你的，我信我的。你不阻拦我，我也不打扰你"③。在未来相当长的时间内，基督教与女娲信仰之间的张力还会继续存在，但并不是简单的"此消彼长"的关系，二者在相互建构的过程中彼此互动、博弈甚至融合，共同构成了乡村文化生态和信仰体系中不可或缺的一部分。

四、女娲祭典与相关民俗活动

前文介绍了女娲信仰的格局和神话讲述的文化空间，而文化空间的形成归根结底在于人的活动。"我们很难想象没有自然属性的空间如何承载以人为核心的文化创造，也很难定性没有人之行动的自然空间如何成为文化空间"④。以往的研究通常对女娲神话文本进行静态的比较分析，虽然这种研究模式可以有效梳理地方传统，却缺少了对"人"的关注，无法呈现普通民众动态的生活世界。叙事的表现媒介多种多样，既有言语的、文字的，也有图像的、行为的，只有将这些要素综合起来，才能真正理解涉县人在女娲神话中表达的意义。

---

① 受访者：王振经，男，西戌镇文化站站长。访谈人：丁思瑶。访谈时间：2018 年 7 月 13 日。访谈地点：涉县沙河村。

② 基督教并没有类似要求，可能此处表述存在"夸大"的成分，没有还原事实；也可能是基督教教义在地方本土化的过程中发生了改变。由于调查有限，具体的原因并不确定。

③ 受访者：王富强，男，王金庄村村民。访谈人：丁思瑶。访谈时间：2018 年 7 月 14 日。访谈地点：涉县王金庄村。

④ 向云驹：《论"文化空间"》，《中央民族大学学报（哲学社会科学版）》2008 年第 3 期。

民众在长期的历史发展过程中，自发形成了许多女娲崇拜习俗和仪式制度。人们穿行于涉县不同的信仰空间，通过或虔诚、或功利的行为维系并延续着女娲信仰。在各种信仰场所讲述的神话和传说不仅记录了祭祀活动的仪式流程，还会附加有关信仰习俗和禁忌内容的说明，具有明显的地方性解释功能。"口述不能像文字那样长距离地超越时间和空间，但口述却因社会记忆和身体操演而生动可信，在现场和联想中让时间和空间合一"①。由此，各种信仰活动才能深深扎根于民众的意识之中，得以保留和传承。

（一）祈禳还愿

涉县以娲皇宫为中心，形成了丰富悠久的女娲信仰习俗。每逢农历初一、十五和端午、七夕、中秋等传统节日，来自各地的信众都会到这里进香祈愿。祈禳内容既包括宏观层面的国泰民安、风调雨顺、五谷丰登等，也有个人的福寿、平安、升官、发财等。

随着社会发展和生活变化，女娲抟土造人、炼石补天、制笙簧、置婚姻、合夫妇的功绩已不再是吸引信众的主要原因。涉县人出于各种实用目的，将自己的世俗需求投射到女娲这一信仰对象身上，赋予她无所不能、无所不包、无所不管的神奇能力，以解决现实生活中遇到的问题。于是，女娲的神格被无限延伸，在生育之外还衍生出施雨，庇佑安康，治病赐药，掌管官运、财运、文运等职能，可以说身兼数职。女娲职能的扩展与泛化是女娲信仰世俗化的重要表现，信众通过各种形式表现出最大限度的虔诚和忠心，除了烧香叩首、进香朝拜等常见方式，还有"坐夜""撒米""垒石子""结平安锁""披红"等五花八门的行为，带有浓郁的功利交换的色彩。

一些信众会携带饼干、小米之类的食物作为贡品，在祈愿时（通常是跪拜磕头起身后）把这些贡品撒向神像，或摆放在祭祀器具的四周。娲皇宫内所有庙宇的神像脚下都堆满了人们上贡的祭品，通往娲皇阁的台阶两旁的护栏上，几乎洒满了小米和小面包。食物作为一种特殊的符号，在祈禳过程中被赋予特殊的象

---

① 纳日碧力戈：《作为操演的民间口述和作为行动的社会记忆》，《广西民族学院学报》2003年第3期。

征意义。百姓希冀向女娲赠予丰厚的食物能换取双方对话的机会，将心愿传达给女娲。

　　红色在民俗文化中被视为"吉祥色"，来娲皇宫朝拜的信众有拴红布条求福的习惯，也称"披红"。景区内的植物，尤其是到达娲皇阁必经的十八盘石阶两旁，都挂满了细细的红布条。在春季庙会期间，出于防火安全考虑，娲皇宫内禁止燃香，有经验的百姓会携带一整块红布来代替香烛，边走边撕成细条绑在两旁的树枝上。

图 3-8　香客在拴红布条

　　中皇山顶有几家出售祈福用品的小店，生意十分火爆。他们贩卖的红布都经过了处理，还带有功名、姻缘、福寿、升学、财运等不同类别的吊牌，购买人可以写下自己具体的诉求，将红布拴在梳妆楼前的古树上。密密匝匝的红布随着下垂的枝蔓形成了一个相对封闭的空间，人们不自觉地受到神圣氛围的感染，参与到这种默默祈愿的行动当中。一些信众还会把带有葫芦吊坠的红绳挂在脖子上，祈求福运好兆。

　　信众许下的愿望在达到目的后，需要兑现此前的承诺，带着香纸、祭品、鞭炮等，到娲皇宫进行"还愿"。所还财物一般视心愿大小和个人经济状况而定，近年来人们经济水平提高，有时也会献上各种糕点、水果或罐头。虔诚恭敬的还愿行为不仅佐证了女娲神力的灵验，让女娲"有求必应"的慈悲心肠在当地广泛传播开来，也会进一步附和前人受惠于女娲的口头叙事。求医问药、测算姻缘、升学考试、求财致富、祛除灾厄等事件的灵验是当地百姓十分常见的讲述内容，如：

> 到女娲庙里求签有上上签，中中签，下下签，那个卦象有什么都能看出来。看病求药也能看出来，药签上都写着什么药。要用药了就得拜神，准备个黄纸，去女娲庙里的香上面摇几圈，往黄纸里一看就会出现小圆球，这就是女娲奶奶赐的药丸，吃了药病就好了。有的村儿里有人生了大病，到北京都没看好，回来到庙上抽签，那个签上面有药方，按那个药方抓药就看好了。①

> 民国九年，沙河村发生了大瘟疫，那病传染得特别快，得了病没感觉，去茅房拉一泡黑屎就要命，都把这病叫成了跑黑汤（学名鼠疫）。当时医治条件差，一些老中医也愁的没有办法。开始一家死了人，邻居都去帮忙埋葬。到后来，由于传染得太厉害，人死后就没有人敢去帮忙了。家家户户人心惶惶，束手无策。咱沙河村人，古往今来有了大小难题，都好去求女娲老姑帮忙。老人们说，请下老姑以后，师婆们唱着歌开起了方。这个歌传唱了八九十年了："天降瘟疫到人间，福薄之人遭灾难。必须常喝井花水，口含蒿叶渡难关。"后来家家户户都从井里打井花凉水喝，嘴里常含个黄蒿叶子，没花一分钱治好和预防了瘟疫。这个方后来传到西戌传到南窑则，凡是重灾区都用上了，也都治好了病。你说女娲老姑不是保佑咱们么？②

女娲成为涉县人心目中摆脱苦难的救星，即使不在初一、十五等特殊日子，

---

① 受访者：刘远宾，男，沙河村主任。访谈人：丁思瑶。访谈时间：2018 年 7 月 13 日。访谈地点：涉县沙河村。

② 受访者：牛全胜，男，沙河村村民；牛李军，男，沙河村村民。访谈人：王矿清、李秀娟。访谈时间：2008 年 4 月 5 日。访谈地点：涉县沙河村。参见王矿清、李秀娟主编：《女娲的传说》，河北人民出版社 2016 年版，第 82—83 页。

信众如有需要也可以随时向女娲求助。有些村民会到就近的女娲庙上香祭拜,当他们求女娲办事时,马童和师婆(当地也叫"小跑儿")成为信众与女娲沟通的中介。他们非常熟悉本地(或本村)百姓的生活和心理活动,语言表达更易迎合和打动信众,掌握了人、神沟通的话语权。大病自愈、转危为安的特殊经历通常是这类人群成为神媒的契机,之后便拥有了代女娲行事、治病、驱灾的能力。他们平时与常人无异,在巫卜语境下可以通过"超自然的能力"向女娲讲述信众的诉求,替女娲传达解决信众烦恼的指示。

心诚则灵是祈愿成功必不可少的条件。对于特别虔诚的信众,尤其是各村的马童和小跑儿,女娲会"施以额外的庇佑",避免他们和家人发生灾祸,甚至在死后也有额外的"优待"。

女娲信仰的稳定是涉县民众共同参与的结果。人们自发地对具有超自然能力的女娲进行信奉和敬仰,不仅出于对这位人类始祖的崇拜,更在于她可以满足自己的私心和所求。在这一过程中,民众较少利用文字,基本以本地方言的口头形式叙说着对女娲灵验的期许。女娲显灵的事迹越多,受到的供奉就越多,各种祈禳活动就更加活跃,利己主义和灵验本位的信仰倾向表现得就越鲜明。

图3-9 数量惊人的祈福牌

（二）求子仪式

作为女性人类始祖，女娲迎合了生育崇拜和人类繁衍的内在需求，逐渐演化为主司生育的女神。《说文解字》称："娲，古神圣女，化万物者"，袁珂将"化"解释为"孕育"，认为女娲作为我国古代神话中最伟大的一位女神，反映了原始母系氏族社会以女性为中心的婚姻关系和生育情况。"造人"是女娲最突出的贡献，因此掌管生育成为这位人类始祖的主要职能。"求子"是信众拜神上香时最常见的祈祷愿望，到娲皇阁和子孙殿求子、还愿的香客源源不断，来自全国各地。

根据当地村民的说法，求子的仪式大致如下：女娲像前会摆放很多娃娃，有男有女，求子时需要准备二尺红布和香烛纸钱，用红布包住看中的娃娃并抱回家中。返家路上不能回头，也不能同他人讲话，一旦开口别人就将孩子接到他家去了。回家后大人需要搂着娃娃连睡三个晚上，再将娃娃放在不带锁的衣柜中，以免"锁住"孩子。生完孩子之后，需要回到娲皇宫还愿，并送回两个娃娃，俗称"抱一还二"。①

图 3-10 送子娃娃

① 受访者：石秀芬，女，娲皇宫内拍照商户。访谈人：丁思瑶。访谈时间：2018 年 7 月 12 日。访谈地点：涉县娲皇宫。

在娲皇宫求来的孩子出生后一直受到女娲的保佑。父母在孩子 13 岁时（旧时认为 13 岁成人），需要带一把系着红绳的新锁头到娲皇宫举行开锁礼，开锁之后孩子才能聪颖健康。在我调查期间，恰好遇到一位母亲带着孩子到娲皇阁还愿。孩子跪在造化阁的女娲神像前，马童在旁念念有词："一开天门开，二开地门开"，第三开的时候交给母亲一根柳条，母亲轻轻抽打孩子，并进行各种嘱托。

前来求子的大多是已婚的妇女或是其家人。尽管求子的过程不能讲话，但信众通过"拴娃娃"的方式直接向女娲表达了自己的心愿，抱走的"娃娃"实际上就是女娲对信众的回复。人、神二者之间的交流具有一定的契约性，求子者必须心怀虔诚；同样，只要按照每一个程序的要求完成整套仪式，女娲就会赐下孩子。人们对女娲的灵验深信不疑，如果没有求子成功，总是会找到诸如"心不诚"等合理的理由。经过"许愿——还愿——再许愿"的循环，娃娃的数量越来越多，向女娲求子成功的传说也广泛活跃在当地百姓的口耳之间：

郭家初到窑则时人丁并不旺，省吃省喝才从本地娶回一房媳妇，长得高高大大体体面面，本来很受全家人的喜欢，可十来年了也没生下一男半女来，就开始不受待见了。这位媳妇愁得没法儿，就想到了死。一天，她拿着一根绳子向后山的地里走去，遇到一棵老榆树后停了下来，把绳子掏出来搭了上去，然后再站到一块儿石头上准备把头钻进去。忽然听到不远处有人喊："小媳妇，小媳妇，你可不要想不开。俺有个事儿给你说说，你听完再走也不迟。"这媳妇回过头来，见是一位慈眉善目年纪已经很大的老婆婆，就说："老奶奶，俺都是要死的人啦，您还找俺说啥事儿呢？"老婆婆笑了笑又说："小媳妇你不要着急，到底为了啥事儿要走这条路，能不能说给老婆子听听。"这媳妇就伤心地哭诉起来，老婆婆近前一步，笑了笑说："小媳妇，你这一说俺明白了你的心病。这心病还要心药医。你要信得过老婆子，就先拿上这个红布条，等明年的三月初一到索堡西顶上去，喜欢男孩儿呢就绑个男孩，喜欢女孩就绑个女孩。"这个媳妇将信将疑，看了看手里的红布条，小心地放进了自己的贴心口袋里，再回头看那位老婆婆时，已经没有人影了。第二年的三月初一，婆婆和她一起到西顶上的娲皇宫去了，用红布条扎扎实实绑了个白白胖胖的小男孩，然后用红布包了起来，在炕上整整放了七七四十九天。又过了几个月，这个媳妇果然怀了孕，十个月后出生，还真是个小男童，一家人喜欢得不行。到了第三年，她又和婆婆一起到西顶上，把绑走的小男童还上，又绑了个小千金回去，第二年果然又生了个女孩，算是龙凤齐全。村里的人听说后，也都要去娲皇宫绑孩子，也有到附近的符山顶上的女娲庙的，不少人遂了愿。①

（三）女娲祭典和庙会

女娲信仰的叙事实践既渗透在日常的信仰仪式中，也表现为非常态的民俗活动，如涉县每年农历三月举办的女娲祭典和庙会。祭神是我国民间信仰中进行神灵崇拜和怀念的主要仪式活动，参与祭典的信众可以从中习得、继承信仰仪式的行为规范和禁忌习俗，是一项十分重大的集体活动。

女娲被世人尊称为"华夏始祖"，千百年来不断受到膜拜和祭祀。清嘉庆四年的《涉县志》记载："季春之月，相率祈禳于此，各得其所愿欲。自是，西而秦晋，东而青兖，南而豫梁，北而燕冀，不远数千里扶老挈幼，享献惟谨，金鼓欢呼之声震动山谷，迄今千有余年。"② 相传农历三月十八是女娲的生日，清咸丰三年的《重修唐王峧娲皇宫碑记》记载："每岁三月朔启门，越十八日为神诞。远近数百里男女坌集，有感斯通，无祷不应，灵贶昭昭，由来久矣。"每年的三月初一至三月十八，来自五湖四海的信众聚集在此，共同参与规模盛大的娲皇宫庙会。

想要理解女娲祭典活态的表演传统，就不得不提到与祭典有关的民间组织——"社"。杜赞奇将乡村宗教组织分为村中的自愿组织、超出村界的自愿组织、以村为单位的非自愿性组织和超村界的非自愿性组织四种类型。③"社"是

---

① 受访者：冯易青，男，上窑则村村民。访谈人：王矿清、李秀娟。访谈时间：2016 年 7 月 10 日。访谈地点：涉县上窑则村。参见王矿清、李秀娟主编：《女娲的传说》，河北人民出版社 2016 年版，第 54 页。

② 转引自任秋成主编：《涉县非物质文化遗产集萃》（内部资料），2017 年印，第 231—232 页。

③ ［美］杜赞奇：《文化、权力与国家：1900—1942 年的华北农村》，王福明译，江苏人民出版社 1996 年版，第 111 页。

以村为单位结成的，"从古代继承下来的，以祭祀为核心，兼及其他基层社会职能"① 的基层宗教组织，凝聚和协调着各村之间的关系。涉县几乎村村有社，甚至一村多社，组织和参与者多为当地的村民。关于社的数量，民众说法不一，地方文献的记载也不尽相同，已知的有娲皇社（唐王峧社）、曲峧社、索堡社、弹音社、桃城社、石门社、七原社、温村社等。各社通常由香劳（负责所需米粮）、维首（负责征集钱粮、指派香劳、策划活动、掌管文书账目）、执事（上"社"的人）、跟香（跟在队伍后面的香客）、寿长（香劳的助手，协助日常事务）等组成少则几百、多则上千人的队伍。

　　唐王峧沟周围的八个村庄② 结成的娲皇社是主社。据社员介绍，各村每年轮流坐庄，于农历二月二十七八上山到停骖宫③ 用专门的轿子将女娲娘娘的小像请回村中，一般供奉在女娲庙或村委大队等公共空间，所到之处意味着女娲已到。在此期间，村子邀请专人每天为女娲娘娘唱戏；还会举办流水席，本村外村的人皆可参加。有事相求或需要还愿的村民会积极前来朝拜，白天黑夜香火不断，贡

图 3-11　女娲祭典现场

① 赵世瑜：《明清华北的社与社火——关于地缘组织、仪式表演以及二者的关系》，《中国史研究》1999 年第 3 期。

② 八个村庄分别为石家庄村、高家庄村、陈家庄村、磨池村、土后门村、温庄村、南沟村、白泉水村。

③ 当地村民认为停骖宫内的歇马殿是女娲娘娘专门休息的地方，因此请像、送像都需要途经此处。

品满溢。到三月初一一早，村民再将女娲小像送回停驾宫，开始为期半个多月的庙会活动。①

女娲祭典的主要仪式是"摆社"，从谒拜程序到祭器设备都有严格的要求。三月初一一早，来自附近村社的成员穿戴统一的服饰，高举祭旗、功德旗、金瓜钺斧朝天镫、长龙、雄狮等各式祭器，携带三牲太牢、时果三珍、干果馒头等祭品，一字长龙敲锣打鼓地来到娲皇宫，场面浩浩荡荡，蔚为壮观。负责击打锣鼓的村民神情专注，用激昂的锣鼓响声作为一种向女娲传递心愿的特殊语言。

在祭祀过程中，信众与女娲的对话往往不是面对面的直接交流，而是需要某种中间媒介，通过祭拜和上贡等行为来虔诚感念女娲，表达渴望生活富足、祈祷风调雨顺的心愿。仪式流程还包括专人恭读《女娲颂辞》的环节，内容主要是颂扬女娲功德，演述的动机是人们对女娲这一超越宗法制度之上的全体人类先祖的追忆和敬奉。祭典的神圣氛围至关重要，在此期间，其他信众几乎无更多的话语，但是肃穆的神情和恭敬的肢体动作将对女娲的尊崇膜拜表达得淋漓尽致。整个仪式本身也可视为一种神圣叙事的余波。

仪式过后，女娲文化广场上迎来了丰富精彩的民俗展演，融入了当地的音乐、舞蹈和服饰，营造热闹的同时也为祭典仪式增添了浓厚的文化色彩。相比清晨的严肃祭拜，此时人们少了几分敬畏与小心，在喧闹轻松的表演中将情感的狂欢与宣泄达到了极致。每道社各有自己的拿手好戏，在共同参与的热情下隐含着竞争，不仅争抢指认"头道社"的称号，吹奏的民乐小调、乐舞扭动的身姿或是祭祀令旗的数量也是相互比较的内容。村民们希冀掌握女娲叙事表达的话语权，在未来一年能得到女娲最多的重视与护佑。

在各种庙会活动中，唱戏是必不可少的环节，也是民众还愿的主要手段。涉县的戏曲文化传承久远，流行赛戏、落子、平调、豫剧等多个剧种。庙会期间，河南、山西、河北三省的地方戏剧团轮番上演原汁原味的各类戏曲，石碑上会张贴戏报，介绍为女娲献戏人的情况；各村每年也会请戏班唱戏娱神，在茶余饭后

---

① 受访者：石秀芬，女，娲皇宫内拍照商户。访谈人：丁思瑶。访谈时间：2018 年 7 月 12 日。访谈地点：涉县娲皇宫。

让村民们放松身心、愉悦心情。这一酬神娱神的方式既满足了百姓祭祀神灵的心理需求，也为单调的日常生活带来调剂："这类活动在传统社会中起着调节器的作用。一方面，它是平日单调生活辛苦劳作的调节器；另一方面，也是平日传统礼教束缚下人们被压抑心理的调节器。"①

图 3-12　庙会唱戏现场

涉县的女娲祭典是我国流传时间最长、保存最完整的女娲祭祀活动。1966年至 1976 年，女娲祭典被当作封建迷信而遭到禁止，1978 年后逐渐恢复了往日的盛况，经过兴衰更迭的曲折发展，女娲祭典的规模在如今达到极盛，并且在2006 年被列入首批国家级非遗名录。由于涉县地处晋冀豫三省交界处，每年的女娲祭典和庙会都会吸引来自山西、河南、河北及远至福建、海外的 30 多万名游客。这些游客主要分为两个群体，一种是前来朝圣拜神、寻根祭祖的信众；另一种则是以观光目的为主的旅游者。集祀神、敬神、酬神、娱乐、贸易多项活动于一体的女娲祭典和庙会，是教化涉县民众、传承祭祀仪式和对外展示信仰神圣性的重要手段，不同群体的神话讲述贯穿始终。

---

① 赵世瑜：《中国传统庙会中的狂欢精神》，《中国社会科学》1996 年第 1 期。

五、打造女娲文化之乡：非遗保护与旅游开发

民众的生活是动态变化的，女娲神话的交流和传承方式也在不断适应当下社会的节奏。依托互联网技术和各类公共平台的改编和宣传，女娲的形象愈发鲜活立体，影响力也被进一步放大，新生的神话叙事内容不断涌现，在生产过程中呈现出一种复杂的社会关系和话语博弈。

国家和地方政府在内的"官方"对民间叙事的关注则由来已久，并不断加强对民间话语的控制，各种社会集团围绕着女娲信仰交织而成了一个"权力的文化网络"，时代变化、政策调整、村际关系、各阶层人群都对女娲叙事的建构产生着或大或小的影响。杜赞奇强调，"文化网络不仅沟通了乡村居民与外界的联系，而且成为封建国家政权深入乡村社会的渠道。通过这些渠道，封建国家使自己的权力披上合法的外衣"[1]。这一论述针对华北农村而言，对涉县政府对女娲神话的生产建构同样适用。

随着民俗文化保护热潮的兴起，涉县文广旅局为女娲信仰的研究和保护制定了相应的政策，做了很多尝试和努力工作。女娲公祭的历史由来已久，清嘉庆四年（1799）的《涉县志》表明从清朝就已有公祭："我朝顺治、康熙、雍正间历经修理，每年以三月十八为神诞日，有司致祭，自月初一讫二十启庙门，远近士女坌集。"[2]公祭在清末因战乱而中断，基本形式、内容和范围都已失传。为了恢复这一传统，从2003年起，涉县地方政府决定在每年9月举办女娲公祭活动，在民间祭典之外建构出属于官方的信仰叙事。与农历三月民间自发组织的女娲祭典不同，公祭大典一般由当地的政府官员、文化研究单位[3]和社会各界人士参加，伴有丰富的文艺演出活动。公祭流程大致包括鸣礼炮、奏祭乐、鸣钟击鼓、敬献花篮、恭读祭文、行礼、乐舞告祭几个环节，祭文主题多为赞颂女娲功绩，

---

① ［美］杜赞奇：《文化、权力与国家：1900—1942年的华北农村》，王福明译，江苏人民出版社2003年版，第16页。

② 转引自任秋成主编：《涉县非物质文化遗产集萃》（内部资料），2017年印，第232页。

③ 包括中华母亲节促进会、中国文化遗产保护研究院、中国地名学会、古酒文化传承保护专业委员会、邯郸市女娲文化研究会等组织。

宣传女娲文化，祈愿祖国繁荣昌盛等。

图 3-13　河北民协主席主持 2017 年女娲公祭①

　　地方政府对民间社会的控制，相当程度上依赖于对民间思想文化的渗透。"官方社会试图通过对民间叙事的吸纳与重构保持着对地方社会的亲和姿态与文化控制"②，信众们围绕女娲积极进行的神话讲述，恰好符合了官方开发利用民俗文化资源的需求和宣传期待。当地政府多年来不断提升女娲公祭大典的规格，力图将其打造成国际一流的文化盛会，并在此基础上举办涉县旅游发展大会、女娲文化研究论坛等活动，利用政治权力将女娲塑造为一个至高无上的女性始祖神，作为民族精神象征的典范。以 2008 年时任涉县县委副书记刘江峰在首届女娲高层文化论坛上的发言为例：

　　　　数千年的历史发展进程，女娲文化所蕴含的"造化自然、造福人民、自强不息、奋斗不止"的精神特质，已经融入涉县人民的血肉，成为涉县人民

①　载搜狐新闻网 https://www.sohu.com/a/195457563_99930407，2020 年 4 月 9 日。
②　张士闪：《传统妈祖信仰中的民间叙事与官方叙事》，《齐鲁艺苑》2007 年第 6 期。

薪火相传的精神衣钵。①

在政府和景区的宣传话语中，女娲祭典起源于女娲抟土造人、炼石补天、付出毕生心血佑护人类艰难生存的壮举，也是人类感恩女娲、敬畏女娲的情感表达，代表了民众对未来生活的美好期望和热爱生活、积极向上的乐观心态。无论怎样提升女娲的精神内蕴，相关的表达策略都是建立在当地百姓古往今来对女娲的正面叙述和评价之上的。

作为当下经济发展和社会文化建设的精神代表，女娲不仅被作为涉县乃至中原地区的文化品牌推向全国，也登上国家政治的舞台，知名度和影响力日益扩大。2006 年，涉县女娲祭典被列入首批国家级民俗类非遗名录，在涉县文化馆的申报资料中可以看到："（祭拜活动）主要内容包括民祭、公祭……"当地政府利用非遗评选机制将公祭传统"复明"，介入女娲叙事的生产过程，进一步稳固了当地女娲信仰的合法性。文化部门还拟将女娲诞辰——农历三月十八申报为"世界华人的母亲节"，进而将女娲祭典申报为世界级非物质文化遗产。一系列遗产化的措施，使女娲信仰从民间文化上升为国家文化的高度。

与此同时，涉县政府加快了打造女娲文化之乡、开发非遗旅游项目的步伐，结合互联网技术和各种科技手段，为女娲叙事的演述开拓了新的空间。娲皇宫景区充分利用各种新媒体技术，不断挖掘女娲神话的文化内涵。景区创建了官方网站②，结合精美的动画和页面，实时更新景区动态和相关活动。网站除了基本的购票和导览功能，还附有娲皇宫景区布局和女娲神话的详细介绍，以及各处景点的精美照片和手绘地图。此外，网站还推出了在线游览服务，游客可以通过 3D 虚拟技术游览整个景区。网站下方开辟了在线祈福区，包括敬香祈福、女娲赐子、祈求姻缘、还愿花篮四个项目。微信公众号"娲皇宫""娲皇宫景区"则配合网站宣传旅游项目，发布活动新闻，有效提升了娲皇宫景区的影响力和知名度。景区内也全面覆盖了智能语音解说，游客只需关注相关公众号，就可以通过实时定位收听导游讲解，还可以在公众号内阅览娲皇宫景区故事。

---

① 刘江峰：《发展女娲文化　构建和谐涉县》，《中国艺术报》2008 年 12 月 5 日。

② 参见娲皇宫网站 http://shexianwahuanggong.com/?p=148，2020 年 4 月 9 日。

2018 年 9 月，娲皇宫的女娲文化馆正式对外开放，内含球幕影院、科技体验、教学体验、童趣体验、文化产品展示等多个区域。影院通过 360 度全景式的球幕荧屏，结合 AR、VR 技术，以及配合场景互动的座椅，全方位地向观众再现女娲大战黑龙、抟土造人和补天等场景，用崭新的方式演绎当地的口头传统。童趣体验区提供了一些围绕女娲形象展开的绘画和涂彩游戏，将新生一代的儿童吸纳进女娲叙事的参与人群，借此方式将地方文化向下传递。此外，娲皇宫多次与各地中小学校合作开展研学活动，通过丰富的参观和互动项目引导学生熟悉女娲传说、了解上古神话体系，让学生感受璀璨的华夏文明，树立文化自信。

但是，对女娲遗产旅游的探索并非一帆风顺。以古磨池村为例，当地政府引进了一家影视公司，力图打造一个原生态的女娲影视基地，方便相关影视作品的创作。然而，该公司将古磨池村原有的石磨搬走，又在池塘周围砌上水泥，使原本的活水变成了一潭死水。另外，该公司还在村中多处树立石碑，强行附会相关传说，但过于模式化的、固定化的表达明显与村民的叙事传统相割裂。改造后的影视基地由于高昂的收费问题无人问津，村民们也失去了原本的家园面貌……种种开发手段引起了百姓的反感，并没有取得预期的效果。

女娲神话也一直经历着变异与发展，许多游戏、影视剧都会使用女娲的形象，对于大众流行文化的现代化改编和演述，时任西戌镇文化站站长王矿清[1] 表示，如果是出于传播女娲文化的目的进行改造的可以包容，但同时也很严肃地说明，女娲是当地民众的精神支撑，女娲形象不容歪曲：

> 我觉得不管以什么形式，商业化的、动漫化的，这样颠覆性的形象和改编，都有一定的宣传作用。但是一提起来女娲毕竟是非常严肃、神圣的……这样一个形象如果被娱乐化、被贬低，没有一点信仰的意识，我觉得从感情上接受不了。当然，有些游戏可能并没有贬低女娲形象的意思，反而更抬高了女娲的地位。只不过这个形象不是中国传统的女性形象，而是各种西方的、日本动漫的那种形象，才能传播出去让更广泛的人都知道。这个过程体

---

① 受访者：王振经，男，西戌镇文化站站长。访谈人：丁思瑶。访谈时间：2018 年 7 月 13 日。访谈地点：涉县沙河村。

现了一种包容性，还是有一定好处的，要是歪曲女娲我们肯定接受不了了，一定要是正面的形象。①

人们越来越意识到，女娲不仅关乎涉县对外宣传的形象，也能推动地方经济的发展，影响他们的现实生活，许多人开始主动参与女娲叙事的生产。在我调查期间，搭乘的出租车司机听闻我的来意后，主动向我介绍起涉县娲皇宫的景点和民俗活动，言谈之间充满了对家乡的认同与自豪。当地的几个年轻人成立了文化传媒公司，在公众号上发布女娲祭典的航拍视频，创作团队还撰写了多篇介绍涉县非遗项目和各村女娲庙会的推送文章，积累了不少粉丝和阅读量，成为外界了解女娲文化的重要渠道。还有人把"女娲"作为一种商业品牌，专门注册了商标来经营生意。"女娲赐醪酒业有限公司"是索堡镇上的自酿酒厂，就位于娲皇宫旁，酒厂生产的女娲酒在包装上印有不同的女娲神话，分成不同的档次在专卖店"女娲赐醪宫"出售，从名字、设计到售卖都是女娲叙事进入大众消费领域的表现。

在女娲文化的空间建构与认同边界的塑造过程中，官方也发挥着重要作用。当地的文化干部介绍，对非物质文化遗产进行宣传和开发的方式主要有两点，第一是依托旅游景点进行非遗产品的推荐，第二是通过国家非遗传承日的展示和交流进行传承，然后通过整理资料，出版图书、视频资料，在外面招商引资进行宣传。②涉县政府不断提升女娲公祭大典的规格，力图将其打造成国际一流的文化盛会，将女娲文化作为地方品牌推向全国。如前文所述当地准备将女娲的生日农历三月十八申报为"世界华人的母亲节"，进而将娲皇宫的女娲祭祀申报为世界性非物质文化遗产。通过政府的推动引导、资本的打造以及宗教话语的形塑，逐渐建构出上层的"女娲文化"和"女娲精神"。在涉县政府的大力推动下，女娲文化和女娲精神逐渐走出涉县，向更高、更远的层次扩散，其内涵也愈加丰富宏大。

---

① 受访者：王振经，男，西戌镇文化站站长。访谈人：丁思瑶。访谈时间：2018 年 7 月 13 日。访谈地点：涉县沙河村。

② 受访者：申宏伟，男，涉县文广新局主任。访谈人：丁思瑶。访谈时间：2018 年 7 月 16 日。访谈地点：涉县华谊宾馆。

结　语

　　总体来看，涉县的女娲神话体系丰富，种类多样，混杂分化。其中最具代表性、辐射范围最广的则是女娲炼石补天、抟土造人的神话，加之官方的大力宣传，女娲已然成为涉县民间信仰的综合代表。随着新生神话和传说的融入，女娲灵验事迹的口耳相传，以及旅游、影视等商业资源的开发，使得女娲文化仍处于一个不断发展和成长的过程中，其体系也日渐完整丰富，在与民众生活的密切联系中发挥着独特作用和普世价值。讲述女娲神话、纪念女娲功绩已然成为涉县人民不可或缺的心灵寄托，并深入日常生活的方方面面，成为乡村公共空间和文化建设中不可或缺的一部分。涉县对女娲文化的开发和保护也较为成熟，通过官民协作的形式取得了良好的效果。相信在多方力量的共同努力下，女娲神话会凭借自身强大的生命力和适应性发展出一条适应现代社会的生存之路，在乡村社区公共空间的文化建设中茁壮成长，生生不息。

（丁思瑶，北京师范大学中国民间文学专业 2020 届硕士毕业生）

第四章　河南淮阳地区的伏羲女娲神话

霍志刚

河南省淮阳县（2019 年 12 月以后改为"周口市淮阳区"）被称为"羲皇故都"，相传是太昊伏羲建都之地，有太昊伏羲陵墓，每年农历二月二至三月三，在这里会举行盛大的人祖庙会。淮阳地区有浓厚的伏羲信仰和活跃的神话演述活动，具有悠久的传承历史，是宝贵的文化遗产。以往的伏羲信仰和神话研究取得了不少成果，这些研究多集中于对古代文献的梳理，结合考古学资料等对伏羲神话进行溯源探讨和文化内涵的剖析。除杨利慧教授及其学生的论著之外，以往研究者较少关注当代伏羲信仰和神话的传承状况，及其如何适应现代化的生活来满足当代民众多方面的需求。此次田野调查正是在汲取前人成果基础上，针对以往研究之不足，力求采用民族志式田野作业的方法展现淮阳地区伏羲信仰和神话在民众日常生活中如何传承，及其在当代非物质文化遗产保护、遗产旅游、文化产业等方面发挥的多重功能。

对于淮阳当代的伏羲神话与信仰研究离不开民族志的考察，这一研究方法强调对伏羲神话、信仰所存在的自然和人文环境进行深入调研，在社区文化整体中了解伏羲神话和信仰的传承状况。笔者主要调研地点为淮阳太昊陵及淮阳大朱楼村、刘庄村、大许楼村等，这些地点人祖信仰和神话讲述活动十分活跃，有丰富的民间文艺表演，汇聚了讲述神话和演唱经歌的能手。笔者于 2015 年 3 月份对淮阳人祖庙会进行了预调研，接触到当地民间艺人和经歌演唱人，为当地丰富的民俗活动所吸引，确定了田野调研地点。2015 年 7 月、8 月份，笔者在淮阳地区进行了一个多月的田野调查，带领调研团队对太昊陵管理处的领导、伏羲文化研究的地方学者、民间讲述人等进行了访谈。2016 年 2 月—4 月又到淮阳地区调研，正值淮阳人祖庙会，重点采录民间传承人讲述的伏羲神话和庙会期间演唱的经歌，重点采访了一些民间讲述人和太昊陵的导游，将他们作为主要田野合作伙伴，开展民间神话讲述人和导游神话讲述活动的调查。之后几年时间里又多次进行田野追踪调查，和田野合作伙伴保持密切联系。在田野调查中，还对伏羲祭祀大典进行细致观察，从太昊陵管理处和淮阳非遗保护中心了解伏羲祭典的保护措施。采用参与式观察法，通过参与到民众的祭祀伏羲活动中、融入他们的生活中，以及和他们一起祭拜等活动，来体会朝祖的意义，并对信仰民众进行访谈。笔者在淮阳田野调查中使用的录音录像设备包括录音笔和摄像机，还配合田野笔记，共获取了音频资料一百多个小时、视频资料六十多个小时、图片两千多张，采访民间讲述人二十余位，还对地方官员、地方学者、导游等进行了访谈，走访了淮阳十多个乡镇，对淮阳伏羲信仰和神话传承状况有了更深入的了解。

一、羲皇故都的历史地理与人文环境

淮阳地处河南省东南部，位于周口市腹地，为陈州故地。淮阳地区的伏羲神话传统除了散文体叙事之外，当地最为活跃的传承形态是伏羲、女娲相关的经歌演唱，当地人称为"人祖经"和"人祖姑娘经"，认为这是"真经"，是真实可信的。伏羲在淮阳当地被称为"人祖爷"，女娲被称为"人祖姑娘"或"人祖奶奶"。人祖经的演唱一般有较为严格的时间和场域限制，被信众认为具有一定的神圣性。① 一个区域内神话和信仰的活态传承离不开其独特的地域文化空间，淮阳的自然和人文环境对于伏羲神话及信仰的存续起到重要作用。

（一）淮阳地理自然、历史概况

淮阳位于豫东黄淮平原，人杰地灵，农产品丰富。目前，辖20个乡镇（场），465个行政村，总人口128.5万人，其中农村人口121万人；总面积1334.5平方千米，耕地面积145.5万亩，人均1.13亩，是全国粮棉油生产百强

---

① 霍志刚、王卫华：《现代化语境下伏羲神话的重构——以河南淮阳地区为个案》，《贵州民族大学学报（哲学社会科学版）》2016年第3期。

县、粮食生产先进县、旅游标准化示范县、中国长寿之乡。① 主要土特产有淮山羊、黄花菜、蒲菜等。淮阳县城环城有万亩龙湖，盛产鱼类、蒲、苇，周围有诸多名胜，风景宜人。全县地势基本平坦，由西北向东南倾斜。境内有沙河、新蔡河和黑河等流过。土壤肥沃，水资源充沛，气候等适于农作物生长。淮阳是一个农业大县，主要农作物是小麦、玉米，经济作物有大蒜、花生等。

淮阳历史悠久，古称"宛丘"、"陈"、"陈州"，历史上三次建国五次建都。相传东夷族部落首领太昊伏羲，都宛丘，炎帝神农氏继都之，则曰"陈"，"陈"名自此始。夏属豫州之域。西周初，周武王封舜之后妫满治陈，建立陈国。战国末楚顷襄王迁都于陈，陈为楚都。秦置陈县，始有县域之基本。秦二世元年（前209）陈涉率农民起义军都于陈，号"张楚"。汉高祖十一年（前196）置淮阳国，首称淮阳。南北朝时，郡、州、县数次易名，但区域无大变化。历唐、宋、金、元县名因之，区域无大变异。②

淮阳与太昊伏羲氏有着密切的关系。据说太昊伏羲氏在这里定姓氏、画八卦、结网罟、以龙纪官。据《竹书纪年·前编》载：太昊庖羲氏，"元年继位，都宛丘"。《纲鉴易知录·太昊伏羲氏》说："帝崩（在位 115 年），葬于陈。神农氏践位。"太昊都宛丘（陈），不仅在诸多史料中找到记载，而且后天的考古（淮阳平粮台遗址）也能够帮助佐证太昊都宛丘的记载。据《陈州府志》记载：春秋时期淮阳已有太昊陵，汉代曾在陵前建祠，唐宋两代帝王都曾下诏扩建陵园，祭祀太昊伏羲陵。后经明清两代多次增建修葺。太昊陵目前恢复占地最大规模时的875 亩的原貌。

太昊伏羲陵十门九进，在长达 175 米的南北中轴线上，依次排列渡善桥、午朝门、东天门、西天门、御带河、御带桥、道仪门、先天门、三才门、五行门、御带路、太极门、钟楼、鼓楼、东西廊房、两仪门、四象门、统天殿、显仁殿、寝殿、八卦坛、太昊伏羲陵等。外城、内城、紫禁城等三城墙依次相辅相护，其古建以中国传统文化八卦内涵相布，是我国古代帝王陵庙中，当居魁首的孤例。

---

① 数据来源于淮阳区人民政府官网，http://www.hyzww.gov.cn/show.asp?id=15，2020 年 8 月 13 日。
② 淮阳县地方志编纂委员会编：《淮阳县志》，河南人民出版社 1991 年版，第 79—84 页。

图 4-1　太昊陵导游全景图

淮阳自古文化昌明。我国古代文学史上第一部诗歌总集《诗经》有《陈风》十首，诗歌反映了当时陈地的生活和礼俗。孔子三次来陈，讲学四年，形成了《论语》的核心思想，这里是孔子重要的游历地之一。历代文人墨客如曹植、李白、范仲淹、苏轼、苏辙等留下歌咏淮阳的诗、词、赋达六百多篇。此外，历史上的名仕曾在淮阳建立自己的功业，如汲黯卧治七年，包拯陈州放粮，岳飞三复淮宁府。

淮阳名胜古迹众多，是省级文化历史名城。这里有大汶口文化、龙山文化遗址十处，国家级文物保护单位两处。著名的景点有太昊伏羲陵、弦歌台、画卦台、平粮台等。淮阳不仅人文底蕴厚重，而且自然环境宜人。淮阳被誉为北方水城，城湖环绕，湖边杨柳依依，湖中荷花飘香。夕阳西下，在龙湖中泛舟，湖中万亩荷花盛开，水鸟倏忽而逝，可以想见从《陈风·泽陂》中传来的跨越千年的美。

随着城市化进程的影响，这个豫东平原的农业县城正在发生变化。淮阳当地政府意识到其自身文化底蕴深厚这一优势，开始重视和开发当地的旅游和文化产业，着力打造"羲皇故都"这一文化品牌，并对伏羲女娲神话资源进行创造性转化。

（二）太昊陵庙会

淮阳源远流长的庙会可谓是当地民俗和地方文化的特色。庙会既是传统的祭祀活动，也是农村不同季节的物资交流活动。淮阳太昊陵庙会，历史之久，规模之大，会期之长，人数之多，居豫东庙会之首。与太昊陵庙会密不可分的是关于人祖爷的神话传说，当地人认为人祖伏羲是人类最早的祖先。

太昊陵庙会，俗称"二月会"，而二月二在当地是一个具有特殊意义的日子。《淮阳县志》记载："太昊伏羲氏号曰：'龙师'，民间久传'二月二，龙抬头'之说，故每年太昊陵祭祀活动，从农历二月二开始。此时，春回大地，万木复苏，民众乘大好时光朝祖进香，托龙祝福。由于龙的传人遍天下，前来祭祀者日多，会期延至农历三月三。"[①] 除了二月二庙会和伏羲祭祀，当地老一辈人中多认为，二月二剪头发，一年都会有好运气。据说二月二，龙抬头，如果那天理发会带来好运气，象征一切新的气象从头开始，意气风发。20 世纪 80 年代之前，二月二当天，家家户户会煎"馅子"吃，用豆芽、鸡蛋等煎制而成，象征万象生发，欣欣向荣。然而，在现代化的进程中，新一代人对这些旧日的习俗并没有一一传承。

太昊陵庙会自远古就有。伏羲制嫁娶，人类从群婚过渡到对偶婚。《礼记·月令篇》记载说"仲春之月……以太牢祭于高媒。"后来逐步发展成朝祖进香的性质。人们每年二月二到三月三到太昊陵来求神拜祖，祈求伏羲神灵的庇护保佑，祈福儿女子孙兴旺。太昊陵庙会规模宏大，历代帝王每年都要派人来朝拜。据说朱元璋因得伏羲庇护而得天下，也亲自来朝拜过。历史记载民国二十三年（1934）赴庙会人数达到百万人以上。[②] 现在每年庙会每天有数十万人参加，延续一个月时间。朝圣者来自全国各地，更有许多海外学者文人来探古寻缘。

淮阳"二月会"期间，人们从四面八方赶来，商贩们也各自忙碌着支起摊位，摆上琳琅的商品，一派繁华的庙会场景。太昊陵通常人山人海，除了贸易行

---

① 淮阳县地方志编纂委员会编：《淮阳县志》，河南人民出版社 1991 年版，第 853 页。
② 同上书，第 853—854 页。

图 4-2　人祖庙会期间上香朝拜的人群

为、娱乐活动之外，最为突出的是求子习俗与其所呈现的生育文化。求子仪式主
要有拴娃娃、摸子孙窑、献旗杆和担经挑、请泥狗泥猴和布老虎等等。

　　淮阳太昊陵庙的显仁殿东北角青石台基上，有一圆孔，游人香客称之为"子
孙窑"。子孙窑被认为象征着女性的生殖器。凡来太昊陵的游香客，尤其是女性，
都要用手摸一摸这个"窑"，既可以多子多孙，又可以使子孙健康，所以被称为
"子孙窑"。关于子孙窑的来历，在淮阳还流传着一个传说：相传，伏羲在富饶美
丽的宛丘（今河南淮阳）定都后，建都治天下。他定姓氏，制嫁娶之礼，匹配夫
妻。他打破氏族的群婚观念，每到仲春之月，用"会"的形式把男女青年召集到
一块，会场中间立一块大石头（类似子孙窑），上附一小"孔"，男女若是互相有
意，双方都用手摸子孙窑以表意，说明两人有了感情，愿结为夫妻。在此基础
上，伏羲"以俪皮为礼"固定婚配。即把一张鹿皮用刀划为两半，男女各执一半
以为婚姻信物。从此，人类结束了群婚和族内婚的历史。

　　"拴娃娃"或源自女娲造人的神话，这一习俗反映人们渴望延续血脉求子
嗣（尤其是男孩子）的观念。太昊陵内有显仁殿和女娲观，其内有泥娃娃，俗称
"娃娃殿"。求嗣者躬身进殿拜谢女娲娘娘，用一根红绳系在泥娃娃脖子上，然后
恭敬地用红布包裹起来，迅速藏在衣襟下，一路默念着自己起的吉祥名字到家，

把娃娃藏在席沿地下，期待来年生个胖娃娃。如今泥娃娃变成了塑料娃娃而沿袭相传。

太昊陵庙会还有"求旗杆""还旗杆""抢旗杆"的风俗。中国古来称男子为顶梁柱，认为男孩支撑门户，是其门户的旗帜。所谓旗杆，是用一个椿木杆，穿过不封顶的木盒，木盒是方形的，方形象征地，地是女性的象征，木杆插过不封的顶，表示顶天立地。进香拜祖的人山人海中，一个个披红挂绿的男孩特别醒目，在家人的簇拥中，乐滋滋地向"人祖爷"报喜还愿来了。谁家在太昊陵摸"子孙窑"或拴娃娃、抢旗杆得子后，待孩子长到12岁时，必定要来"还旗杆"。把孩子披红挂绿打扮起来，又是放鞭炮、又是吹唢呐，喜气洋洋地向"人祖爷"答谢恩赐，报告祖宗已吉祥得子，祷告"人祖爷"保佑孩子长大成人，望子成龙。而另一些企图得子者，不等旗杆烧掉，争抢吉祥。抢到手者兴高采烈地扬旗而去，这叫"抢旗杆"。此时，"还旗杆"者也十分高兴。

图 4-3　庙会期间披红挂彩送旗杆的孩子

在淮阳古庙会上，随处可以看到可爱、呆萌的布老虎，和各种造型不一的泥泥狗，一般去庙会的人都会买泥泥狗和布老虎。在豫东一带有一种古老的风俗，庙会期间，沿路的孩子可以拦路向去参加庙会的人索要泥泥狗，并唱起歌谣："老斋公，慢慢走，给把泥泥狗，您老活到九十九。"不论走到哪里，碰到向你要泥泥狗的孩子，你都要赶快把它撒在地上，让孩子们拾，你趁机跑掉。因为把

"泥泥狗"送给儿童或亲友，可以使人消灾祛病，吉祥平安。所以，南来北往赶会的香客，回去时，总少不了带一袋泥泥狗。然而，现在由于泥泥狗价格上涨、孩子们玩具种类丰富等原因，要泥泥狗的习俗渐渐远离当地人现在的生活。然而，淮阳泥泥狗被誉为原始生殖崇拜文化的活化石，其造型有双头狗、双头猴、虎拉猴、猴骑狗等，在这些动物身上都能找到代表女阴符号的图案。玩偶泥泥狗，目前已经成为非物质文化遗产。

在淮阳人祖庙会上，时常有三五成群的妇女担着花篮在统天殿前或陵墓前唱耍，群众称其为"担花篮"。据民国二十三年（1934）出版的《太昊陵庙会概况》记载："三五个妇女，在大殿前，随唱随作各种走式，从外表看是巫婆唱耍，其实就其本身说来，纯粹是一种娱神的动作。她们走动的形式，正形成一个'8'字形，飞奔跑动，飘飘欲仙……"

太昊陵内的奇树之一"耳柏"也值得一提，如果您有什么心愿，可以对着太昊陵前的"耳柏"诉说，人祖爷听到会帮你实现心愿。这棵树因为树侧长有一只"耳朵"而著名，它的形状极似耳朵，耳郭、耳垂、耳眼惟妙惟肖，长于何时，未见记载。太昊伏羲氏德冠百王，功盖天地，成了人们心目中的神化人物，意思是他能解民于倒悬，拯生灵于水火，能助人称心如愿，心想事成。

图 4-4　伏羲祭祀大典中的敬香环节

太昊陵庙会是当地极富有民俗色彩的重要活动，庙会上各种祭祀活动不一而足，不仅仅局限于上述描写的活动，还有其他表现形式，如在太昊陵内为人祖爷"守功"等。太昊陵前，人山人海，男女老少，陵前烟雾缭绕，香客燃烧着各种类型的元宝、黄表纸，口中多念念有词，却听得不甚分明。有三五成群的，有成群大队的，也有独来独往的，最后都淹没在人海中。在唢呐等乐器声音中，人的声音显得很微弱。经常会看到来"还愿"的人群，披红挂绿的男孩子，在家人的拥簇下往前走，一家人很是虔诚地感谢人祖爷让他们如愿以偿，他们携带的"楼子"或旗杆，有时被哄抢而去，却十分欢快。此外，还有官方和半官方性质的伏羲祭祀大典，场面十分隆重，与民间祭祀相比有严格的仪式流程和宏大的场面，有时还需要前期的彩排。

（三）重祭祀的习俗

淮阳当地重视祭祀的习俗或者由来已久，其源头可以上溯到两周时代。陈国刚刚建立的时候，陈胡公是陈国始君，也是陈氏始祖。这位陈国国君的夫人是周武王的大女儿，早年夫人无子嗣，为求得子嗣，便经常祭祀、重视巫鬼。上有所好，下有所效。国君夫人的喜好，或和陈地重视祭祀的风俗不无关系。

陈国巫风大盛，多种史料均有记载。《礼记·乐记》："武王克殷及商，未及下车，封帝舜之后于陈。"《说文》："陈，宛丘，舜后妫满。"《汉书·地理志》载："周武王封舜后妫满于陈，是为胡公，妻以元女大姬。妇人尊贵，好祭祀，用史巫，故其俗巫鬼。"《汉书·匡张孔马传》载匡衡语："陈夫人好巫，而民淫祀。"颜师古注引张晏语曰："胡公夫人，武王之女大姬，无子，好祭鬼神，鼓舞而祀，故其诗云：'坎击其鼓，宛丘之下，无冬无夏，值其鹭羽。'"

汉郑玄《诗谱·陈谱》："陈者，太皞虙戏氏之墟。帝舜之胄有虞阏父者，为周武王陶正。武王赖其利器用，与其神明之后，封其子妫满于陈，都于宛丘之侧，是曰陈胡公，以备三恪。妻以元女太姬。其封域在禹贡豫州之东，其地广平，无名山大泽。西望外方，东不及明（音孟）猪。太姬无子，好巫觋祷祈鬼神歌舞之乐，民俗化而为之。"淮阳当地的地方志也记载古代陈地重视祭祀的习俗。从上述资料不难看出，古代陈国有祭祀的习俗，这种习俗普遍认为和太姬有密切关系。

传统的庙会往往最能承载一个地区古老的民俗文化信息，太昊陵亦然。今天太昊陵庙会中的求子习俗与其所承载的文化意象，由来久矣，它既有陈地本土文化的基因，也有陈大姬因求子而祭祀所带来的新变，又融入了伏羲与女娲的神话，这种习俗形成、固定下来之后，穿越历史长河而绵绵流传至今。于是求子行为与求子仪式就成了陈国流传了两千多年的独特文化。①

二、淮阳地区伏羲女娲神话讲述的历时变迁

淮阳地区伏羲神话搜集与整理工作起步较早，跨越时间较长，从民国时期算起到当代已有八十多年。在这八十年之中，淮阳地区神话讲述活动随着社会政治、经济和生活方式的改变悄无声息地发生着变化，对其进行历时的分析更能凸显出当代伏羲女娲神话的讲述语境特征和叙事文本中传承和变异的因素。

（一）民国时期的神话讲述——普遍信以为真

早在民国时期，学者们就对淮阳地区的人祖伏羲庙会展开调研。1934年3月21日至4月14日庙会期间，淮阳师范学校师生与河南省立杞县教育试验区联合对庙会进行调查，由郑合成编纂为《陈州太昊陵庙会概况》出版，对太昊陵概况、庙会商业、游艺、税收、神话讲述活动等进行了描述。其中搜集了30年代在淮阳地区普遍流传的一则伏羲女娲滚磨成亲的神话，叙事文本如下：

> 太古时代，天塌地陷，宇宙混沌，世界上的人类都死完了；只有伏羲和他的妹妹（传说他的妹妹便是女娲）二人还在活着。后来妹妹大了，觉得这样太寂寞，就和他哥哥商议，要兄妹二人结为夫妇。可是伏羲却坚决地拒绝她的要求，因为他觉得兄妹不应该结婚的。不过他的妹妹整天价和他乱缠，并且又没有别的男子，万般无奈，才允许了她。但附有一个条件：便是看神意是否答应，若神也愿意，便可结为夫妇；否则，仍只是兄妹的关系而已。怎样占知神意呢？方法是用两个磨扇，从山上向下滚，如果滚到下面，这两

① 金荣权：《陈国文化与〈诗经·陈风〉》，《中州学刊》2010年第4期。

扇磨可以自然的合和在一块儿，便算神也答应；若两扇磨扇各奔东西，不能碰住，就是神亦不答应他们这结婚的事。商议好了这个办法后，二人便偕同上山，各自山巅执磨扇一方，向山下推滚。天上月宫暗暗助了一力，两块磨扇，滚到山根，乒乓一声，拢在一起了。这样兄妹二人，便从此结为夫妇了。

这样，他俩很安稳地过日子。过得时间太久了，二人闷得无聊，便去抟泥作人。捏的泥人很多，都在露天晒着。谁知天有不测风云，雷电交作，二人恐怕将泥人淋坏，即急急的向室内搬，哪知未曾搬完，就倾盆似的下了大雨。他俩着了急，不管三七二十一，拿起扫帚就向屋里扫；就这一扫的当儿，便把泥人的手足眼鼻，碰坏了不少。现今世界上的人类，便是他俩捏成的泥人；每天能捏成多少，即降生多少孩童；所有少臂缺腿、瞎子、聋子等残废不完的人，便是扫时碰坏了的。因为人类是他每日用泥作成的，所以他就是人祖，都是叫他做"人祖爷"或"祖师爷"，并不叫作"伏羲"或"太昊"。①

该文本包含的主要情节单元有"天塌地陷—伏羲女娲占卜滚磨—磨合成亲—抟泥作人—下雨搬时泥人损坏后成残疾人—当地称人祖爷"。20 世纪 30 年代铅印的《淮阳乡村风土记》中记录的伏羲神话与此基本相同。从这一文本来看，已包含了当代淮阳伏羲女娲神话中的大部分情节单元，但是并没有提到伏羲上学遇白龟送馍、得到白龟救助的淮阳地区常见叙事情节，使得叙事开头缺少了些生活气息，增加了古老年代的色彩，这可能是搜集者整理时有意为之，或者 20 世纪 30 年代"给白龟送馍获救"的情节还未广为流传。且该叙事中"他的妹妹整天价和他乱缠，并且又没有别的男子，万般无奈，才允许了她"。这一细节中女性主动追求男性，与以后搜集的文本大相径庭，淮阳更为常见的表述是女性在被追求时十分害羞，百般推托，结婚后以草帽遮面，至今淮阳有"草帽老虎"的泥泥狗，相传是女娲以帽遮盖。叙事结尾提到在民国时期，淮阳当地已称伏羲为"人祖爷"，这一称谓延续至今，表达了当地民众对伏羲的无限敬仰之情。

---

① 郑合成编：《陈州太昊陵庙会概况》，河南省立杞县教育实验区 1934 年版，第 17—19 页。

当时伏羲神话的流传情况，在《陈州太昊陵庙会概况》中有介绍说："这个故事流传得极其普遍，村妇老妪，均可以从头到尾，详详细细地说给你听，社会都觉得这段历史真确、可靠、不容否认。"①由此可见，在民国时期的传统乡土社会中，淮阳地区民众普遍对伏羲有着崇高信仰，并能够以虔诚的态度熟练讲述伏羲神话，将伏羲神话视为真实发生的历史，坚信不疑。当然最普遍的讲述活动出现于太昊陵庙会上。民国时期，在淮阳周边的西华等地，也有伏羲女娲神话记载，如安在曾记录的《关于人类过去和未来的传说》，不过记录文本相对简单，只有"伏羲女娲捏泥人"和"损坏泥人变为残疾人"的情节单元。在 20 世纪 30 年代，淮阳地区已是伏羲女娲神话流传的核心地区之一，对周边有着广大影响力。

（二）新中国成立至改革开放前的神话讲述——公开转私下

新中国成立之后，国家加强了对社会意识形态的控制，整个国家和淮阳地区逐渐开始了对民间信仰的批判活动，愈演愈烈，甚至"文革"破四旧运动中，太昊陵遭受严重破坏。如 1966 年炸毁了太昊陵顶部，砸毁了统天殿伏羲像等。②伏羲信仰物质载体被破坏，给当地民众心中留下了悲怆的历史记忆，也使得信仰活动由公开转为私下，祭拜伏羲的活动和伏羲神话、经词演述活动都转为私下进行，据今年 67 岁的刘彩荣回忆说：

> 我"文革"时候就开始烧香了，那时候偷偷烧，没有香怎么办呢？就用柏树籽浸油后烧香。有时也到太昊陵上香拜人祖爷，不过不让大队里知道，怕扣工分。我们那时候几个斋公一起，今天到你家，明天到我家，念经佛，也讲人祖爷的故事，但不敢公开讲。③

"文革"时期，传统伏羲信仰无法在公开场合表现与传承，信仰的民众被贴

---

①　郑合成编：《陈州太昊陵庙会概况》，河南省立杞县教育实验区 1934 年版，第 19—20 页。

②　李俊志主编：《太昊伏羲陵》，海天出版社 2005 年版，第 428—429 页。

③　受访者：刘彩荣，女，淮阳大朱楼村民。访谈人：霍志刚。访谈时间：2015 年 8 月 23 日。访谈地点：淮阳县安岭镇大朱楼村玉佛寺前。

115

上了"污名化"的标签，甚至面临被批斗的危险。但是这样的高压环境，也没有覆灭民众根深蒂固、不可动摇的伏羲信仰，他们还在以小型聚会的形式传承伏羲信仰与神话。而且，在大朱楼村的调研中，一些老斋公介绍说自己祭拜人祖爷的信仰来自自己母亲或婆婆的影响。这种家庭传承方式也是"文革"时期伏羲信仰的重要传播方式。家中长辈和村里年长的老斋公是伏羲神话的主要传承人，讲述地点在家庭中或当时隐秘的香会聚会中。

需要指出的是，在新中国成立至"文革"之前，淮阳县文化馆于1961年也搜集整理了一篇《白龟救伏羲女娲姐弟》，其基本情节包括"人祖遇到白龟让带馍—姐弟俩躲到白龟肚里获救—用冰块补西北天空—滚磨占卜—磨分开姐弟不能成婚—捏泥人—损坏泥人变成残疾人—人身上灰搓不净"①。虽然仅有一篇文本，却能够显示出20世纪60时代初淮阳地区伏羲神话传承情况。与20世纪30年代的文本相比，增加了"遇白龟让送馒头""用冰块补天"和"人身上灰搓不净"等情节单元，这些在当代淮阳神话叙事中被广泛传播，使淮阳神话讲述更为生动丰富。当然，不排除60年代搜集的叙事文本是讲述人对新中国成立前叙事传统的继承。

此外，在伏羲女娲神话中已经出现了姐弟二人占卜磨分开不能成亲的叙事变体，这在现代淮阳神话流传中已经成为一重要分支，并在一些专家采录文本中有体现。②而其源头或中间重要一环便是新中国成立初期民众所接受的婚姻等方面的教育，兄妹近亲结婚被认为是不合法或违反优生规律的，这种婚姻观念的宣传对当代伏羲女娲滚磨成亲的情节叙事产生了重要影响，导致淮阳地区该神话的情节单元叙事出现多元化：第一种是继续延续古老叙事传统，承认滚磨结合后二人成婚；第二种是不承认磨合二人成婚，认为磨被分开了，应称女娲"人祖姑娘"；第三种是承认磨合在了一起，但是二人因为害羞还是没有成婚；第四种是承认磨合与二人兄妹关系，但认为是表兄妹；第五种是承认磨合伏羲女娲结婚，但是解释说成婚之前二人无血缘关系，婚后才互相称兄妹。这一叙事单元的多元化，反映出兄妹成婚母题在现代社会传承中面临的法律、知识和伦理的多重挑战，不同民众根据自己理解进行了多样的巧妙回避。民间叙事的叙事母题不是变

---

① 杨复竣主编：《淮阳神话传说故事》，中国炎黄文化出版社2007年版，第10—11页。

② 杨利慧：《中原汉民族的兄妹婚神话》，《云南师范大学学报（哲学社会科学版）》2010年第5期。

动不居的，而在新的语境下被理解与重构，促使叙事变体的多样化。而一个叙事情节的变化又可能会牵动前后叙事结构和内容的变化，例如兄妹成婚的情节后可能会承接兄妹生孩子，不需要捏泥人，没有了损坏泥人变成残疾人的结尾，而兄妹没有成婚的情节则在淮阳地区必是承接抟土造人的叙事单元。

（三）20 世纪 80 年代至 90 年代淮阳口承神话的研究与复兴

20 世纪 80 年代之后，针对淮阳地区的学术研究活动活跃起来。1983 年，以张振犁先生为代表的中原神话学派对淮阳、西华等地区的神话展开田野调查，在短短的三十几天时间里，调查组共采录到各类民间文学作品 109 件，其中神话占 68 篇。为了突出中心，保证重点，在时间紧、任务重的情况下，集中力量调查了女娲、伏羲、黄帝的神话传说。① 这是中国民俗学历史上较早开始的神话专题调查，淮阳及周边伏羲女娲神话成为了调查的重点。张先生三次到淮阳采录伏羲女娲神话。在此基础上，他撰写了《中原神话流变考》，将古代典籍中的伏羲女娲神话和中原地区流传的神话进行比较，探求古典神话的流变和文化内涵。②

1983 年中国民间文学三套集成工作启动之后，淮阳当地学者和文艺工作人员响应国家号召，积极搜集整理淮阳神话传说。时任淮阳民间故事调查组领导的杨复竣先生回忆说：

> 那时候我们真是实实在在付出呀，全身心搜集淮阳等地的人祖故事传说，到太昊陵、到农村搜集伏羲神话。历经两年多的时间走村串户，普查淮阳民间故事，力求做到乡乡不漏、村村不漏、人人不漏。特别是注重朝祖庙会及每月初一、十五祭祖日的人搜集，深入到朝祖会，采风七八十岁的老太太，搜集到不少伏羲女娲神话及庙堂经歌并录音，原始搜集文字达到了一百多万字。③

① 张振犁：《中原神话研究》，上海社会科学院出版社 2009 年版，第 217 页。
② 张振犁：《中原古典神话流变论考》，上海文艺出版社 1991 年版。
③ 受访者：杨复竣，男，淮阳伏羲文化研究会会长。访谈人：霍志刚。访谈时间：2015 年 8 月 24 日。访谈地点：淮阳县伏羲文化研究会。

　　杨复竣带领本地学者与文化工作人员，经过了两年多时间，搜集到了淮阳地区流传的大量神话，也能够看出淮阳地区 20 世纪 80 年代的伏羲女娲神话的丰富储量，记录文本包括《白龟救祖》《滚磨成亲》《女娲抟土造人》《伏羲女娲创世》《女娲造六畜》《伏羲分天地》《伏羲赶水鞭》《五行生克》《伏羲先天图》《八卦柏》《龙马负图》《伏羲画卦台》《伏羲演卦》《神蓍草》《女娲补天》《伏羲治水图》《宓妃洛水采灵芝》等，发掘出了以淮阳为中心辐射周边地区的"淮阳伏羲女娲神话群"①。先后出版了《人祖传说故事》（1989 年）、《易经神话传说》（1996 年）著作。这些作品的搜集可以显示出 20 世纪 80 年代淮阳地区讲述伏羲神话的多样性，在太昊陵和农村地区都有讲述，朝祖会中的女性老斋公是伏羲女娲神话调研和讲述的重要群体。

　　90 年代，杨利慧开始重点关注淮阳、西华等地的女娲神话与信仰，不仅采录了大量神话，而且系统分析了包括淮阳在内女娲神话的传承、信仰状况及其功能等，撰写了《女娲的神话与信仰》（1997）②一书。其《女娲溯源》（1999）一书则对女娲起源地进行了再推测。近年来，她带领学生采用表演理论和民族志等研究方法，对淮阳地区神话进行研究，出版了《现代口承神话的民族志研究》等著作。

　　专家对淮阳地区伏羲女娲神话的搜集整理工作，保存了淮阳丰富的口承神话，引起了政府文化部门的重视，并得到其支持。政府和专家对待伏羲神话和传说的积极态度，也进一步激发了民众的讲述热情。更为重要的是，曾在"文革"时期被压制的民间信仰在改革开放后的宽松政治环境中得到复兴，犹如冬雪后复苏的草木不断生长。太昊陵从 80 年代开始重新修整，人祖庙会在各方努力下复兴，庙会上的神话讲述和演唱活动也重新活跃起来。据《淮阳县志》记载，1985年当地 20 个乡中有 14 个乡有担经挑活动。而担经挑唱词中就有不少传统的人祖经和人祖姑娘经，其中包括《女娲姑娘从南来》《老盘古安天下》等脍炙人口的经词，传唱至今。20 世纪八九十年代，淮阳地区伏羲女娲神话演述活动复兴，不过其传承方式仍以传统口耳相传方式为主，也有学者搜集成书面文本，但未在

---

① 杨复竣主编：《淮阳神话传说故事》，中国炎黄文化出版社 2007 年版。
② 杨利慧：《女娲的神话与信仰》，中国社会科学出版社 1997 年版。

民间传播开来。讲述人主要是朝拜太昊陵的香客。神话传说讲述似乎并未受到太多现代传媒的影响，表述方式仍较为传统、单一，这与淮阳地区经济、交通落后，受现代影响较小有关。

三、新世纪以来淮阳伏羲女娲神话的民间传承

21世纪的中国大地上正进行轰轰烈烈的城镇化运动，现代化的浪潮席卷神州大地。淮阳地区也不例外地受到现代化方方面面的影响，这突出表现在淮阳城区规模不断扩大，城市和农村地区家庭普遍配备了现代化的生活、娱乐设施，如电视、电脑、机动车或汽车等，淮阳旅游业大力发展，非遗展演与保护工作如火如荼地开展。这些对伏羲神话传承方式带来了挑战和机遇。农村地区也面临着青壮年劳动力到城市务工，农村空心化、老龄化问题严重，这对淮阳地区民间叙事的传承产生了影响，造成了传承中的年龄结构断层，青壮年无法继承延续民间口头传统等问题。

虽然太昊陵二月庙会、每月初一、十五祭拜伏羲的老斋公们的演唱仍是韵文体伏羲神话传播的主要方式，但是主要散文体叙事者正由香客转变为职业化的导游在太昊陵中带领游客游览中讲述，起到娱乐与文化传播功能，这与以往传经传功的功用明显不同。而且伏羲女娲神话出现在小学的教材中，教师在学校中的教授成为孩子接受神话的重要渠道，这与以往家庭传承也有所不同。而伏羲女娲神话传说的现代表述具体有哪些方式，因何发生这些变化，则将在下文中展开论述。

淮阳地区至今仍保留着数量可观的伏羲女娲神话资源，以鲜活的形态传承与变异，以淮阳为中心的西华、项城等陈州故地保留着"伏羲女娲神话群"①。这与淮阳作为"羲皇故都"和太昊陵所在地，有深厚的民间信仰基础是分不开的。伏羲女娲神话在淮阳地区发挥着重要的社会功能，在当地众多信众中被视为"真实的历史事实"，是神圣的叙事，承载着民众的集体记忆和对祖先的敬仰。伏羲女娲神话传说为当地至今保留的古老习俗提供着解释与口头传统支撑，当地拴娃

---

① 杨复竣主编：《淮阳神话传说故事》，中国炎黄文化出版社2007年版，第5页。

娃、竖旗杆、摸子孙窑的生育崇拜民俗离不开"伏羲女娲洪水再生"的神话传承；当地活跃的算命活动与"伏羲制八卦"神话相对应；当地到太昊陵求医问药习俗与伏羲尝药草神话相关；当地流传甚广的女娲抟土造人神话与淮阳泥泥狗制作相契合。

（一）淮阳地区伏羲女娲叙事的分类

淮阳地区伏羲女娲叙事的分类可以依据学术界的方法分为神话和传说两大类。不过在尊重地方文化知识和对民间叙事理解的情况下，可以根据淮阳当地人的讲述习惯和称法，将其分为散文体的"人祖故事"和韵文体的"人祖经"。

1. 散文体的人祖"故事"

散文体的伏羲"故事"讲述场合在当代较为随意，可以在家庭中由长辈讲给晚辈，也可以在太昊陵大殿中讲述，或者当地群众聊天时讲授，似乎没有讲述禁忌，讲述时气氛也较为轻松活跃。采访中皮精军、李自荣等都生动讲述了伏羲女娲历经洪水再生的神话，地点和时间不受严格限制。这种散文体叙事，在不同群体中信仰态度不同。在有些当地人看来是不真实的，只不过是当小说读，当地退休教师杨清泉在采访中表示出这一看法。李安在讲完伏羲女娲造人神话后说自己是胡扯的，不能当真 ①；而以杨清泉的妻子李自荣为代表的人们则对该神话持半信半疑的态度，认为有部分真，有些部分是假的，如对泥人变成人的情节持怀疑态度，对女娲补天、白龟相救等情节则持相信态度；但也有相当一部分老斋公对此神话坚信不疑，讲述人刘彩荣、叶圣芝表达了这一观点，认为这些神话传说是一代代流传下来的真实的历史，只不过现代人不能再经历当时的事情了。

散文体的伏羲"故事"还有伏羲与《易经》的神话，一部分《易经》研究者喜欢讲述，如中华伏羲文化研究会淮阳中心名誉会长戚井涌和杨复竣能够讲述伏羲制八卦的神话。太昊伏羲陵与朱元璋的传说等也流传十分广泛，在采访中出租车司机张师傅、退休教师杨清泉、民间艺术家协会马会长、农民朱焕山等各行业

---

① 杨利慧：《现代口承神话的民族志研究——以四个汉族社区为个案》，陕西师范大学出版总社有限公司 2011 年版，第 293 页。

的人都能讲，其中杨清泉的讲述情节比较完整：

> 明代第一代皇帝朱元璋做皇帝前，元朝追杀他。他就钻到伏羲小庙里了，这是个神话传说。蜘蛛吐丝将这个门封住了。这是朱元璋向人祖许的愿，只要让我躲过这一关了我重新给你塑金身。蜘蛛网就像八卦。元军过来一看以为没有人就走了。朱元璋招兵买马，起义后来做了皇帝，就按照自己住的宫殿给伏羲盖了太昊陵。在我们淮阳都是这样传说的。
>
> 问：还有说是谁监工呀？
>
> 杨：徐达。明朝徐达监工，偷工减料将庙宇盖小了。这里还有鲁班帮忙的一个传说。鲁班会的多呀。说盖太昊陵时，一个很不起眼的老头，还瘦还柴，脸上还有灰，过来说帮一下忙中不中呀？当时建庙宇是国办呀，徐达监工，看到这个不起眼的瘦老头，还拿的是半个斧头，破木工家伙能干什么呀。工头为了刁难这个老头，说那边有个树疙瘩，你看能做个什么材料。这个老头用墨斗横量竖量，一会儿抬眼一看不见了。人们看树疙瘩上都是墨印，用脚一踢，都是木楔子，用起来按哪里哪里得劲合适，会长会缩，这就是鲁班爷帮助盖伏羲大殿。①

传说中会将伏羲和朱元璋、徐达、鲁班等著名人物连在一起进行讲述，这也与朱元璋几次到陈州，以及当地流传的众多朱元璋传说相关。在太昊陵先天门保存的碑文中，还有朱元璋祭拜伏羲的御碑。太昊陵为明代建筑，由皇家修建，这样一来，明代皇帝朱元璋修太昊陵传说便承载了当地民众的情感和历史记忆，讲述者充分表达了对太昊陵和家乡的自豪感。

当代淮阳和周边西华等地还流传大量伏羲女娲显灵的传说，在老斋公中间广为传颂，如《人祖治病的传说》《重盖人祖庙的传说》《人祖抗击日本侵略者的传说》《人祖拯救越南自卫反击战战士的传说》《人祖教授经词的传说》等。这类灵验传说产生与对伏羲的虔诚信仰，被当地香客认为是真实可信的，并有真人提供

---

① 受访者：杨清泉，男，淮阳安岭镇村民。访谈人：霍志刚。访谈时间：2015年7月28日。访谈地点：淮阳安岭镇杨集村杨清泉家。

佐证。而他们产生之后又通过到太昊陵上香祭拜活动广泛传播开来，对当地伏羲信仰起到巩固和强化作用。这为相关的信仰观念和行为，提供了鲜活的证据，为相关民间信仰的不断延续注入了强大的动力。

由此可见，淮阳地区的伏羲女娲神话传说不是固定不变、停滞不前的，而是犹如生长在土地上的大树，既有久远粗大的根干，又随着时代发展不断延伸出鲜嫩的枝叶，这些共同构成了淮阳地区伏羲女娲民间叙事的生命树。

2. 韵文体的人祖经 ①

淮阳当地最为活跃的传承方式是伏羲女娲相关的经词演唱，当地人称为"人祖经"和"人祖姑娘经"。这种经一般在担经挑和进太昊陵上香时演唱，为虔诚的老斋公演唱，其他场合很少用到。在演述人祖经时，颇像少数民族地区的史诗演唱，严格的演唱者要烧香经过人祖爷同意后才能开始庄重虔诚地演唱，否则会唱不出来，如果勉强演唱，据演述人李文军介绍，则会给自己带来灾祸。在调研中，还有些担经挑队伍需要给人祖爷上香、放鞭炮后才能开始表演，说是征得人祖爷的同意。在当地"人祖经"传授方式有"人授"和"梦授"两种方式。人授是向别人学习，经过日积月累学会经词演唱，演唱人李自荣便坦言自己是学习经词才会唱的，并且自己学习得快，忘得也快；"梦授"是做梦后突然学会了演唱，"梦授"者一般讲述自己在夜晚做了梦，由人祖爷传授指示要传功，醒来后一夜之间便学会了，采访中的李文军、叶圣芝等传承人讲述了类似的神奇经历，不过这些传承人也介绍了自己从小学唱歌、学唱戏、听他人唱经词的人生经历，这些经历对于其演唱技巧提升和经词记忆是大有帮助的。

李文军正是在结合淮阳民间伏羲女娲神话和以往担经挑所唱人祖经词基础上，再加上他本人有文化看过一些书籍，最后汇成了蔚为壮观的《人祖经》，达135行，一千多字。这是笔者所见到篇幅最长、最为详细生动的人祖经。他演唱的这段经文涉及伏羲女娲滚磨成亲，演唱完整段落需要20多分钟，是颇具地方传统的韵文体神话。下面节选滚磨成亲一段：

---

① 该部分详细内容参见霍志刚：《韵文体伏羲神话与民间叙事丛的研究》，《民间文化论坛》2020年第3期。

图 4-5　太昊陵的担经挑

天塌地陷无人烟，叫咱姐弟传后根

叫咱姐弟成婚配，咱两个姐弟得成亲

尘世上咱本是姐弟俩，咱要是成亲还是啥样的人

姑娘就说我不信，咱姐弟咋会来成亲

姑娘就问凭啥说，人祖说眼前显出一阳又一阴

大姑娘低头仔细往前看，原来是两扇石磨在前分

人祖站的是上扇磨，姑娘她站的下属阴

一阴一阳两扇磨，他打开两扇往下放

才分出一阳和一阴，人祖爷抱阳姑娘抱阴

姐弟俩站在高山上，抓住这磨往下就滚

大姑娘使了心，咋也不叫它合了身

姑娘就这样用巧计，再说说人祖属阳往前奔

人祖走得第一步，姑娘那时慢一分

石磨慢了不打紧，惊动人祖一个人

人祖爷阳盘正在走，瞬时间停住了身

停了一刻不当紧，那时刻就是来等阴

两扇磨合到了一处，啪啦一声合了身

　　这两扇磨合了位，姐弟俩无其奈来成亲……①

　　据李文军讲，以往也有这么长的人祖经歌，不过现在很少了。里面句子相比于以往经文改了一些。他说那时候做过一个梦，2013年烧香，因为有病。病了以后不能动，就去烧香。那时候做了一个梦，经词、八卦等方面懂了。这为人祖经讲述增添了神秘色彩。而且李文军介绍自己只能在初一、十五和庙会期间，在太昊陵担经挑的时候能想起经词，演唱得淋漓尽致。而其他场合，尤其是不担经挑的时候往往唱不出来，也会忘掉许多部分。由此可以看出当地传承人还坚守人祖经神圣叙事传统，与少数民族地区的史诗演唱所需的神圣语境类似。神圣叙事反映出民众对神话、经词所承载的信仰的笃信不疑。而演唱者一般也多为地方德高望重的老斋公，甚至具有神奇的治病、面相等常人难以想象的能力，所唱经词易被视为经典传统。而且演唱者本人也希望通过演唱经词与人祖爷等神灵沟通、保佑平安，这与担经挑是连为一体的，演唱中必须对神毕恭毕敬。这些都使人祖经神圣叙事传统延续下来。

图4-6　李文军在演唱经歌

①　讲述人：李文军。记录人：霍志刚。讲述时间：2015年7月18日。讲述地点：淮阳紫荆台。

　　淮阳地区流传着大量人祖经歌，根据笔者搜集的已有几十种之多，而且当地信众还在不断创编，表达着对人祖爷的崇高敬意，起到宣传人祖功德的作用。流传久远的老经中涉及人祖的包括《老盘古安天下》《人祖姑娘经》《三皇治世》《十上香》等。而《老盘古安天下》主要讲述伏羲女娲兄妹婚的神话，根据当地老人回忆，早在 20 世纪 30 年代庙会上已经开始流传：

> 老盘古安天下人烟稀少，没有天没有地哪有人伦。
> 东南山有一个洪钧老祖，西南山有一个混元老人。
> 上天神只知道日月星斗，下天神只知道五谷苗根。
> 有了天有了地没有人烟，上天神只留下人祖兄妹二人。
> 他兄妹下凡来万古流传，眼看着一场大灾祸就要来临。
> 多亏着白龟仙渡到昆仑，无奈何昆仑山滚磨成婚。
> 时间长日久生下儿女为百对，天下人咱都是一个母亲。
> 到如今担花篮哪有远人，到如今哪有远人。①

　　这首经歌以韵文体形式讲述了伏羲女娲兄妹婚的神话，包括了淮阳地区人祖神话的基本情节，流传久远而影响广泛。1993 年，杨利慧跟随中原神话调查小组到人祖庙会调查时，就记录了该经歌。2005 年，仝云丽听香客演唱了类似的经歌。②笔者在 2015 年、2016 年人祖庙会调研时，数次听到类似的经歌。反映人祖兄妹婚的经歌在叙事情节上大同小异，包含了"兄妹下凡—昆仑山滚磨成亲—生育儿女"的主要情节，在字数方面有较大变动，少则一百来字，多则上千字。这些经歌异文的不同之处往往在结尾部分，有些是宣传人祖姑娘的功德，有些是强调担花篮没有远人，还有经歌是劝人向善。除了《老盘古安天下》，人祖庙会上流传最为广泛的就是《人祖姑娘经》：

> 人祖姑娘打哪儿（南）来，

---

① 杨利慧：《现代口承神话的民族志研究——以四个汉族社区为个案》，陕西师范大学出版总社有限公司 2011 年版，第 248 页。

② 同上书，第 274 页。

头无帽子脚无鞋，身披芦衣泪满腮。

一心一意织世界，

又织星星和月亮，织下太阳照四方。

五谷田苗往上升，织下黄河通汴京。

织下大路有人走，织下小路有人行。

三年满四年圆，五年头上才织全。

人祖姑娘来传经，听见别当耳旁风。

叫恁传恁就传，传到三关保平安。

这无嘞佛南无嘞生，这是人祖姑娘一本经。

念一本真经敬敬神灵。①

这一经歌主要宣传人祖姑娘的功德，在经歌中人祖姑娘成为了无私奉献、一心一意创造世界的女神，是地方上具有特色的创世类神话。与散文体神话有所不同，淮阳散文体神话一般强调人祖的创造发明功绩，谈及人祖女娲多强调创造人类。而韵文体《人祖姑娘经》中的人祖姑娘俨然成了一位创世大神，织出了星星、月亮、太阳和道路，又织出了黄河，解释了诸多自然现象的由来，这与散文体伏羲女娲兄妹婚神话的内容不同，且没有以散文体的形式广泛流传。由此可见淮阳地区的人祖神话类型不是单一的，而是包含了创世神话、人类诞生神话、文化发明神话等诸多类型，散文体叙事和韵文体叙事在情节、母题方面也有诸多不同之处，其来源可能亦不同。

（二）淮阳地区伏羲女娲神话的基本叙事情节

淮阳地区广流传的伏羲女娲神话既有"兄妹婚神话"的普遍特征，又具有自身叙事特色和地域风格。1990 年，钟敬文先生依据 80 年代三套集成工作中从汉民族地区搜集上来的资料，对汉民族兄妹婚神话的基本情节类型拟定如下：（1）由于某种原因（或无此点），天降洪水，或油火；或出于自然劫数（或无此

---

① 根据笔者田野调查，淮阳人祖庙会上很多担经挑演唱者会演唱这首经歌，演唱的文本大同小异。文中选用的经歌文本的讲述人为叶圣芝。记录人：霍志刚。讲述时间：2016 年 3 月 10 日。讲述地点：淮阳太昊陵广场。

情节）；（2）洪水消灭了地上的一切生物，只剩下由于神意或别的帮助等而存活的兄妹（或姊弟）；（3）遗存的兄妹，为了传衍后代，经过占卜或其他方法，或直接听从神命，两人结为夫妻；（4）夫妻生产了正常、或异常的胎儿、传衍了新的人类（或虽结婚，但无两性关系，而以捏泥人传代）。①

　　杨利慧依据所搜集的四百多则兄妹婚神话，将中国各民族间流传的兄妹婚神话的一般情节结构构拟如下：（1）由于某种原因（洪水、油火、罕见冰雪等），世间一切人类均被毁灭，仅剩下兄妹（或姐弟）两人。（2）为了重新传衍人类，兄妹俩意欲结为夫妻，但疑惑这样做是否合适。（3）他们用占卜的办法来决定：如果种种不可思议的事情（滚磨、合烟、追赶、穿针等）发生，他们将结为夫妻。（4）上述事情发生，于是他们结婚。（5）夫妻生产了正常或异常的胎儿（如肉球、葫芦、磨刀石等），传衍了新的人类（切碎或者打开怪胎，怪胎变成人类或者怪胎中走出人类）。②淮阳地区的伏羲女娲神话叙事情节基本符合上述概括，又在因何获救、如何造人和神话叙事结构方面有自己的特色，需要进一步提炼表明其独特性。

　　淮阳当地广为流传的伏羲女娲神话包含了"洪水再生""滚磨成亲""抟土造人""伏羲画八卦""女娲织天地"等情节单元，其中前三个情节单元往往粘合在一起构成一个完整的神话叙事。后两个母题一般单独讲述，且从讲述性别来看，男性喜欢讲述伏羲画八卦，表示出对传统文化的浓厚兴趣；女性喜欢演唱"女娲织天地"歌颂女性做出的功绩。淮阳地区流传最广的伏羲女娲神话讲述基本情况如下：

　　　　我也是听老人们讲，还看过伏羲相关的书。人祖爷伏羲上学那会儿，路过一个桥，看到一个白龟，对他说快天塌地陷了。你每天给我带个馍，我保你平安。伏羲以后每天带馍给白龟。他妹妹知道了，也让带馍过去。一天白龟对伏羲说，明天中午之前你们兄妹俩赶紧过来，要混沌了，天塌地陷，我

---

① 钟敬文：《洪水后兄妹再殖人类神话——对这类神话中二三问题的考察，并以之就商于伊藤清司、大林太良两教授》，载《钟敬文学术论著自选集》，首都师范大学出版社1994年版，第232页。

② 杨利慧：《现代口承神话的民族志研究——以四个汉族社区为个案》，陕西师范大学出版总社有限公司2011年版，第307—308页。

救你们。于是第二天兄妹两个过来，藏在乌龟的壳下面，这时到处都是洪水，兄妹两个获救了（我问兄妹俩是藏在乌龟肚子里，还是壳下。讲述者明确地说是藏在壳下，怎么会在嘴里呢。《西游记》中不是有大龟驮着唐僧师徒吗）。

混沌过后没有人烟怎么办呢，兄妹俩又问白龟仙。白龟让他们滚磨成亲，从昆仑山上滚下来合在一起，兄妹俩就这样成亲了。后来又抟土造泥人儿，泥人活了。下雨天搬泥人，有来不及的用扫帚扫，胳膊、眼被扫住的就成了瘸子、瞎子。这就是伏羲女娲的传说故事。①

这是采访中皮精军讲述的伏羲女娲神话，叙事简洁明了，没有过多细节阐述，中规中矩，是较为典型的淮阳地区伏羲神话叙事。在淮阳地区广为流传的伏羲女娲神话主要叙事情节总结如下：

（1）人祖上学遇白龟（有时白龟幻化成白胡子、也有狮子的极少说法）；

（2）伏羲女娲（有兄妹或姐弟两种关系）送白龟食物（馒头或鱼）；

（3）天塌地陷（混沌）；

（4）白龟帮助获救（有说是狮子，只有一篇提到是葫芦，一篇是船）；

（5）占卜滚磨成亲（淮阳地区占卜手段多为滚磨，少数篇还有穿针、合烟、追人等。在成亲方面，有人认为没有成亲，磨没有合上；或成亲前是表兄妹关系；或本无亲缘关系，成亲后才称兄妹）；

（6）造人（有抟土造人、生下儿女百对、既抟土又生育人三种说法）；

（7）下雨扫泥人造成残缺；

（8）至今人身上灰难以搓净（该情节相对少于前面几部分）；

（9）出来时天没有长严而补天（用冰凌或五彩石）。②

淮阳地区流传的伏羲女娲洪水再生神话基本符合上述情节模式概括，但不一

---

① 受访者：皮精军，男，淮阳县个体经营户。访谈人：霍志刚。访谈时间：2015 年 8 月 1 日。访谈地点：淮阳市区陈州商城登云鞋店。

② 该情节模式概括综合了本人田野调查及《中原神话调查资料汇编》《淮阳神话传说故事》《太昊伏羲陵》《现代口承神话的民族志研究》《羲皇古都》《中华民族始祖太昊伏羲陵》等100 多篇神话传说及经词。

定包括上述所有情节单元。此外，上述叙事情节还会和女娲补天、女娲织天地、伏羲画八卦等叙事单元粘连起来，构成"淮阳地区伏羲女娲神话丛"。相对独立的神话丛又与伏羲女娲显灵传说等共同构成了"淮阳地区伏羲女娲民间叙事生命树"，且在一直在淮阳地区及周边不断鲜活生长传播。

在具体故事展开和不同情节单元组合方面，各讲述人又都有自己的特色，优秀的故事讲述人往往能够完整讲述情节的同时，注重细节的生动，善于与听众互动交流，讲述的神话宛如身临其境。采访中，李自荣就是这样的民间故事讲述人，她有知识文化，又经常给孙子、孙女讲述童话故事，在讲述伏羲女娲神话时能够巧妙将几个母题进行串联，注重生活细节的充实，讲述时出人意表又能够在逻辑上令人信服。笔者两次听李自荣讲述伏羲女娲神话。第一次是从大朱楼村回安岭镇的汽车上，时间较为仓促。第二次相比于第一次的讲述要细致生动许多，添加了许多生动的细节，如神话开头伏羲女娲生活环境的渲染、天塌地陷可怕场面的描绘，这与李阿姨给孙子讲童话时耐心细致的风格是一致的。同时，在这次采访前一星期时间，笔者告诉她说想听人祖爷的神话，越详细越好，她为此做了充分准备，并写了些东西帮助记忆。在不同讲述语境下，讲述人的讲述细致程度和神话母题粘合顺序也有所不同，而基本的母题没有太大变化。此外，讲述人与研究者之间的良性互动，给讲述人充分准备时间，多次采录同一讲述人的神话讲述进行对比分析是必要的。

需要指出的是，在淮阳地区，伏羲女娲神话的传播并没在一个封闭自足的环境中，实际上淮阳与周边地区乃至全国都有文化方面的交流。淮阳和周边的西华、太康、项城、周口、鹿邑、扶沟等地都是陈州故地，且现在归属周口市，这些市县交往频繁，民间信仰和风俗习惯等十分相似，在这一区域内流传着大量伏羲女娲的神话传说，该区域内香客在二月庙会到太昊陵祭拜人祖的时间内相互交流，促进了该区域内神话的传播与互动。西华地区的神话多以女娲为主人公，因该县有女娲城，相传是女娲建都之地，每月初一、十五香客不断。在调研中，淮阳和西华地区互相来往的香客很多，关于伏羲女娲兄妹婚和泥土造人的情节基本一致。

淮阳地区流传的伏羲女娲神话是否有陈州地区以外的异文？这是可以肯定的。在《淮阳神话传说故事》一书中就记录了白鹤飞于 2006 年搜集整理的《葫芦救伏羲女娲》，讲述一个天生神力的男子与雷公搏斗将其制服，雷公被捉后趁男子不在，骗两个孩子放了自己，送了他们种子。雷公发下洪水，两孩子靠长出的葫芦获救，通过滚磨、穿针、追妹妹等方式占卜成婚。生下好多孩子，后人称他们为人祖爷和人祖奶奶。① 这篇神话与我国湖南、云南、贵州等地区流传甚广的兄妹洪水后成婚神话如出一辙，又与当地流传广泛的白龟等救助不同，靠葫芦救助，也没有捏泥人的情节单元。这则神话很可能是由南方传入该地区或搜集者看到书面文献后整理而成，在结尾部分加入了淮阳当地对伏羲女娲的敬称。

此外，《淮阳神话传说故事》中还有杨牧于 1987 年太昊陵处搜集的一篇《人为什么知羞耻》，讲述了伏羲女娲在蛇的劝告下吃了上帝禁吃的果子之后知道了羞耻，上帝知道后大怒，对伏羲女娲和蛇都进行了惩罚；伏羲女娲崇拜蛇，蛇成了龙的主体，把蛇封为北方神。② 这则神话明显受到西方《圣经》中亚当夏娃偷吃禁果神话的影响，这与淮阳当地一部分民众信仰基督教的背景相关。讲述人龙姓老人朝拜伏羲不信基督教，却从基督教信徒哪里听到了这则神话，又加入了中国本土对蛇与龙的崇拜和四方神观念。神话中的上帝由宫娥彩女簇拥，架彩云下凡的场景也显然受到本土玉皇大帝形象的影响，是龙姓老人基于日常生活和信仰经验的想象。

由这些神话文本可以看出，淮阳地区的神话叙事与外界是相互沟通的，淮阳地区神话异文有外来部分，却始终没有构成淮阳当地伏羲神话叙事的主要组成部分，淮阳地区广为流传的伏羲神话仍遵循上面概括的叙事情节模式，保留鲜明的地方特色。值得思考的是，在利用芬兰历史地理学派的方法构拟故事类型和地域分布时，不能忽视一个地域内可能存在不同的叙事类型和文化传播的"飞地现象"，尤其当代传媒日益发达，淮阳地区民众可以接受文化的渠道更广，书籍、电视、网络、异地旅游等都可能接触到外部的伏羲神话叙事，这些新变化是学术界应该重视的。

---

① 杨复竣主编：《淮阳神话传说故事》，中国炎黄文化出版社 2007 年版，第 13—14 页。
② 同上书，第 55—56 页。

四、现代化语境下伏羲女娲神话的重构^①

伏羲女娲神话除了民间讲述人的传统传承方式之外，在淮阳地区还有一些现代表述方式，值得关注。这包括旅游中导游讲述活动和电视、网络等传媒的现代传媒方式，此外还包括神话在现代舞台表演中的重构。

（一）导游的神话讲述活动

1. 旅游业带动导游讲述

近年来，淮阳县委、县政府高度重视文化旅游业的发展，将旅游业作为淮阳城镇化建设的支柱产业，明确提出了"旅游带动"和"旅游突破"发展战略，把文化旅游业作为拉动县域经济快速发展的引擎来打造，加强景区景点建设和旅游产品营销，积极举办羲皇故都朝祖会暨中原古韵非物质文化遗产展演和中国淮阳龙湖荷花节等各类旅游节庆活动，提高了淮阳旅游的知名度和影响力。其中，以人祖伏羲文化为延伸的中华姓氏文化节影响深远，被省委、省政府确定为周口市必须举办的文化节会之一；羲皇故都朝祖庙会被吉尼斯世界纪录上海总部确定为"全球单日朝拜人数最多的古庙会"，单日客流达到 82 万人。太昊陵作为淮阳唯一 4A 级景区吸引众多游客，是旅游业发展的重要支柱。2013 年，淮阳接待游客 1696.3 万人次，同比增长 11%，旅游门票收入 11000 万元，旅游业综合收入 48.03 亿元，同比增长 16.3%。旅游从业人员近 2 万人。^②

淮阳县政府将淮阳旅游新格局规划为"一心两带"总体布局，将太昊陵与龙湖规划为淮阳旅游休闲核心区。还认识到文化是旅游的灵魂，将羲皇文化提升为中华民族的根文化、母文化，则有了全国，乃至世界级的旅游品牌，可以带动全市、全省，整合旅游资源；太昊陵文化旅游区的文化与历史遗产的区域必须严格保护，其外围地区则可以加以开发利用，羲皇文化可以通过某种形式在这些外围地区展现。必须让世界各地的游客在太昊陵文化旅游区切身体验到寻根朝拜、回

---

① 此部分详细内容参见霍志刚、王卫华：《现代化语境下伏羲神话的重构——以河南淮阳地区为个案》，《贵州民族大学学报（哲学社会科学版）》2016 年第 3 期。

② 淮阳县旅游局编写：《淮阳县"十三五"旅游业发展规划》，内部资料，未公开发表。

归传统文化的妙趣，接受历史与文化环境教育。①

　　正是在旅游产业兴起的背景下，太昊陵内的专业导游讲解活动开始活跃起来。太昊陵导游现在在编有十余位，大都是高中及以上学历。对于太昊陵导游的工作时间和收入情况，笔者询问了担任导游的刘女士，她介绍说导游讲述活动最活跃的时期也正是淮阳旅游旺季，集中于农历二月二至三月三的庙会期间，以及五一、十一假期的旅游黄金周，还包括当地为发展旅游业，结合淮阳龙湖自然风光举办的荷花节，每年夏季七八月份举行。每月的初一、十五来太昊陵旅游上香的人数增多，也是神话讲述活跃期。淮阳太昊陵导游职业讲述人的出现是与旅游业密切联系的，旅游业发展带动了伏羲神话的讲述，对神话资源进行了再利用，古老的伏羲神话叙事被赋予了新的意义，在旅游语境下神话由文化资源转化为文化资本，具有了经济价值。当然，导游讲述神话除了经济效益的动力之外，还包括了地方政府和太昊陵管理处宣传、弘扬伏羲文化的多重效益。

图 4-7　刘导游在介绍太昊陵导游培训情况

　2. 导游词底本编写的内容与特点

　　太昊陵导游词有几个版本，其中收录《太昊伏羲陵》一书的导游词底本最为详细。导游在上岗前一年多的培训时间内，要背诵熟记导游词，在带领游客参观过程中自然流畅地讲解出来。《太昊伏羲陵》一书的导游词介绍景点的顺序有太昊陵前的龙湖和蔡河—午朝门—玉带河—朱元璋建人祖庙的传说—道仪门—鸟

---

　　①　淮阳县旅游局编写：《淮阳县"十三五"旅游业发展规划》，内部资料，未公开发表。

柏—先天门—太极门—钟楼、鼓楼—统天殿（这是介绍主体，包括大殿介绍、伏羲像、《伏羲圣迹图》）—显仁殿—太始门—先天八卦台—耳柏—太昊伏羲陵—柏抱檀—蓍草园—子孙窑—岳飞观。根据导游词要介绍近 20 个景点，还穿插伏羲的神话、功绩和传说，这其中因为导游时间因素等考虑，自然有详有略，尤其以统天殿内介绍最为详细，一般为十分钟左右，约占整个导游带领参观时间的五分之一。①《伏羲圣迹图》的导游词底本呈现出几个明显的特点，使其与民间叙事传统中人祖神话讲述有较大不同之处，这直接影响了导游讲述伏羲功绩和神话的特色，其具体特点包括：

第一，呈现书面化特点，以古籍为源头。导游词底本的功能是供导游学习参考，便于导游规范、流畅地讲解，一般会注重口语性，同时一些地方的导游词还会从地方口头传统中汲取神话传说元素，使讲述更生动丰富。而淮阳地区的导游词则很少借鉴地方的人祖神话情节，更多的是直接从中国古代典籍中选取与伏羲相关的文献资料，来展现伏羲的文化创造功绩。在一些圣迹图的介绍中还保留着取材古籍文献的痕迹，如"刻书契"引用《尚书序》来佐证材料来源的可靠性，"以龙纪官"则引用了《竹书纪年》的大段材料，显得庞杂艰涩枯燥，这显然不符合导游讲述的实际操作需要，在真实讲述中是没有的。导游词底本的古籍来源据笔者考证，主要有：画八卦、造书契——《易传·系辞下》《史记序》《尚书序》；养牺牲——《路史·后记》《礼记·月令》；结网罟、兴渔猎——《尸子》《易传》《三皇本纪》《汉书》《路史》《纲鉴易知录》等；作甲历——《纲鉴易知录》《管子》；造干戈——《拾遗记》《太白阴经》；以龙纪官——《竹书纪年》《三皇本纪》等。导游词底本的撰写听取了文史专家的意见，以古籍文献为佐证，使导游词底本有了书面化特点。淮阳地区流传广泛的伏羲女娲兄妹婚和抟土造人的神话并没有被导游词底本所采用。

第二，对伏羲相关文献资料的系统化。关于伏羲的文献资料散乱分布于中国古代典籍中，太昊陵为了突出伏羲的伟大功绩，将其 13 个主要历史功绩以圣迹图的形式展现出来，展现出伏羲完整的一生，具有明显的逻辑性，这与中国古典神话比较零散、片段的状况大不相同。当然古代文献中《三皇本纪》《纲鉴易知

---

① 李俊志主编：《太昊伏羲陵》，海天出版社 2013 年版，第 391—399 页。

录》《路史》《淮宁县志》等文献典籍对伏羲功绩有初步系统整理，这对太昊陵导游词底本有重要参考价值。杨利慧在研究河北涉县娲皇宫的导游讲述时也发现这一特点，她指出："旅游业却致力于整合碎片化的民间知识。不必说底本的撰写者，即使每一个普通的导游，也好像是当地民间传统的荷马，他们会将口头传统与文献中零散、片段的神话加以串联和整合，并在具体的解说过程中娓娓道来，使神话呈现出系统化的特点。"① 旅游业和导游词底本整合的不仅是碎片化的民间知识，还包括古代典籍中的知识，从口头传统和书面传统中汲取资源，但是两类传统的借鉴比重是有考虑的，是旅游景区、专家和政府等综合力量作用的结果。

第三，伏羲神话的历史化。对神话的历史化是古今中外普遍存在的现象，公元前 4 世纪古希腊思想家欧赫美尔（Euhemerus）就提出神话史实说，认为神话中含有史迹，神话中的神和半神最初都是历史上实有的帝王或英雄，神话是被扭曲的历史。② 而中国古代神话记录也具有历史化的特点，将神话中的三皇等视为上古历史中的圣王。中国古人将神话当作远古历史看待。③ 神话历史化的现象不单单存在于古代，被古人所接受，即使到了今天，还有不少地方将神话中的人物及事迹与真实历史等同，作为地方的重要历史文化资源，其背后有地方政治利益和经济利益的推动。以神话研究者的视角，伏羲各种发明的古代文献记录，可以视为文化起源神话，伏羲是一位神话中的文化英雄，不一定是真实的历史。而淮阳地方政府和太昊陵在宣传中都将伏羲作为中华文化的重要开创者，作为"人文始祖"，历史上是实有其人的，在宛丘（今淮阳）定都，创造了诸多文化功绩，推动了中华文明的进程，这是不容置疑的、值得自豪的历史。导游词底本也延续了这一逻辑，极力推崇伏羲的历史文化功绩，将古代劳动人民集体创造的诸多文化成果集中于伏羲一人，这从历史学的角度来看是缺乏可靠依据的。不过从历史记忆理论的角度出发，这恰恰反映了地方上具有情感性的集体记忆，是地方文化认同的合理化建构的结果。在文化认同建构的过程中，不仅地方民众有普遍的价值和情感认同，地方政府也大力倡导，地方文化精英，包括学者参与其中，在一

---

① 杨利慧：《遗产旅游语境中的神话主义——以导游词底本与导游的叙事表演为中心》，《民俗研究》2014 年第 1 期。

② 杨利慧：《神话与神话学》，北京师范大学出版社 2009 年版，第 197 页。

③ 同上书，第 126—129 页。

定程度上推动了伏羲神话的历史化。

第四，地方的宣传与国家的在场。导游词编写的目的除了对伏羲功绩的介绍，也是地方文化品牌打造的重要手段。太昊陵管理处于副主任在访谈中便提及景区内的导游讲解和景区布展要起到对伏羲文化和淮阳地方形象的宣传作用，传递积极向上的文化价值。导游词底本中，淮阳作为伏羲的建都之地，不仅水草丰茂，适宜生存，还是伏羲建功立业的地方。因为伏羲在这里定姓氏，"所以说伏羲是万姓之根，淮阳乃万姓之源"；因为伏羲在这里制作了最原始的乐器埙，"淮阳也成为中国古乐器的发源地"；因为伏羲在这里画八卦，淮阳便成了中华文字的起源地。国家的隐形在场也使导游词增加了中华民族认同的元素，其中提到干戈的发明促进了中华民族的统一，而伏羲以龙纪官更是"这个在龙旗帜下的族群，经过六千多年的沧桑岁月，形成了一个强大的中华民族，屹立在世界的东方，龙便成了中华民族的象征，华夏子孙始称龙的传人，而龙的精神，一直是鼓舞中华民族自强不息的动力，促进祖国统一的旗帜，增强民族团结之魂"。从导游词的底本可以看出，伏羲成为了地方和国家认同的重要象征物，被挪用的伏羲神话具有了鲜明的地方烙印，也成为社会核心价值观的反映。从淮阳的导游词底本可以发现神话的地方化不仅体现在神话与地方风物的附着粘连，还突出表现为该神话讲述中所渗透的地方自豪感和认同感。通过伏羲功绩的讲述，淮阳和国家被联系在一起，淮阳成为了中华文明的重要起源地，神话带有了一定的政治性，文化遗产被作为重要的文化资源被重塑再造，被赋予新的意义，发挥着新的功能。

散文体伏羲神话在淮阳地区的传承和讲述主要是在太昊陵内，而主力军并非来上香的香客，香客以演唱人祖经为主。事实上，在太昊陵内最为常见的人祖神话讲述活动是导游对游客的讲解。全云丽在 2005 年调研中也发现，"如今导游的讲述可谓平日里太昊陵内最为普遍发生的人祖神话讲述"①。讲解的地点一般选在统天殿内的《伏羲圣迹图》之前，会讲述伏羲出生、画八卦、分姓氏、制干戈、以龙为图腾等功绩。这一组圣迹图由原太昊陵管理处负责人霍进善撰写、李

---

① 杨利慧：《现代口承神话的民族志研究——以四个汉族社区为个案》，陕西师范大学出版总社有限公司 2011 年版，第 285 页。

乃庆倡议，经过专家探讨，是根据古籍文献编纂，与淮阳当地伏羲神话传说有一定距离。导游在讲解中力求真实可信，将伏羲功绩视作真实远古历史讲授给游客。在显仁殿女娲像前，导游会讲述淮阳当地流传较广的伏羲女娲历经洪水后成亲的神话，一般讲述时间较短，不过一两分钟，情节也十分简单。经采访了解，这些导游经过专业导游培训，有关于太昊陵的讲解稿，其中就有伏羲女娲神话，是由太昊陵管理处领导审阅过的。游客们喜欢听伏羲的历史传说，这是导游们讲解的动力。导游所提供的有偿讲解服务中加入了伏羲神话传说，增加了讲述的文化内涵、凸显了景点特色，也是民间神话资源在当代旅游产业中的应用与重构。

图 4-8　导游在《伏羲圣迹图》前的讲述

政府和导游作为较为强势的文化传播群体对于民间叙事会产生一定影响力，导游对于民俗传承和建构有着不可估量的作用：在外地游客看来是当地民俗宫殿的看门人和入乡随俗的引路人，是流动群体某种程度上值得信赖的一批固定群体，对民俗的有效传承和价值导向起到重要作用（可能是正向或负向的作用）。导游讲述这种民俗或民间文学传承具有自己的优势，也有模式雷同化、理性化等倾向。一些民间故事讲述人也多次提到导游的讲解活动，认为与自己的本土神话讲述有距离，不过一部分地方故事讲述人坦诚自己借鉴了导游的部分神话传说讲解，导游讲述活动构成了现代伏羲女娲神话传承的重要一环，其作用不容忽视。导游的神话传说讲述活动与本地资源的结合，又体现出官方主流价值引导，是导游需要解决的问题，一些导游在讲述中只遵循导游词，书面气息较浓，限制了神话的口头传承。

（二）现代媒介和非遗保护语境下的伏羲女娲神话

1. 现代媒介记忆下伏羲神话元素的再加工

高丙中指出："我们立足于一个当下的时间来看待民间文学的话，对它的生命力就会有足够的重视……现代技术出现的时候是我们思考民间文学的思维边界出现的时候。不要继续把现代技术视为民间文学的边界。因为现在我们就生活在现代技术所支撑的一个时代，现代技术是我们民间文学的工具。"[①]

在当代淮阳地区口承神话传说调研中，的确发现现代传媒等对伏羲神话和传说产生的影响：担花篮经词演唱者现在用现代音响话筒设备来保证演唱的质量；录音机播放的经词可以作为担经挑表演的伴奏；电视台节目录制人员频繁出现在淮阳庙会与太昊陵，对担经挑表演进行录制与宣传，担经挑正由娱神转变为娱神娱人加表演性质的活动，这里也包括部分人祖经的演唱；以往口耳相传为主要传播方式的伏羲神话，现在有了新媒介的介入，淮阳政府网站上有了伏羲女娲神话，来展现淮阳人文历史。广播、电视、手机、光盘等也加入到了伏羲庙会和神话的传播中去。

2005 年以来，人祖庙会和姓氏文化节上，各路媒体对伏羲庙会民俗的反复宣传，使得伏羲文化和神话传说重新被人们认知，不仅提高了淮阳伏羲神话的认知度，而且重新建构起民众对地方文化知识的记忆，增强了淮阳民众的地方自豪感。2005 年人祖庙会期间，中央电视台《走遍中国》栏目介绍了淮阳地方人文，解说词涉及伏羲的神话传说：

> 我们已经知道，太昊伏羲氏是中华民族三皇之首，百王之先。他从诞生到成就伟业都与龙瑞有关。伏羲是母亲华胥氏受青虹感应而生，他的形象明显带有龙的特征，史书上称之为"人头蛇身""头有特角"。在大约 6500 年

---

① 马文辉、陈理主编：《民间文学类非物质文化遗产保护研究》，中国社会科学出版社 2015 年版，第 32 页。

前，太昊伏羲氏带领自己的部落由甘肃成纪沿黄河东下，定都宛丘，也就是今天的河南省周口市淮阳县。淮阳太昊陵统天殿内有一组壁画，是后人为纪念伏羲氏肇始文明业绩而雕刻的。在这里，他作网罟、养牺牲、造甲历、画八卦、定姓氏、制嫁娶，奠基了中华远古文明，以其功绩和圣德团结、统一了华夏的各个部落……

在这一解说词中，突出伏羲作为中华人文始祖在文化方面做出的贡献，将伏羲时代形成的龙图腾作为中华民族的象征。这与政府所倡导宣传的伏羲形象是一致的，也对当地知识精英和受过教育的民众有较大影响力。这对淮阳打造"羲皇故都"城市品牌具有推动作用，提高了淮阳作为伏羲故都的知名度和影响力。

而 2009 年由太昊陵赞助拍摄的《天地传奇》上映，是对伏羲神话的一次革命性重构。该剧是由曹荣执导，何琳、焦恩俊、曹荣领衔主演的古装神话剧。2009 年 1 月 30 日于 CCTV-1 首播，该剧取材自流传于河南民间的伏羲和女娲的神话故事，围绕着伏羲开天辟地、创造八卦、女娲造人、炼石补天等传说展开。该剧在太昊陵一展览厅连续滚动播放数月，产生了较大反响，电视剧中塑造了伏羲女娲的英勇无畏形象，是伏羲神话应用于影视产业的有益尝试。不过这部 23 集的神话古装剧距离神话原貌已经很远，在剧中加入了天庭神仙争斗、爱情纠葛等情节。从局部来看，该剧中的创造八卦、炼石补天等与传统吻合，而整体上与淮阳地区广泛流传的伏羲女娲得到白龟救助洪水过后抟土造人的叙事传统相去甚远。正如林继富老师所说："现代传播媒介记忆下改编的民间文学保留传统的东西很少，更多的是个人思想作用下的现代精神和时代色彩，口头文本中缺失的内容常以创作者的创作来补充。"①《天地传奇》应属于神话主义的产物，是对神话元素的再加工，符合了当前大众文化消费的需求，配合现代声光特技等科技能够对观众产生较强艺术感染力和"光晕效应"。该剧也在客观上扩大了伏羲神话的影响力，是对伏羲女娲英雄形象的重新建构。而作为有巨大影响力的中央电视台，许多民众及一些民间故事传承人表示在讲述伏羲神话时受到该剧的影响，并

---

① 马文辉、陈理主编：《民间文学类非物质文化遗产保护研究》，中国社会科学出版社 2015 年版，第 232 页。

认为剧中的叙事是真实可信的。例如叶圣芝在讲述女娲神话时，就借鉴了剧中女娲补天的情节。

此外，太昊陵景区为了推动景区宣传，弘扬伏羲文化，2016 年还投资拍摄电视剧《伏羲传奇》，对淮阳地区的人祖神话和文献中的神话进行了挪用和重构，增加了更多现代观念和审美需求，相对于民间叙事有了更为丰富曲折的情节。这也在另一方面证明了神话主义在遗产旅游和电子媒介中是可以建立有机联系，起到相互推动作用的。太昊陵景区希望通过该电视剧提升景区知名度，扩大影响力，吸引更多游客；而导演也希望获得景区的资金和人力支持，通过在太昊陵众多游客中宣传提高电视剧的收视率和经济效益。

除了电视媒体，淮阳地区的人祖神话和经词还通过网络进行了传播，在淮阳县政府官方网页上就有对淮阳文化的文字介绍，其中包括较为完整的伏羲女娲兄妹婚神话的文本。是官方推动伏羲文化传播的有机组成部分，以此来打造淮阳的"羲皇故都"城市品牌。2015 年淮阳伏羲庙会的担经挑文艺表演通过手机微信等渠道广泛传播，也产生了一定影响力，笔者便是从微信中获取到了淮阳庙会期间 6 次非遗展演的节目单。而在各大门户网站，如优酷视频中不乏淮阳地区的担经挑表演，这种演出活动通过网络能够迅速传播且保留时间长，不受时空限制。但是在伏羲神话演述的语境方面，失去了很多生活气息，也缺乏在场感受的震撼力和艺术感动，而表演艺术所具有的"光晕效应"可能会随着观众"不在场"而减弱，观众能否从中享受到神话演述的魅力是有疑问的。

2. 非遗保护助推"传统的发明"

2006 年，伏羲祭祀大典入选第一批国家级非物质文化遗产之后，太昊陵祭祀大典正式在非遗语境下进行保护，拍摄录制祭祀相关的影像资料，二月庙会期间在太昊陵前的文化广场举办非遗展演，定期举办非遗宣传活动等。在保护太昊陵建筑、传承伏羲祭祀大典的同时，伏羲神话传说也得到了关注。淮阳县非遗保护中心组织乡文化站开展民间文学类非遗的普查工作，共搜集了 1500 个条目，其中有不少伏羲女娲神话异文；在太昊陵内，每周五、六、日 9 点至 10 点之间，还有祭祀伏羲的文艺表演，将朱元璋获救登基后祭拜伏羲的传说生动展现出来，在保护非遗的同时，丰富景区旅游活动。

此外，在非遗语境下对非遗传承人进行了奖励激励机制，淮阳地区担经挑表演成为河南省非遗项目，对人祖经等经词进行了搜集整理和数据库存储。对以宋秀梅为代表的许楼担经挑表演队给予 3000 元补贴，并准备请相关专家进行艺术指导和培训。① 这种官方引导激励机制对淮阳民间文艺和伏羲女娲神话传承有助推作用，能够形成示范效应，打消一部分香客担经挑的精神顾虑，不简单视为封建迷信一味批判。不过这种非遗语境下的政府认定和奖励人员毕竟是有限的，与淮阳数量众多民间传承人不成比例，许多优秀的地方经词演唱者并未成为官方认定的传承人，在传承人评选机制的公开透明方面也应予进一步关注。

伏羲神话在当代顺应淮阳非遗展演活动的需要被改编成了一些舞台表演，这些表演包括叶圣芝导演的《女娲造人》和李自荣导演的《女娲补天》等。在创作这类表演节目时，几位老艺人都注重从民间神话传统中汲取营养，合理借取淮阳地区流传的散文体伏羲神话和经词，主要采用传统担经挑的经词调，又加入一些快板。在服饰方面追求与伏羲女娲原始社会生活状态相符合，采用艺人自己设计的树叶状裙子。叶圣芝在创作《女娲补天》担花篮剧目时，受到了当地流传很广的伏羲女娲神话和人祖经启发，在剧目中引用了不少传统经词段落，以增加剧目与传统的联系，丰富文化内涵。这些神话剧的演出是淮阳地区民间艺人大胆创新的结果，也迎合了淮阳打造羲皇古都文化品牌的需要。这种演出活动二月会在太昊陵广场开展，获得领导、专家和群众的好评，许多表演队和民间经词演唱人也开始学习，这种伏羲神话的舞台表演形式成为了新的民间叙事传统，正在被更多民间艺人传承与再建构。

英国历史学家霍布斯鲍姆提出"被发明的传统"这一概念，指出："它既包含那些确实被发明、建构和正式确立的传统，也包括那些在某一短暂的、可确定年代的时期中（可能只有几年）以一种难以辨认的方式出现和确立的传统。"②《女娲造人》等神话剧也是近年来被发明、建构的传统，每年在人祖庙会上演出。"事实上，只要有可能，它们通常就试图与某一适当的具有重大历史意义的过去建立连续性。"从表面来讲，淮阳地区的神话剧是在非遗展演背景下催生出来的，而深层原因在于当地民间艺人试图与自己视为神圣历史的伏羲女娲时代建立联

① 受访者：淮阳县非遗保护中心卢主任。访谈人：霍志刚。访谈时间：2015 年 8 月。访谈地点：淮阳非遗保护中心。

② ［英］霍布斯鲍姆、兰格：《传统的发明》，顾杭、庞冠群译，译林出版社 2004 年版，第 1 页。

系，寄托他们对伏羲、女娲的敬仰感激之情，是对久远历史集体记忆的回应。这种近年来被发明的传统是伏羲女娲神话的现代表述方式之一，是淮阳地区民间文艺演出与民间口头传统有机结合的成果，适应了当前淮阳非遗展演的需要，成为了当地新发明的传统。

五、淮阳地区人祖与人祖神话的功能

"功能"一般是指从客观角度考察一个文化现象在一定的语境中对于个人和社会群体的存在和发展所起到的作用。功能主义学派代表人物马林诺夫斯基提出了"文化迫力"的概念来进一步阐释文化的功能。他认为文化能够满足个人和社会发展的需要。伏羲及其信仰和神话对于信仰圈内的民众也具有重要的功能，满足了民众和社区发展的多方面需求。需要指出的是伏羲神话并非孤立地发生作用，而是和伏羲信仰、仪式、庙会、政治、经济、地方文化传统等交织在一起，综合产生作用。伏羲神话功能的发挥受到社会政治和文化变迁的影响，也会随着社会发展具有历时性的变化。伏羲神话和信仰密切联系，神话成为信仰的语言表述形式，而信仰则是内在的心理认同，往往会通过仪式行为、语言、崇拜物等表现出来。伏羲及其神话的功能是紧密联系的，伏羲所具有的神职往往通过神话和灵验传说得到确认，获得信众普遍信仰；而伏羲神话则围绕伏羲展开，因为民众对伏羲的信仰而具有了神圣性，两者存在互文的关系。只不过为了阐述方便，本节将伏羲的功能与伏羲神话的功能分开论述。

（一）淮阳地区人祖的功能

伏羲在淮阳地区被称为"人祖爷"，主要将其视为创造人类的祖先，始祖神成为伏羲的主要神格。在淮阳的口头传统和民众信仰中，人祖爷和人祖姑娘一起创造了人类，至于创造人类的方法有不同的变体，一说是人祖爷与人祖姑娘滚磨成亲后孕育人类；一说是人祖爷与人祖姑娘没有成亲而是捏泥人变成了活人；还有说法是人祖爷与人祖姑娘既结婚生子，又捏泥人，两种方法结合创造了人类。伏羲作为人类的祖先被敬仰，在信众看来他是可亲又可敬的。来太昊陵上香的信众往往以祭祀祖先的方式祭拜伏羲，庙会和清明节期间要给人祖爷上坟添土，而平时要绕坟叩拜，这与对其他神灵的祭拜方式是不同的。民众认为自己与人祖爷有亲密的血缘关系，所以将自己视为人祖爷的儿女，更愿意将自己内心的苦闷与愿望向人祖爷倾诉。中国乃至世界各地信众对于神灵一般都存在敬畏心理，既敬仰又保持一定距离，认为神灵是高高在上的，不能唐突神灵，要遵守禁忌，怕一不小心得罪神灵受到严厉的惩罚。而淮阳地区的民众对于人祖爷却更多的是亲近敬重，像对待自己的老父亲一样，不需要害怕人祖爷，在他们看来"有啥话都可以和人祖爷说"，人祖爷成为了自己忠实的听众和赐福者。在淮阳人祖庙会期间，有大量的守功者，他们在人祖庙大殿或午门前守候在人祖爷旁边，像是围绕在其膝下的儿女一样。守功人往往将自己的行为看作是陪伴在人祖爷身边守护尽孝的行为，这与中国传统文化中"慎终追远"的孝悌观念是一致的。

在民间信仰中，人们会根据个人的一些需求，赋予神灵神性或功能，一个神灵也可能会有多方的职能。伏羲除了始祖神格之外，在淮阳地区还具有赐子、治病、卜卦、主婚、赐福、送财、保地方平安等诸多神职，伏羲几乎是无所不能的，而不同的祈愿习俗也随之产生。在淮阳民众看来，到太昊陵内求子十分灵验，这与人祖爷创造人类的信仰观念密不可分，在他们看来人祖爷既然能够在上古时代创造人类，那自然也能够在现代赐予人们孩子。所以人祖庙会期间来求子的人众多，并产生了具有丰富文化内涵的太昊陵求子习俗：

第一，摸子孙窑。子孙窑位于太昊陵显仁殿的基石上，是一个直径约 2.5 厘米的圆洞，深度约一指，被香客摸得光滑油亮。子孙窑象征女性的生殖器，带有女性生殖崇拜的寓意。摸子孙窑似乎是一种相似率作用下的巫术行为，求子者往往在向伏羲女娲求子后摸子孙窑，以满足自身愿望。

第二，拴娃娃习俗。一般多是求男娃娃，反映出传统社会重男轻女的观念。求子者进入显仁殿内，选中神像下喜欢的娃娃，然后用红线拴住小心翼翼放到衣服里，一路喊着娃娃回家，路上不要回头或停留，回到家里将娃娃放在床头几天，以此求得子嗣。等到求子成功后要来太昊陵还愿。

第三，送（竖）旗杆习俗。在求子如愿以偿，喜得贵子之后，要等孩子年满 6 岁或 12 岁的时候前来还愿。请一班响器，从午朝门开始一路吹吹打打进入太昊陵内人祖坟前。孩子身披红布，寓意红红火火，大人拿着香和旗杆，甚至抬着丰厚的一桌贡品，到人祖坟前烧香摆供，孩子和家人给人祖爷磕头，之后将旗杆竖在人祖坟上或靠在坟边。这一方面寓意孩子已经长大，健健康康，对人祖爷表示感谢，另一方面也希望人祖爷继续保佑孩子平安，事业有成。而旗杆由一头削尖的红色木棒和方斗形状的木盒组成。一些学者的观点认为这是对男性生殖崇拜的文化遗留。而当地人说法是竖旗杆代表着男孩子以后出人头地，竖旗杆代表着家里有男丁，旗杆形状与古代考中举人等树立的旗杆类似，树立旗杆则是希望孩子以后可以成人成才。而方斗状的木盒在地方民众看来是装粮食的斗，寓意谷物丰收，不缺吃穿。

　　除了这些求子习俗，还有担经挑等也带有求子祈福的性质。伏羲所承担的赐子功能与这些求子习俗紧密结合在一起。人祖爷与人祖姑娘还被地方民众视为婚姻之神，因为在地方口头传统中，天塌地陷后他们滚磨成亲成为最早一对夫妻，孕育人类，又制定了婚姻礼仪，这样人祖爷与人祖姑娘便成为婚姻的守护神。依据传统习俗，淮阳地区新婚后的青年男女要到太昊陵祭拜，获得人祖爷与人祖姑娘的护佑。而未婚没有对象的男女青年可以来太昊陵请求、祈祷，根据民间信仰，不久便可以心想事成。笔者也在这样的文化语境下，也忍不住祈祷、许愿，获得一份慰藉，缓解家人催促带来的心理焦虑。这也是未婚青年男女较为普遍的心态。

　　伏羲在河南淮阳、甘肃天水地区除了被视为人祖之外，还是医药之神，这可

图 4-9　太昊陵内摸子孙窑

能受元代以三皇为医药之神的祭祀所影响，伏羲多与神农、黄帝一起被视为"药王"。在民间信仰中，人祖伏羲能够医治各种疑难杂症。太昊陵人祖坟前不时有香客用纸包空中飘落的香灰，以此作为药物，认为能够治疗疾病。而遇到疑难杂症，在医院无法有效医治，或深感医药费负担过重时，便到人祖神像前或人祖坟前祈祷、许愿、祭拜，希望获得人祖的眷顾。尤其遇到一些精神方面的疾病或受惊吓等引起的疾病，往往来祈求康复。根据香客们的说法，有些疾病是医生可以治好的，有些是需要求助神灵的。除了直接祈求、许愿之外，一些香客还找到太昊陵附近的巫师，让巫师与神灵沟通帮助消灾、祛除疾病。

人祖伏羲还被视为卜卦之神，为创制八卦的祖师。淮阳地区占卜行业盛行，庙会期间太昊陵前及画卦台附近占卜算命者每天有几十人，这些占卜者往往借助伏羲的名号称自己通晓八卦，为人算命谋取钱财，他们奉伏羲为祖师爷，长年供奉，定期祭拜。

所谓的神性也是人性的反映，人们在信仰神灵的过程中，将个体对于外在事项的关注和期盼，投射到对神灵的神性与职能的期盼之中。不同阶层、不同时代的人们所关注和期待不同，神性和神职也会随着发生变化。而人祖伏羲作为淮阳及周边地区影响最广、最为著名的大神，被无数香客赋予更多期待和职能，可谓是"期待越大，能力越大，神职越多"。而民众口碑两极分化使得人祖灵验的传说不断增多并扩大影响，形成了累积效应，这样就形成了浓厚的人祖信仰氛围。

（二）人祖神话的功能

1. 巩固传统习俗、强化人祖信仰

马林诺夫斯基强调神话在生活中的作用，形成了功能主义学派神话观，其主要神话见解集中于《巫术、科学与宗教》和《西太平洋航海者》两部著作。他认为："神话，作为对依然存在于现代生活中的远古现实的描述，作为先例为我们提供了远古时代的道德价值、社会秩序与巫术信仰等方面曾有的模式。因此神话既不是单纯的叙事，也不是某种形式的科学，或艺术或历史的分支，或解释性的故事。在了解传统的特性与文化的延续、青年与老年的关系以及人们对过去的态度等方面，神话都具有独特的功能。简要地说，神话的功能就是巩固和增强传

统，通过追溯更高、更好、更超自然的最初事件赋予传统更高的价值和威望。"①

淮阳地区的伏羲神话在社区文化传统中发挥着重要的功能价值，正是伏羲女娲兄妹婚创造人类的神话才确立了其"人祖爷"的崇高地位。在神话中人祖还创制了八卦和婚姻制度等，正是因为神话中的这些贡献，他才被地方民众世代纪念，形成了一年一度盛大的人祖庙会，从农历二月二至三月三，吸引着周边几个省的几百万民众前来上香祭拜。而且在人祖神话的影响下，庙会期间盛行一系列求子的仪式习俗和守功活动。每年二月二还有隆重的伏羲祭祀大典。这些信仰仪式的盛行固然与淮阳地区流行的人祖灵验传说有一定关系，但是灵验传说毕竟是带有个体经历的、常常以隐秘的形式传承，只是在一部分信仰群体中分享，没有形成全局性、广泛性的认同。而人祖神话则恰恰提供了民众广泛认同的叙事基础，为人祖信仰的产生和传承提供了重要的依据和支撑作用。而且兄妹婚的神话将人祖与民众的关系拉近，使民众产生共鸣性的"祖先情节"，因为人祖的巨大贡献而具有强烈的地方自豪感和自信心，这样就为人祖信仰的巩固奠定了坚实基础。

图4-10　太昊陵广场的守功人

---

① ［美］阿兰·邓迪斯：《西方神话学读本》，朝戈金等译，广西师范大学出版社2006年版，第238页。

面对现代化的冲击，许多神灵信仰趋于淡化，但是淮阳地区的人祖信仰依然保持着鲜活的生命力，不少青年人也自愿参与进来，这与人祖神话的传承有密切关系。虽然接受过科学文化知识的洗礼，一些知识分子和青年人仍保持着对伏羲这位人类祖先的敬意，对他的创造发明满怀敬仰。伏羲神话不仅通过口头和书面形式在淮阳地区流传，更是以潜移默化的形式沉淀在民众心底，淮阳民众谈及伏羲都亲切地称之为"人祖爷"，也会随之唤醒这一称谓之后的人祖神话，这可以算作是"潜在传承的神话"。"人祖爷"的称呼及其祭拜仪式就像是水面上的冰山一角，水下潜藏的是更为深厚的为民众所认同的人祖信仰和神话观念。没有人祖神话及其信仰观念，那么淮阳人祖庙会和祭拜仪式习俗将成无源之水、无本之木，将会失去民众信仰的基础。正如马林诺夫斯基所说："神话在原始文化中具有不可或缺的功能：它表达、增强并理顺了信仰；它捍卫并加强道德观念；它保证了仪式的效用并且提供引导人的实践准则。"人祖神话构成淮阳民众世界观的重要组成部分，并且是社区信仰习俗活动的宪章。

2. 解释功能

神话中往往带有对自然和社会现象的起源、含义和特征进行阐释的内容，带有初民对世界的认识和一定的想象，这被称为神话的解释功能。这种解释常引用上古发生的事件来证明和肯定现存的自然和社会秩序。原始初民乃至现代社会的民众对人类生活的世界普遍存在好奇心，带有强烈的解释欲望。在人类早期，科学尚处于萌芽的时代，人们凭着有限的知识经验对生存的世界和秩序作出大胆的阐释。随着社会的发展和科学的进步，人类认识世界和改造世界的能力得到解放，对世界的解释能力得到提高，但是这种能力是不平衡的，在文化不发达的地区神话的解释功能仍发挥作用。神话解释功能既满足了民众认识世界的愿望和需求，也有对自己信奉神灵的虔诚敬意，将一些现象的产生归功于崇拜的神灵。

淮阳地区的人祖神话便带有对自然和社会现象的解释性。在人祖兄妹婚的神话中叙述了人祖爷和人祖姑娘急着从白龟的肚子里出来，等出来看时发现天还没有长严，两人便用冰来补东北方向天上的窟窿，这样一刮东北风人就觉得冷。这里用形象生动的神话叙事解释了刮东北风天冷的原因，这在淮阳不识字的民众那里仍被视为唯一的答案，在信奉人祖的香客中流传。在人祖兄妹造人的神话中解释了残疾人的来历，人祖兄妹捏泥人，一次下雨天来不及——抱进屋里，兄妹二人便用扫帚将泥人扫进屋里，于是有的泥人便缺胳膊缺腿，变成了残疾人。这一神话情节是神话思维的产物，泥人可以具有灵性变为活人，而一次打扫造成的缺失可以一直影响之后的世界秩序。神话将人类出现残疾现象的根源追溯到了人类诞生之初的一次偶然失误。用泥人的残缺和人类的残缺作对比，也有泥人不能见水的日常生活常识的渗透，十分通俗易懂，这样便于在无文字社会的传播，这种解释比现代社会基于基因科学的解释要简单得多。神话解释功能仍具有一定生命力不仅仅在于科学普及度不够，而且在于神话解释更加简单明了，以形象生动的方式满足了人类的好奇心，充满了童真童趣，对儿童更具有广泛的吸引力。神话的解释功能为我们认识世界提供了一种独特视角和可能性，也许对思考人类自身更具有启发意义，珍视这种神话解释就是珍视人类所拥有的梦，是保护文化多样性的表现。

淮阳地区流传的人祖神话不仅对人类如何诞生、如何会有残疾人、刮东北风为何天冷等宏大、根本的问题进行探讨，还有对地方风物的解释，与地方传说有相通之处，呈现出神话的地方化。如解释淮阳画卦台的来历，认为是人祖在此地游玩，恰看到水中白龟背上的花纹图案，由此创立了八卦，这里便称为画卦台。而画卦台内有奇特的柏树，从哪个方向看向哪个方向歪，在地方神话传说中认为是人祖为了纪念画八卦的地方，在这里栽种一棵柏树，不小心栽歪偏向南方，人祖用脚踩根部，又歪向了东边，结果形成了奇特的柏树景观。在一些淮阳人祖神话中解释了龙湖的由来，被认为是洪水过后留下的湖泊，伏羲女娲就在这里生活并创造人类。将地方风物融入人祖神话，反映了民众借助传统叙事资源来肯定现存生活环境和秩序，在满足民众解释欲望的同时，也充满对乡土热爱和自豪感。

3. 对群体的凝聚和维系功能

人祖神话及其信仰对于信仰圈内的民众具有重要的凝聚作用，成为个体之间、个体与群体之间相连接的情感纽带，使前来祭拜人祖的民众形成文化和精神上的认同感。每年农历二月二至三月三的人祖庙会都吸引着大批群众自发前来给人祖爷上香、添坟，甚至自发组织为朝祖会以团体形式祭拜。每月初一、十五和庙会期间，为人祖爷表演的队伍络绎不绝，他们担经挑、唱经歌、划旱船、舞狮子、祭拜等形成了具有凝聚力的表演团队和信仰组织。通过人祖神话建构起"天下人都是一母所生"的观念，使四面八方前来上香的群众有了共同的祖先，有了共同的血缘，参加对同一祖先的追念与感恩，使来自异质文化背景下的群众有了增强凝聚力的纽带，使庙会上洋溢和睦、热情、亲切的氛围。在淮阳只要提到是去太昊陵给人祖爷上香的，遇到的人会十分热情地打招呼，相互问候。

在庙会上还有大量的人祖经歌传达着这种"万姓同根、一母所生"的思想。如当地流传广泛的《老盘古安天下》经歌最后唱道："时间长生下儿女百对，天下人咱都是一个母亲。到如今担花篮哪有远人，到如今哪有远人。"还有的经歌中唱道："讲起来全世界一母所养，讲起来全世界一个老根。"这些经歌都宣传所有人都是人祖兄妹的后代，要互亲互敬，相互关爱。不管香会内外成员，无论是否认识，人祖神话和信仰维系着人们的认同感和归属感。许多来淮阳的香客认为自己到太昊陵是来认亲，到太昊陵便找到了自己的家。甚至有些香客来到太昊陵一住便是几个月或数十年。人祖庙会语境下，这是一个消除经济、地域、文化差别的神圣性、狂欢性场域，每个参与的个体都是以自由平等的身份参与进来，共享祭祀民俗与文艺表演，体现出了巴赫金所提出的"狂欢性"。

图 4-11　来自海内外的拜祖团

人祖神话和信仰还对海外华人、华侨、港澳台同胞具有凝聚力，他们来淮阳寻根拜祖尽显赤子之心。2016年农历二月初二的伏羲祭祀大典有来自台湾、香港等地区的同胞和来自新加坡、美国、泰国等国家的华人、华侨等，他们共同祭拜人祖伏羲，为中华民族的伟大复兴祈福。台湾伏羲庙还多次在人祖庙会期间与淮阳太昊陵联合参与祭祀伏羲的仪式。他们不仅寻根问祖，还为地方的经济发展提供智力支持和资金支持，推动了我国的现代化建设，促进了中华民族的团结。人祖神话和信仰所带来的凝聚力不仅对于社区文化的建设有重要意义，对整个国家的发展和统一都具有不可估量的价值。

4. 教化和规范功能

中国古典神话中的神灵、始祖大都具有教化格调，往往成为善良与正义的化身，具有集体主义和奉献精神，似乎受到儒家"圣王"观念的影响，如因治水三过家门而不入的大禹、尝百草而牺牲的神农、禅让德治的尧舜等。而在民间口头流传的神话中，神灵和始祖的个性更加丰富，呈现更多人性的色彩，不过教化意味并未淡化。

在淮阳流传的人祖神话中，主人的形象既贴近普通人，又兼有崇高美，闪现出人性的光辉。人祖爷与人祖姑娘都十分善良，看到路边倒地的老爷爷（由白龟变成）都急忙上前救助并坚持送馍，因此得到了回报，融合了动物报恩的叙事类型。人祖爷与人祖姑娘在创造人类的过程中历经磨难，甘于奉献，教人类掌握生存的技能，俨然是一对慈祥的父母，在地方经歌中唱道："那时候造了人没有粮吃没有衣穿怎样生存，女娲娘带儿女采野果吃野菜来度饥儿，没衣穿没啥吃采树籽儿，那时间女娲娘吃多苦，才为人造天下落下人根儿。"经歌唱出了女娲带领儿女艰难生活，繁衍人类的境况，这对当代人发扬艰苦奋斗的精神仍具有教育意义。一些老人也以人祖教育自己的儿孙，例如李自荣便以人祖爷上学的例子来激励自己的孙子好好读书。

李自荣以神话教育孩子的做法在当代颇有现实意义。当今物质生活水平提高，孩子成长环境更为优越，也往往容易被溺爱，缺乏生活的磨砺，可能会贪图享乐。而李自荣用人祖神话教育自己的孙子要像人祖小时候一样不追求吃穿，不怕吃苦，认真学习，以寓教于乐的方式讲述了"艰难困苦玉汝于成"的哲理，这对孩子成长大有裨益。正如美国民俗学家盖托所说："一个民族的神话系统通常即是它的教育系统，那些坐着听夜间故事的孩子们所吸取的有关传统的知识和习俗不比我们现代学校中六年级的学生少。"① 淮阳地区用人祖神话来教育孩子吃苦耐劳和人祖信仰相关的传统，作为教育资源帮助孩子完成社会化。

人祖神话不但对青少年有一定教育意义，对于成人和社会都具有教育引导作用，与信仰相结合更对信仰圈内的民众起到规范功能。人祖神话通过救助老人、文化的创造发明等叙事情节，弘扬了乐于助人、开拓创新的优秀品德，符合社会主义核心价值观念。在淮阳及周边地区，民众还普遍相信伏羲、女娲能够知晓各人是非功过，在适当时机——裁决，"善有善报，恶有恶报"的信仰观念在信众中流行。这也对民众行为具有一定约束力，将违反神灵意愿和道德的事情视为禁忌，相信做坏事难以逃脱神灵法眼，"举头三尺有神明"，终会受到神灵惩罚。这在一定程度上有利于对自身的道德约束和社会的稳定。淮阳地区的民众还喜爱以经歌的形式表达自身社会诉求和看法，认为人祖手托八卦，能够洞察世间善恶，会做出应有裁决。叶圣芝便采用人祖经的形式来发表自己对官员的看法，表达了惩恶扬善的美好愿望。

5. 调节娱乐功能

神话除了在神圣仪式场合讲述之外，还可能在日常生活中被当作娱乐故事来讲述。杨利慧在《神话一定是"神圣的叙事"吗?》一文中认为，"神话并不总是被确信无疑的，它的讲述并不一定总是在神圣庄严的气氛中、在信仰和宗教仪式的场合下举行的。"人们对于神话的信仰程度有相当大的差异性，甚至在同一社区内也存在异质性，并非是均质和等同的。在淮阳地区，人祖神话除了在人祖庙会中演唱之外，还可能被作为民众日常生活"唠嗑"（聊天）中的叙事资源，起到调节身心、增加趣味性的作用。

对于神话神圣性与娱乐性关系的问题，应该历时性、分语境来看待。在人类早期和古代农业社会，相当一部分神话都作为神圣的叙事进行传承，民众对于神灵和神圣的叙事普遍存在认同。淮阳地区的人祖神话在传统社会有广泛的信仰基础，在 20 世纪 30 年代郑合成编著的《陈州太昊陵庙会概况》中记录了人祖兄

---

① ［英］阿兰·邓迪思主编：《世界民俗学》，陈建宪、彭海斌译，上海文艺出版社 1990 年版，第413 页。

妹婚神话，并提道："这个故事，流传得及其普遍，村妇老妪，均可以从头到尾，详详细细地说给你听，社会都觉得这段历史真确、可靠、不容否认。"而随着时代的发展，科学知识的普及，人祖神话的可信度在民众中受了质疑，尤其是那些人祖信仰群体之外的民众只是将其视为带有神奇浪漫色彩的故事来讲述，讲述的目的是供大家一笑。杨清泉便认为人祖兄妹婚的神话就像是《西游记》中的故事一样都是编出来的，哈哈一笑就可以了。而有意思的是他的爱人李自荣阿姨则对人祖兄妹婚神话中持相信的态度，认为天塌地陷、兄妹成婚繁衍人类的情节都是真实发生过的历史。对于神话是否具有神圣性的问题应该分不同人群来看待。而不同语境下同一神话所发挥的功能是不一样的，例如李自荣阿姨在朝拜人祖的太昊陵中演唱人祖经起到娱神和表达信仰的功能；在给自己孙子讲述的过程中起到的主要是教育功能和一定的娱乐功能；在和邻居聊天的语境中则是通过人祖神话起到交际和娱乐的功能。

6. 伏羲女娲神话被赋予新的功能

随着政治和社会语境的变迁，淮阳人祖神话的神圣性在递减，在现代化语境中世俗功利性的影响在增强，神话在现代社会中被挪用和重构，从社区日常生活语境中移入新的语境中，被赋予新的功能。市场经济的背景下，伏羲神话和信仰被作了重要的文化资源被直接或间接地应用，转化为文化资本和商品来获取经济效益。20世纪90年代以来，尤其是21世纪以来，淮阳旅游业的兴起，"文化搭台、经济唱戏"的经济发展模式得到推广，淮阳县人民政府大力打造"羲皇故都"的文化品牌。伏羲神话作为文化资源在遗产旅游中被导游讲述，作为文化消费品，直接从游客那里获取收益；而伏羲神话和信仰更多的是作为文化资本进行再生产，通过人祖庙会的平台发展庙会经济，不断吸引海内外的民众前来参观并参与到庙会的市场消费中，创造了巨大的经济价值。以太昊陵旅游为支柱的淮阳旅游业获得了丰厚回报，以人祖神话和信仰为基础的产业链也在逐步形成，庙会期间销售上香用品的大小商户有500家以上。淮阳泥泥狗销售也有意识地与伏羲女娲抟土造人的神话等联系起来，作为品牌宣传的传统文化资源，成为庙会期间畅销的文化产品。与伏羲相关的神像和纪念品也有不错的销量。

在非物质文化遗产保护语境下，伏羲神话和信仰被作为重要的文化遗产被重新认识和保护，这与以往官方对于民间信仰的政策有所不同。伏羲祭祀大典被列入国家级非物质文化遗产名录，与伏羲信仰相关的诸多民间文艺表演和技艺也进入了非遗保护的名录，如担经挑舞蹈被列入了河南省非遗名录，泥泥狗制作也列入了国家级非遗名录。淮阳及周边地区传承的人祖神话和经歌也得到淮阳县非遗保护中心的重视，被作为非物质文化遗产来普查、搜集、记录和数字化保护。每年在人祖庙会上开展的"河南省非物质文化遗产展演"活动也会邀请淮阳县和全国各地的非遗表演团队进行文艺汇演，充分利用吸引大量游客和信众的人祖庙会平台，促进了非遗保护的宣传。

图 4-12　淮阳大朱楼非遗表演团队合影

在城市品牌建设的语境下，地方政府对于神话也进行了新的阐释，赋予新的意义和功能，人祖神话成为淮阳悠久历史的佐证，"羲皇故都，北方水城"成为了淮阳独有的品牌宣传标语。利用"伏羲"作为地方和民族象征的文化符号，增强了地方民众的认同感和自豪感，也扩大了淮阳这一县级城市在全省，乃至全国的知名度。调研中，许多地方民众以生活在"羲皇故都"而自豪，遇到各地不少专家学者因为人祖庙会和祭典而认识了淮阳。

在新农村建设的语境下，人祖神话和信仰基础上形成的民间文艺表演推动了社区文化共同体建设。这些民间文艺表演丰富了民众的文娱生活，而且将农村不少的"留守老人"组织起来，娱神娱人，促进了身心健康。不同村落开展具有特色的民间文艺表演，成为了淮阳新农村文化建设的重要组成部分，响应了习近平总书记提出的"看得见山，望得见水，留得住乡愁"的新农村建设目标。每年二月人祖庙会及每月初一、十五，淮阳各乡镇的民间文艺表演团队还会齐聚太昊陵演出，增进交流和学习，加强了地方文化认同和凝聚力，推动了社区文化共同体的建设。

结　语

虽然现代化对民间神话传说与传统民间文艺表演有冲击性，但是淮阳地区的伏羲女娲神话、民间文艺传统绵延不绝，甚至更为兴盛，这与淮阳独特的伏羲信仰沃土密不可分，与淮阳自然和人文构建的生态小环境相关。这集中展现在每年人祖庙会和初一、十五祭拜人祖的时间，在时间选择方面体现出非日常性，是淮阳地区神圣时间里的活动；在空间上又不约而同地聚集于太昊陵，来祭拜伏羲这位老祖先，通过担经挑表演等娱乐身心、敬献神灵、沟通天人，在空间上显现出神圣性，传统神圣时间和空间里的表演与现代表演娱乐性交织在一起。

淮阳地区伏羲神话和信仰历经历时性变迁。从古代至 20 世纪 40 年代以前，淮阳地方民众普遍将人祖神话视为真实发生的历史，具有神圣性；而新中国成立之后到"文革"时期，伏羲信仰和神话在淮阳受国家政治影响由公开转向私下，家庭传承成为主要传承方式；到了 20 世纪八九十年代，随着改革开放，伏羲信仰得到恢复，人祖神话讲述重新活跃起来，一些搜集整理和研究工作也得以开展；21 世纪之后，新媒介和遗产旅游影响到伏羲神话的讲述，传播媒介更加多元化，形成了导游为代表的新的神话讲述权威。

对当代神话传承和现代表述方式进行探讨，应关注到神话在旅游中的应用，在非遗语境、文艺表演语境和现代传媒语境下的传播；古老的伏羲信仰与神话还可以转化为文化资本，在现代文化产业中发挥自己的独特功能。这些方面构成了丰富多样的伏羲信仰现代表述方式，既扎根于传统，又指向现代，具有鲜明的民族性、地域性和时代性。古老始祖神话与信仰资源在当代能够展现出鲜活的生命力，这与淮阳地区具有朝祖圣地太昊陵、画卦台相关，也与民众治病、消灾、娱乐、生存发展的经济需求等密切相关。伏羲信仰的现代表述方式是政府积极引导、民众热情参与、民间组织出力、专家指导、商业赞助等共同作用的结果。

伏羲和伏羲神话在淮阳地区发挥多重功能，这是神话得以传承的重要因素。伏羲被地方民众视为人类的最早祖先，传递着崇宗敬祖的孝悌观念，人祖发挥着地方保护神、药神、送子神等神职，是民众信仰杂糅和实用观念的体现。而伏羲神话发挥着巩固人祖信仰和地方传统、解释人类起源、教化和规范、维系族群和地域认同等多重功能，还在当代被赋予了新的功能，诸如将人祖伏羲打造为地方文化品牌、利用人祖神话作为导游讲述的文化资源、推动社区文化共同体建设等。

（霍志刚，郑州大学文学院助理研究员）

第五章　山东济宁地区的伏羲女娲神话

王均霞

济宁市地处山东省西南部，鲁中山区与鲁西平原交接地带，总面积为 11187 平方千米。当地主要农作物有小麦、水稻、玉米、甘薯、棉花等。其辖区内矿产资源，尤其是煤炭资源丰富，全市含煤面积 4826 平方千米，占全市总面积的 45%，是全国重点开发的八大煤炭基地之一。同时，该市地处淮河流域的南四湖水系[①]下游，境内河道众多，水流充裕，京杭大运河贯通全市，历史上被誉为"东鲁之大郡，水陆之要冲"。[②]现济宁市辖二区二市七县，分别为任城区和兖州区二区，曲阜市和邹城市二市，微山县、鱼台县、金乡县、嘉祥县、汶上县、泗水县和梁山县七县。[③]

该地是我国古代文明的重要发祥地之一，历史文化资源极为丰富，其中尤以儒家文化影响最大。众所周知的孔府孔庙、孟府孟庙就分别坐落在济宁曲阜和邹城，而曾子故里则位于济宁嘉祥县。就风土人情而言，当地人受儒家文化的影响极重。

该地的伏羲文化源远流长。据传，夏朝时期，青帝太昊伏羲氏后裔的有仍氏部族在济宁地区建立了仍国。古代由于仍、任二字同音，在周朝实行封国时，仍

---

①　南四湖水系是指南阳、独山、昭阳、微山四湖，四湖连成一体，统称南四湖，是我国北方地区最大的淡水湖泊。

②　参考济宁市政府外事办公室编：《济宁要览》，山东友谊出版社 1988 年版；徐炳熹主编：《济宁大观》，山东友谊出版社 1989 年版；济宁市统计局、国家统计局济宁调查队编：《2017 济宁统计年鉴》，http://tjj.jining.gov.cn/module/download/downfile.jsp?classid=0&filename=4e37df67f4ed4d3f94fb832b1adad859.pdf。

③　济宁市统计局、国家统计局济宁调查队编：《2017 济宁统计年鉴》，http://tjj.jining.gov.cn/module/download/downfile.jsp?classid=0&filename=4e37df67f4ed4d3f94fb832b1adad859.pdf。

国被封为任国。①时至今日，该地汇聚了众多与伏羲女娲相关的寺庙。当地民间歌谣说："黑风口，龙马道，哩哩啦啦爷娘庙"，说的就是凫山山系邹城郭里镇和微山两城镇之间存在众多伏羲女娲庙。除此之外，济宁地区以蜚声中外的武梁祠为代表的汉画像石石刻中也有诸多与伏羲女娲相关的汉画像石。可以说，济宁地区是伏羲女娲神话的重要讲述区域。但与其他地区如甘肃天水、河南淮阳、河北涉县等地的伏羲女娲神话叙事相比，学界对济宁地区的伏羲女娲神话叙事的研究不足。有鉴于此，本调查报告试图整体地勾勒山东省济宁市伏羲女娲神话叙事系统，在此基础上，以邹城市郭里镇爷娘庙村羲皇庙（民间称爷娘庙）为中心，呈现济宁地区的伏羲女娲神话叙事的当代形态。

为完成本调查报告，课题组于 2019 年 7 月和 2019 年 10 月开展了田野调查，前一次调查由王均霞独立完成，后一次调查，除王均霞外，华东师范大学民俗学专业研究生李闪闪和陈静也参与其中。本调查所使用的调查方法为参与观察与访谈。在调查过程中，同时使用了录音笔、照相机与小型 DV 机等设备进行了录音录像等工作。田野调查过程中，得到邹城市文化馆非遗办主任王崇印与邹城市图书馆卢峥的帮助，特此致谢。

一、济宁市的伏羲女娲神话叙事形态

济宁地区的伏羲女娲神话有着与其所处的文化区域以及时代背景相适应的文化特色。一方面，在儒家文化的强大影响之下，无论是民间还是官方的伏羲女娲神话叙事似乎都受到了某种程度的抑制。这种抑制表现在伏羲女娲神话故事的相对单一性以及更强调其所具有的史实性质的一面。在课题组的调查中，只有唐王重修和滚磨成亲两个文本是被普遍讲述的，文本相对单一。另外，许多受访者，尤其是男性受访者更愿意讲述庙宇的历史及其他相关史实，而不愿意讲述相关神话传说。当被要求去讲述这些神话传说的时候，讲述者也会下意识地强调这是"传说"而不是"历史"。但另一方面，在新的非物质文化遗产保护的社会语境中，诸多与伏羲女娲相关的庙宇都作为当地的一种文化资源在政府的支持下得以

---

① 徐炳熹主编：《济宁大观》，山东友谊出版社 1989 年版。

复兴。在政府的主导下，相关的伏羲女娲祭祀活动变得兴盛，伏羲女娲神话的宣传也一定程度上展开了，伏羲女娲神话的相关叙事有了新的时代特征。还有一点值得注意的是，在现代化与全球化的社会大背景下，随着人们受教育程度的普遍提高以及人口流动性的增强，当地伏羲女娲口承神话叙事日渐式微，代之而起的是新的景观图像叙事与仪式行为叙事。

（一）济宁市的伏羲女娲神话地域分布

山东省济宁市的伏羲女娲神话叙事的主要分布在邹城市、微山县、嘉祥县以及泗水县等地。比较而言，邹城市的相关遗迹较多：郭里镇有羲皇庙遗址、峄山有女娲洞以及女娲造峄的传说（见附录）。另外在邹城市内离孟府孟庙不远，过去还有一人祖庙，今已不复存在，但仍有一条街被命名为人祖庙街，有一医院被命名为人祖医院。除邹城市内的伏羲女娲相关庙宇与景点外，微山县两城镇有伏羲庙，嘉祥县长直集村有伏羲庙，泗水县有伏羲庙遗址，曲阜市有伏羲庙遗址。

以上提及的诸多伏羲庙中，邹城市郭里镇的羲皇庙和微山县两城镇的伏羲庙有明显的对应关系。这两个庙宇相去不远，羲皇庙庙会的时候，有许多两城的乡民来赶庙会，伏羲庙庙会的时候，郭里镇的乡民也会赶去。两个庙宇分享了相似的伏羲女娲神话故事，如唐王重修和滚磨成亲，也有着相似的景观命名，如两个地方都有叫老磨台的景点等。嘉祥县长直集村伏羲庙中的伏羲女娲与其他如太阳奶奶、泰山奶奶诸神一起，还同杨家将中的诸多人物形象共立一庙，具有一定的独特性。另外，济宁地区以嘉祥县武氏祠为代表的汉画像石中也有大量关于伏羲女娲神话图像的呈现，这也是重要的伏羲女娲神话叙事资源。

（二）伏羲女娲神话的叙事形态

传统的伏羲女娲神话叙事形态研究主要关注口承神话。近些年来，在非物质文化遗产保护的语境中，许多地方的伏羲女娲神话的叙事方式日益从一种民间主导的叙事模式转向一种更趋官方主导的叙事模式。在这种新的叙事模式中，除了传统的民间口承神话叙事之外，新兴的景观图像叙事、仪式行为叙事也开始被广泛采用。济宁地区的伏羲女娲神话叙事形态也明显呈现出这样的特点。例如，在邹城郭里镇爷娘庙村羲皇庙和微山两城镇刘庄村伏羲庙的伏羲女娲神话叙事中，除了传统的口承神话叙事之外，还广泛地存在着伏羲女娲神话的景观图像叙事和仪式行为叙事。

1. 以地方景观为中心的口承神话叙事

此类神话叙事仍然是济宁地区最广泛存在的神话叙事方式。在邹城郭里镇羲皇庙和微山两城伏羲庙周边地区的相关神话叙事中，最经常被讲述的就是唐王重修和滚磨成亲两个神话故事。唐王重修的故事的主要情节为：唐王李世民还未当皇帝时领兵打仗，路过该地。人困马乏之时，遇到一位老太太，便向老太太讨吃的和水。老太太拿出一口小锅，在锅里放了一把米煮粥。粥熟之后，李世民的官兵排队舀粥，锅里的粥是"尽喝尽有"，一直到官兵全部吃饱，锅里的粥也没有了。李世民记着老太太的恩德，他得天下之后，便派人来修庙。当地一些人认为该故事中的老太太就是女娲。滚磨成亲的故事的主要情节为：大洪水之后，世上只剩下伏羲女娲兄妹二人。天神让他们兄妹二人成亲繁衍人类，伏羲女娲兄妹二人通过滚磨棋的方式验证天意，结成夫妻，繁衍人类。在郭里镇羲皇庙周边乡民的讲述中，伏羲女娲分别在东凫山和西凫山滚磨棋，磨合在一起的地方叫老磨台。在两城镇伏羲庙周边乡民的讲述中，伏羲女娲则分别是在凤凰山和老磨台山滚磨棋的。目前，滚磨成亲的故事已被列入济宁市市级非物质文化遗产代表作名录。除了这两个最广为人知的故事之外，还有一些与当地地方景观相关的伏羲女娲口承神话，例如，在郭里镇羲皇庙周边还流传着皇井拔杉条的故事（见附录，已被列入邹城市级非物质文化遗产代表作名录）、卧奶奶和卧奶奶殿的故事以及女娲和她的十八男十八女的故事等（详见下文）。

整体来说，该地区的伏羲女娲神话口承叙事内容相对集中，通常依托当地伏羲、女娲相关的地方景观展开，内容涉及滚磨成亲、庙宇的建造过程及少量其他相关景观的阐释。当下，随着人们受教育程度的提高以及人口流动的加快，当地愿意而且能够讲述伏羲女娲神话的乡民越来越少。在课题组的访谈中，当被问起伏羲女娲的故事的时候，当地人常常说，我不会讲，你去问有年纪的[①]，他们知道。他们所说的有年纪的通常是指 70 岁以上的老人。

---

① 有年纪的，济宁地区方言，意为年纪较大的老年人。

2. 伏羲女娲神话的景观图像叙事

景观图像叙事也是伏羲女娲神话叙事的重要方式。济宁市内各区域的伏羲女娲口承神话无不依附于实体景观，例如，各地均有伏羲女娲相关庙宇遗迹，许多地方还修建了新的景观，如邹城羲皇庙旁边新修了朝拜广场，并正在兴建伏羲文化产业园；泗水地区新修建了伏羲广场。这些新景观与旧庙宇一起成为当代伏羲女娲神话的重要表征方式。另外，伏羲女娲神话的图像叙事形态尤为突出。以嘉祥武氏祠为代表的汉画像石中的伏羲女娲神话叙事与当地乡村街头民俗画中的伏羲女娲神话叙事尤其值得一提。

济宁地区以武氏祠为代表的汉画像石以视觉图像的形式呈现了有关伏羲女娲的内容。与当代民间的伏羲女娲的视觉形象不同，目前所见济宁地区的汉画像石中的伏羲女娲形象更为古老。在这些汉画像石中，伏羲女娲均为人首蛇身，通常手持规、矩（也有一些伏羲女娲共同持日），伏羲在左，女娲在右，二者呈交尾状态。例如，在著名的武梁祠西壁画像中，有一幅画了西王母、伏羲、女娲、祝融、神农、黄帝、颛顼、帝喾、尧、舜、禹、桀等古代传说中的帝王图像。其中，伏羲女娲处在画面的第二层最左边，均为人首蛇身。伏羲在左，女娲在右，伏羲执规，女娲执矩，蛇尾相交，他们中间还有一蛇尾小儿。研究者认为这代表了"阴阳交合生殖"的意思。[①] 在武氏祠后石室第五石上又有伏羲女娲交尾图。画面中，女娲在右，伏羲在左，女娲持规，伏羲执矩，女娲身后有两个人身蛇尾的侍者，伏羲身后有一肩生双翼，腿作双尾的仙人。在武氏祠左石室第四石上的伏羲头戴斜顶高冠、女娲头戴五梁华冠，女娲执规，伏羲执矩，二者两尾相交，背向而去。[②] 除武氏祠中的汉画像石外，济宁市其他地区的汉画像石中也有诸多与伏羲女娲相关的画面。例如，在邹城黄路屯出土的画像石中有一幅伏羲女娲与东王公的画像石，伏羲女娲分列东王公两侧，共同托起一轮太阳。在嘉祥纸坊镇敬老院中发现的一块汉画像石中，有一块上刻一头戴山形冠、三角眼、阔嘴露齿，双足中间垂一尾的仙人，一手抱伏羲，一手抱女娲。伏羲、女娲手中分别持

① 廖群：《先秦两汉文学考古研究》，学习出版社2007年版。

② 本部分对武氏祠中相关伏羲女娲汉画像石的描述，主要参考了朱锡禄先生编著的《武氏祠汉画像石》。参见朱锡禄编：《武氏祠汉画像石》，山东美术出版社1986年版。

图 5-1　嘉祥县武氏祠伏羲女娲汉画像石拓片

规、矩，长尾卷向身后上方。①在微山县两城镇出土的永和四年（139）小祠堂画像石中，有一块描述的是西王母、伏羲、女娲的画面。伏羲女娲分列西王母两侧，伏羲在左，女娲在右，均为人首蛇身，手执便面。②整体来说，济宁地区的汉画像石中的伏羲女娲通常是成对出现的，且均为人首蛇身，多数伏羲在画面的左侧，女娲在画面右侧，二者手中分别持规、矩。

　　另外，在非物质文化遗产保护的时代背景下，由当地政府相关部门推动，当地人也将神话叙事诉诸更为直观的街头民俗画。在口承神话叙事日渐式微的情况下，这种神话叙事方式在乡村街头却日益普遍。与口承神话叙事内容相对单一的特点相比，这类神话叙事的内容却是相对丰富的，涉及文献记载中关于伏羲女娲创世功绩的主要方面。

---

① 朱锡禄编：《嘉祥汉画像石》，山东美术出版社 1992 年版。
② 张从军：《黄河下游的汉画像石》(下)，齐鲁书社 2004 年版。

在郭里镇爷娘庙村主干道的街头上，以庙西村党群服务中心为中心，当地人以民俗画的形式讲述了伏羲女娲的创世神话。主要内容包括伏羲画八卦、女娲补天、伏羲结网捕鱼、伏羲养牺牲以供庖厨、伏羲女娲滚磨成亲、伏羲氏刀耕火种播耕植蔬发展农业等神话内容。其对伏羲女娲相关功绩的描述均来自文献，与当地的伏羲女娲神话的口承叙事和相关景观的关系不大。而微山两城镇的伏羲庙周边村落民俗画中的伏羲女娲神话叙事则具有明显的在地化特征，与当地的口承神话以及当地地方景观密切相关。这些民俗画内容涉及伏羲的主要创世功绩：象天地以创八卦、结网罟以教民渔猎、制嫁娶肇启文明、正姓氏以别血缘、养牺牲以充庖厨、尝百草而制九针、种五谷转向农耕、建房屋成大聚落、作甲历始有年月、造琴瑟摊庆升华、发明工具以济万民、钻木取火以教人熟食、创造书契以代结绳之政、制礼仪以教化、以龙命官以分理海内、定四方并分四季。女娲的主要创世功绩：抟土造人、补天、始创笙簧、斩黑龙、治理大洪水等。尽管伏羲女娲的创世功绩描述也主要依据相关文献，但画面所呈现的相关景观却以当地景观为主。例如，当地的凤凰山被视为伏羲画八卦之处的画卦山。在关于伏羲女娲创世功绩的多幅民俗画中凤凰山都被处理成画面的背景，同时当地的伏羲庙也被画在了画面中。

图 5-2　邹城市爷娘庙村街头伏羲女娲滚磨成亲民俗画

3. 伏羲女娲神话的仪式行为叙事

伏羲女娲神话的仪式行为叙事与民众的信仰生活实践密切相关，例如，河南淮阳太昊陵庙会上的"担经挑"和"人祖经"演唱，实际就表演和唱诵了伏羲女娲的神话故事。① 今天，在非物质文化遗产保护的时代背景下，伏羲女娲祭祀大典在各地均有举行。这些新的伏羲女娲祭祀大典成为十分重要的伏羲女娲神话的展演场合。近些年来，在济宁地区，邹城羲皇庙和微山伏羲庙三月三伏羲女娲祭祀大典也成为展示伏羲女娲神话的重要方式。这些祭祀大典将伏羲女娲神话叙事诉诸仪式中所使用的器物、仪式中的舞蹈以及相关歌曲。例如，在邹城羲皇庙遗址的伏羲女娲祭祀大典中，就使用了渔网、陶器等与伏羲创世功绩有关的器物，当地反映伏羲女娲兄妹婚神话的民歌也被配乐演唱。②

二、若干有代表性的伏羲女娲神话流传地及其流传概况

济宁地区有代表性的伏羲女娲神话流传地包括邹城市郭里镇爷娘庙村羲皇庙遗址、微山县两城镇伏羲庙和嘉祥县卧龙山镇长直集村伏羲庙。目前，郭里镇羲皇庙遗址和微山县伏羲庙遗址均被列入全国重点文物保护单位。郭里镇羲皇庙遗址被整体地保护起来，不再重建。当地政府在遗址旁边不远的地方修建了伏羲朝拜广场，并正在兴建伏羲文化产业园。微山县两城镇伏羲庙自 20 世纪 90 年代以来陆续重塑了伏羲、女娲像，重建了女娲殿等。嘉祥县卧龙山镇长直集村在最近几年里也重修了伏羲庙，庙中增加了诸多神灵的神像，尤其是杨家将中的相关人物的塑像。与郭里镇羲皇庙以及两城镇伏羲庙相比，该庙庙宇相对简陋而且规模小，其特色在于它更具民间性。

本部分将主要对微山县两城镇伏羲庙和嘉祥县长直集村的伏羲庙及相关的神话传说的讲述与流传情况进行概述。邹城市郭里镇的羲皇庙遗址及相关伏羲女娲神话的讲述与流传情况将放在本章的第三部分进行详细介绍。

---

① 参见赵腊梅:《论淮阳民间艺术"担经挑"》,《民俗艺术》2009 年第 2 期, 以及本书第四章。
② 杜淳:《人文资源视阈下的伏羲信仰活态传承实践——以山东邹城为例》,《世界宗教文化》2019 年第 5 期。

（一）微山县两城镇伏羲庙

微山县两城镇刘庄村西伏羲庙，北依凤凰山，南临独山湖，是济宁市现存最早的伏羲庙庙宇建筑，2013年被列入国家重点文物保护单位。近些年，随着非物质文化遗产保护的兴起，当地相关政府机构也非常注意对伏羲庙的相关文化资源的挖掘和利用。首先，在每年的农历三月三传统的伏羲庙庙会时间，当地政府主导组织了相关祭祖活动。其次，在伏羲庙周围村庄，如刘庄和东寨的主干道街头墙上都画了跟伏羲女娲创世纪相关的民俗画，并制作了伏羲女娲神话的动画片以作宣传。以下将对当下伏羲庙的整体空间布局以及相关的伏羲女娲神话叙事进行描述。

1. 伏羲庙的历史与空间布局

微山县两城伏羲庙的特点为陵上建庙。伏羲庙建筑在伏羲陵之上，伏羲陵陵台高4.6米，长40.5米，宽34.6米，面积为1401.3平方米。该庙的建筑主体属于宋代建筑样式，原是一组完整的古建筑群，前为伏羲殿，殿后为女娲殿、关帝殿、魁星殿等，陵前还有钟鼓楼，寺庙之外还有伏羲洞、圣母池泉等。伏羲庙古建筑群始建年代不详。写于南北朝时期的《魏书·地形中》中有高平郡伏羲庙的记载，该庙被认为是两城伏羲庙。[①]1995年伏羲庙修庙时，工作人员发现12根石质内柱上有北宋刻字，其中一处为"时大宋熙宁七年甲寅戊戌塑岁次乙卯三月二十三日……"[②]，专家据此认为该庙是山东少有的宋代建筑。另外，庙内还有元明清时期留下的修缮庙宇的石碑。

伏羲庙在"文革"时期遭到毁坏。据当地齐先生介绍，"文革"期间这里曾被改做学校，一开始是初中，后来改做小学。当时庙宇里建了两排做教室的瓦房，但仍然不能满足学生的需求，有些学生便被安排在大殿里上课。当时大殿里没有神像，神像是1995年时重塑的。现在庙宇陵上仅存伏羲殿和女娲殿，伏羲殿保持了其历史形态，女娲殿则是1995年重修的。以下将从伏羲庙的庙门开始，整体地介绍现在伏羲庙的空间布局。

---

① 王志民主编：《山东省历史文化遗址调查与保护研究报告》，齐鲁书社2008年版。

② 林言椒主编：《中国历史学年鉴1997》，生活·读书·新知三联书店1998年版。

图 5-3　微山伏羲庙

从朱漆的庙门进入之后，即可看到在庙门口左右两侧空地上各有一八卦图，用黑白鹅卵石铺成，从门口踩着磨盘铺出的小道可达。八卦图旁立一块牌子，写着"先天八卦图"。往前，伏羲陵下右前方有一口井，井边立一碑，碑上写明"皇井"，旁边还立一块红底白字的牌子，写的是唐王李世民的故事：

> 皇井，相传为伏羲与女娲生活用水之井，后唐王李世民东征时带兵在此驻扎，适逢大旱，全军人马皆饮用井水，后军队凯旋，感恩此井，册封为"皇井"。该井的水柔美甘洌，从古至今从未干涸。

伏羲陵左前方有宣传画栏，以图文形式介绍了伏羲女娲的创世功绩。伏羲陵左后方又有一口井，上扣一口金钟，取警钟长鸣之意。伏羲庙现有的空间布局主要为近两年重修新建，正对着庙门的是伏羲陵，伏羲陵前置一大香炉，上书"伏

164

羲庙"。顺着石板铺成的台阶拾级而上，正对台阶的是伏羲殿。伏羲殿为宋代建筑，殿后为女娲殿。

伏羲殿位于伏羲陵的正前方，伏羲陵台阶前的牌子介绍了伏羲殿的相关情况：

> 伏羲殿，为祭祀中华民族的人伦始祖、"三皇"之首的伏羲所建，建造年代不详。据记载，魏朝时期就已成为名胜。该殿几经损毁、修缮，现存主体为宋代所建，为单檐歇山式建筑，八柱六重梁九檩，是中国现有的伏羲殿中历史最为久远的一处。

伏羲殿殿长 17 米，宽 9 米，高 14 米，屋顶覆盖绿色琉璃瓦，上有滚龙大脊，垂脊上还饰有青龙、凤凰、仙鹤、荷花、神童、玉女等，四角有风铃。[①] 伏羲殿殿中间立伏羲塑像一尊，塑像被置于红色的神龛之上，神龛整体为大红色，饰以金色的花纹，黑色的立柱。神龛门楣正中书"人伦之始"。黑色立柱从左至右，书"立极同天德合乾坤万事文祖 开物成务道传今古百王仪则"。神像左右两侧置塑料鲜花，分别为荷花梅花和杜鹃花，神龛前的红色的供桌上置供碟五个，酒盅三个。供桌右侧置黑色的磬一个。供桌左右分别置一把红色的椅子，左侧椅背上挂了红布。供桌前方置功德箱。功德箱前置拜垫五个。中间三个是正方形的，其上图案为八卦图，两边的两个则是六角形，其上图案为莲花。伏羲神龛两侧立有元中统二年（1261）重修伏羲圣祖庙碑、明万历四十一年（1613）重修伏羲庙碑两通。另外，殿中墙角还摆放了一些周边民众送来的财神、观音等神像。

女娲殿位于伏羲殿后，重修于 1995 年。女娲殿墙壁上有两块嵌入墙壁的石碑，分别记述了女娲殿的修建和女娲像塑像的情况。记述女娲殿修建的碑文非常简洁："据鱼台县志载此处曾筑女娲殿关帝殿文昌阁后毁于乱世一九九五年季修缮伏羲庙时在女娲殿旧址上重铸此殿"，落款为"公元一九九五年五月 传冉书"。记述女娲塑像的碑文也非常简洁，内容如下："女娲殿原有塑像早年损毁

---

① 孙玉红、杨恒海：《中华文明起源初探：伏羲文化》，光明日报出版社 2012 年版。

一九九七年仲春恢复此像供奉殿中万民瞻仰　赵明程木雕制作　助款单位　微山县酒厂　助款人　萧太森　陈宝祥　赵凤山　郭庆彦　裴济华　陈广银　陈庆瑞　陈庆平　陈维宝　陈庆桂　陈维元　陈宝贞　陈宝芹　陈宝庆　郭修身　刘运奎　微山县文化局立于一九九八年二月　传冉　书　郝尚春　刻"，女娲殿内的女娲塑像，身披霞帔，立于红色的神龛之上，其前饰以金黄色帷幔，神龛上方黑底红字书"女娲补天"。神龛前置供桌，供桌两侧摆放着粉红色和红色的塑料花，以及罄、空的果碟和酒杯（大概在初一、十五烧香的时候会摆放供品）等，供桌前置一功德箱，功德箱左右两侧各置一盖了红布的椅子，左侧还放一束塑料牡丹花。功德箱前摆三个带有八卦图的拜垫。另外，在店内墙角还放了个巡游时所用的万民伞。

2. 伏羲女娲的口承神话

在课题组对伏羲庙周边村落如刘庄、东寨村进行调查时，课题组试图请一些年龄在50—70岁的村民讲述伏羲女娲的故事，但所获寥寥。幸运的是，在伏羲庙里，当地人齐先生为课题组讲述了李世民修伏羲庙和滚磨成亲的神话故事，这些神话故事除了故事发生的地点不一样外，故事内容与邹城市郭里镇羲皇庙周边人们所讲述的神话文本有许多相似之处。相关文本如下：

李世民修伏羲庙 [①]

当时就是说，李世民亲征的时候，路过这个地方，人困马乏，也没有粮食，也渴也饿。路过这个庙，正好遇见一个老太太。他就给老太太说，老太太给点水喝吧，也渴了也饿了。老太太就拿了一个锅，做了一些米粥，吃了之后，这个粥盛也盛不完，所有的兵马都吃饱了。李世民觉得是神在帮助他，他说我亲征完之后，一定重修这座庙。他觉得这是神在帮助他。又一次呢，他又路过这一块儿，他把这件事给忘了，有好多蜜蜂围着他不让他走，他突然想起来了，还有这么一个心愿。于是，他就花巨资重修伏羲庙，修九十九间。当地派了一个官员来负责修庙，他就修建了九间。为什么呢？他

---

①　讲述人：齐先生，男。讲述时间：2019年7月25日。讲述地点：微山两城伏羲庙内。记录人：王均霞。

把那九十间的资金都给贪了。李世民当时就说我拨完资金了，这个庙修得怎么样了，就派了一个官员来看看。贪官听说上边来人，就害怕了，觉得罪责难逃，这边有个井，就跳下去了。派来的官员一看他跳井了，就把那个井封死了。用铁箅子封死了，四周用钉子卯上了，叫他永不得超生。上边还挂了一个大钟，就是警钟长鸣。

滚磨成亲 ①

　　大洪水之后，就剩下伏羲女娲两个人了，要繁衍人类。但是他俩是姊妹俩哟，没法结婚。有一个神托梦给他们，说你们必须得结婚，繁衍后代。这两个人还是不同意。这是神的意思。（神说）你两个人一人背一个磨，这个山上一个磨盘，那山上一个磨盘，然后从山上往下滚磨盘，如果这个磨盘滚到山谷里合体了，这就是神的旨意，恁两个就必须得成亲。（伏羲女娲滚磨盘），这个磨盘就合体了，（两个人）就结婚了。这个山叫凤凰山，原来也叫画卦山。伏羲创建了八卦。伏羲就是站在这个山上去观察河流啦，山川什么的。这个半山腰也有个四门洞。当时有洪水的时候，民居都淹没了，伏羲女娲就住到那个山洞里面。山洞里边有一个高的台阶，要爬上去，里边也有石床啊，桌子啊，后来传说洞房，就是从那个时候传说过来的。那个山叫老磨台。它像个磨。

　　第二个文本中提到的四门洞，在齐先生的神话讲述中被描述成伏羲女娲成亲的地方，但当地一些人否定了二者之间的关联性。

　3. 乡村街头关于伏羲女娲神话的民俗画

　　与日渐远离当地乡民的口承神话相比，当地街头的民俗画反而成为一种新的讲述伏羲女娲神话的方式。

　　在伏羲庙周围的村落，如刘庄和东寨村的街头主干道上，都画了色彩明丽的关于伏羲女娲的创世功绩的民俗画。自104省道经过东寨村通往伏羲庙的主干道两边的墙壁上共画有22幅与伏羲女娲的功绩相关的民俗画。先有从伏羲陵就可

---

① 讲述人：齐先生，男。讲述时间：2019年7月25日。讲述地点：微山两城伏羲庙内。记录人：王均霞。

以看到的两幅大型民俗画,一幅画了当地的凤凰山,上面醒目地写明"凤凰山是画卦山",一幅画了着兽皮、树叶造书契的伏羲形象,上书"创造书契以代结绳之政"。其余民俗画则以图文的形式呈现了伏羲女娲的功绩。除第一幅是对伏羲女娲功绩的整体简介之外,其他19幅均是对伏羲女娲的各项具体功绩的分类描述。在第一幅简介中,画面呈现了着兽皮制八卦的伏羲和炼石补天的女娲形象。在画面简短的文字介绍中,伏羲被描述为三皇之首、百王之先,女娲被描述为娲皇、福佑社稷之正神和东方始母。具体内容为:

华夏民族　人文先始　伏羲女娲简介

伏羲是三皇之首,百王之先,创造了中华民族的图腾龙、八卦、渔网、结绳记事等。又制定了嫁娶和姓氏,防止乱婚娶和近亲结婚。伏羲是中华民族人文始祖。女娲又称娲皇,福佑社稷之正神,被誉为东方始母,她创造了人类化育了人类。补天,是人类的创世王,制笙簧用于通天求人丁兴旺,人类繁衍。

接下来的民俗画便进入对伏羲女娲具体功绩的介绍,伏羲的功绩主要有:象天地以创八卦、结网罟以教民渔猎、制嫁娶肇启文明、正姓氏以别血缘、养牺牲以充庖厨、尝百草而制九针、种五谷转向农耕、建房屋成大聚落、作甲历始有年月、造琴瑟摊庆升华、发明工具以济万民、钻木取火以教人熟食、创造书契以代结绳之政、制礼仪以教化万民、以龙命官以分理海内、定四方并分四季。而女娲的功绩主要包括抟土造人、补天、始创笙簧。从刘庄通往伏羲庙的主干道上一边是居住区,一边是农田,在居住区一边的墙壁上主要画的是与女娲有关的神话故事,内容包括补天、斩黑龙、治理大洪水、以龟的四足擎天等。与从东寨村通往伏羲庙的主干道上的民俗画仅用简短的题目来介绍伏羲女娲的功绩不同,这里的民俗画用更大的文字篇幅来介绍女娲的创世功绩,讲述女娲的神话故事。例如,其中有一幅画了飞翔的女娲擎五色石补天的画面,画面旁边的文字为"女娲看到她的子民们陷入巨大的灾难中,决心炼石以补苍天。女娲以巨石○○①,取五色

---

① ○为无法识别的字迹,特此说明。

土为料，借太阳火，经九天九夜炼成五色〇石三万六仟伍佰零一块，又用了九天九夜将天补好"。另一幅画了山间滔天的洪水，旁边写道："撑天之柱折断，山体崩塌，大地向东南倾斜，海水向陆地上倒灌。平原上的人多数被淹死，幸存者逃亡山上。女娲斩下一只大龟四脚，作柱子把塌的半边天支起。"这些民俗画更具故事性。

图 5-4　微山县伏羲庙周边关于伏羲功绩的民俗画

另外值得注意的是，尽管这些民俗画所讲述的伏羲女娲的创世功绩具有普遍性，但在画面呈现中，画师却有意将背景置于当地的标志性景观中，进行了在地化处理。如一幅民俗画所宣称的，"凤凰山是画卦山"，凤凰山被认为是伏羲画八卦图的所在。因而，在以上提及的诸多乡村街头民俗画中都以凤凰山作为画面的背景以及伏羲女娲创世纪的相关功绩的发生地。例如，在东寨村街头的民俗画中伏羲功绩之象天地以创八卦、伏羲功绩之正姓氏以别血缘、伏羲功绩之种五谷转向农耕、伏羲功绩之建房屋成大聚落、伏羲功绩之作甲历始有年月、伏羲功绩之结网罟以教民渔猎、伏羲功绩之发明工具以济万民、伏羲功绩之制礼制以教化万民、伏羲功绩之以龙命官以分理海内、女娲功绩之抟土造人等民俗画都明显以凤凰山作为背景。伏羲功绩之正姓氏以别血缘这幅画中，除了凤凰山外，还专门画了伏羲殿，民俗画中的伏羲女娲与两城镇的地方风物紧密结合在了一起。

在传统的口承神话日渐衰落的情况下，即便是在农村，未来神话的讲述形式也很可能更加走向视觉呈现方式。在笔者的调查中，当我请邹城爷娘庙村人和两城伏羲庙周边村落里的村民讲关于伏羲女娲的神话的时候，爷娘庙村 60 岁以下的人通常说自己不会讲，让笔者去问"有年纪的"，而伏羲庙周边村落的村民不论年老的还是年轻的都告诉我不会讲伏羲女娲的故事，但两个地方的街头民俗画却又生动地讲述了伏羲女娲的核心神话。

4. 伏羲女娲神话的动画片

除以上提及的神话叙事形态之外，微山县相关政府机构还委托山东美猴动漫文化艺术传媒有限公司制作了动画片《始祖的足迹——山东微山伏羲庙的传说》①，该动画片开头呈现了微山伏羲庙的画面，然后讲述了伏羲女娲的神话：大洪水毁灭了世界，神龟将伏羲女娲兄妹带至一座山头，并将其命名为凤凰山。大洪水退却之后，伏羲女娲兄妹在凤凰山上的洞穴里居住下来，女娲将其命名为四门洞。经神龟点化，伏羲女娲兄妹成婚繁衍人类，其中涉及兄妹成亲、伏羲画八卦、女娲抟土造人、伏羲发明结网捕鱼的方法等神话。就在地化的讲述而言，该动画片涉及凤凰山、四门洞、南箔村、北箔村的来历。

5. 与伏羲女娲有关的仪式行为

伏羲庙也有相关仪式在讲述着与伏羲女娲有关的故事。例如，在每年的三月三太昊伏羲文化节上的公祭中华人文始祖太昊伏羲大典，就以仪式的形式讲述了伏羲女娲的神话。另外，课题组在调查期间也收集到一个与伏羲女娲诸神有关的求子仪式。该仪式发生在 2019 年 7 月 25 日上午，一位道教的先生带着一位妇女来求子。先生看起来 40 多岁，求子的妇女年龄在 30 接近 40 岁的年纪。先生和求子的女士先并肩站在伏羲殿前的台阶下的香炉前，先生对着伏羲殿极快速地说了一段话，"送子娘娘送子来，女娲娘娘送子来，观音菩萨送子来，送子娘娘送

---

① 《始祖的足迹——山东微山伏羲庙的传说》，载腾讯视频 https://v.qq.com/x/page/o0626in81fs.html，2020 年 8 月 6 日。

子来，女娲娘娘送子来，观音菩萨送子来，送子娘娘送子来，女娲娘娘送子来，观音菩萨送子来"，然后点了一把香，在女士的后背上绕了几圈，插在香炉里，之后他让女士跪下来磕了十个头。他则到旁边的香炉旁拿了一张大红纸，剪了一些三角形的形状出来，像一个披风。剪好之后，他和女士又来到伏羲殿前，他将红纸做出披在女士身上的样子，然后来回甩了两圈，边甩边念叨着诸位神灵的名字，请他们送子来，之后，他看了一眼香炉里的香，说香烧得不错，然后把红纸拿到旁边的香炉里烧掉了。他又让女士拿了些元宝、金条和纸钱投到香炉里，还放了符，专门打了一叠更细腻的纸钱，打成扇形，举到头顶拜了拜，投到香炉里烧掉了。纸钱烧完之后，他带领女士重新回到伏羲殿台阶下的香炉旁，两个人都跪下磕了三个头，然后两人走上台阶，走到伏羲殿里，又跪下磕了三个头，先生磕头的时候，嘴里还念叨着诸位神仙给女士送子。他们起来又转到女娲殿。在女娲殿里，先生先磕了三个头，女士跪在一旁的跪垫上。先生磕完头后，让女士到中间的跪垫上跪下，先生又开始向女娲娘娘求子，不断念叨让女娲娘娘多帮忙，给女士送个健康的、聪明伶俐的、无灾无难的孩子。他在念叨的时候，还做出相应的手势，例如，重复从女娲娘娘那里抱过一个孩子给女士的动作，孩子上了女士的身的动作等等。这个仪式完了之后，他们就离开了伏羲庙。

（二）嘉祥县长直集伏羲庙

　　嘉祥县长直集村伏羲庙是嘉祥县境内现存的唯一一处伏羲庙。庙宇坐落在嘉祥县卧龙山的一座小山头上，始建年代不详。从目前能够找到的图像资料来看，该庙在 2009 年之前，只留下一座孤零零的伏羲殿和左右两通石碑，还有一个拱形山门和山门前的一棵侧柏。据长直集村人李老先生介绍，该庙是从 2012 年开始重建的，2018 年的时候刚刚建完。2019 年 7 月下旬，当课题组成员到该地做田野调查的时候，伏羲庙已经经过了相对完整的修缮，不仅修建了寺庙的围墙和门，还在庙宇内修建了祖师爷殿、穆桂英殿和三清殿等。从庙宇内竖起的三通石碑《重修穆桂英庙捐款碑》《建祖师爷庙捐款纪念碑》以及《三清殿捐款纪念碑》来看，穆桂英殿重修于 2013 年，祖师爷殿修建于 2014 年，三清殿修建于 2015 年，而且这些庙宇的重建均仰赖民间捐款。据李老先生说，庙宇周边村落的人会在初一、十五和三、六、九来烧香。当地来拴娃娃的比较多。

图 5-5　嘉祥县长直集村伏羲庙

　　与邹城郭里镇羲皇庙以及微山县两城镇伏羲庙相比，嘉祥县长直集村的伏羲庙规模要小得多，而且气质风格也十分不同，具有更强烈的民间色彩。整体来看，这座庙宇更像一个普通的民居院落。例如，顺着二十级台阶拾级而上，人们一下子就能看到庙宇红色大门两侧的对联，这显然是春节时贴上的一副对联，对联内容为："前程似锦庆平安　事业辉煌迎富贵"，横批为"四季平安"。两扇庙门上还能看到被揭去的两个福字的痕迹。打开庙门，便看见这座庙宇也像当地民居一样在门口做了一个遮风挡雨的过挡。在这个过挡两边堆放了如铁锨等一些农具，两边还放着一些凳子、蒲扇等，可见经常有村民在这儿休息乘凉。进入庙宇之内，一下子就看到正对着大门的伏羲殿，伏羲殿左墙角埋着一块石头，上面写着"伏羲行宫"。伏羲殿的门上也贴了两副对联，对联内容分别为"新春大吉闹鸿运　佳节喜庆接财源""宝地迎进吉祥福　富门接来如意财"，横批为"万事如意"。伏羲殿为青石灰砖建筑，十分古朴。殿门口有一对石狮子，推开殿门，就看到新塑的伏羲女娲塑像，以及送子娘娘诸神。祖师爷殿供奉的是祖师爷爷、祖师奶奶、观音、班子奶奶、太阳奶奶诸神，三清殿供奉的杨家将杨继业、佘太君、杨延景、柴郡主、八姐、九妹、穆桂英、杨排风诸位，穆桂英殿则特别讲述了穆桂英打破洪州那段故事。殿内供奉了披挂威风的穆桂英，其背后的墙壁上还辅以民俗画，画了牡丹花，并标明"破洪州""龙山寨"等字样，两边还有大姑娘、白姑娘、迎风奶奶、泰山奶奶等塑像，除泰山奶奶塑像之外，其他塑像背后都辅以花鸟画。由于此庙庙内神像之间的区分度很小，因而，神像背后的墙壁上都写明了神像的名字，但有一些已经掉落。另外，据李老先生介绍，在伏羲殿后边还有一个玉皇庙。

从李老先生的讲述来看，此庙是伏羲女娲和穆桂英并重的。在伏羲庙门口的那棵旋柏，现在是嘉祥县的古树名木，登记为国家一级，据说此树已经有一千多年的历史了。当课题组成员问起伏羲庙里为什么供奉穆桂英时，老先生同时讲了两个故事，一个是伏羲女娲滚磨成亲的故事，一个是穆桂英晾盔甲的故事。

伏羲女娲滚磨成亲 ①

这是伏羲庙。管立人烟。洪水灭世，世上没人了，人祖奶奶人祖爷，他是姊妹俩，姊妹俩作亲，姊妹俩滚磨成亲。姊妹俩怎么能结婚啊？姊妹俩漂到山上去了，山上有两个磨棋子，这是传说，两个磨棋子他伐了以后，两个磨棋子围着山转一圈，两个磨棋子扣到一块儿就能结婚，扣不到一起就不能结婚。结果两个磨棋子放下，转了一圈啪扣一块儿了。这个就是人祖奶奶人祖爷，人烟就是他立的。伏羲跟咱这儿到底有什么关系，这个不好说，这是传说，那些记载，他们那些老年人都死了，没有人了，都知不道了。

穆桂英晾盔甲 ②

穆桂英打破洪州，在这儿落脚。打破洪州回来之后，在那个柏树上晾盔

---

①② 讲述人：李老先生。记录人：王均霞。讲述时间：2019 年 7 月 26 日。讲述地点：嘉祥县长直集伏羲庙门前。

甲，把这个柏树压断了。你看这个柏树没有尖儿。这是个传说。你说这个柏树不大，但那个尖儿够不着，晾盔甲给压断了。

三、邹城市郭里镇羲皇庙的伏羲女娲神话

邹城市郭里镇羲皇庙坐落在当地爷娘庙东村东凫山脚下，现庙宇仅存遗址，相关实体建筑已经不复存在。但这并不妨碍当地人仍将其视为重要的民间信仰活动场所以及重要的历史古迹。改革开放以来，羲皇庙遗址受到各级政府的重视，分别被列入邹县文物保护单位、济宁市文物保护单位、山东省文物保护单位，2019 年又被列入全国重点文物保护单位。政府"为加强文物保护，让子孙后代了解伏羲文化，郭里镇党委、政府对羲皇庙遗址保护区进行保护和开发，实施了退耕还庙，划定了南北长 360 米，东西宽 240 米的保护区，栽立了界碑，种植了柏树，平整了土地"，还"绘制了羲皇庙遗址复原图，并对保护区做了绿化"。[1] 最近几年，在文化遗产保护的浪潮下，羲皇庙的开发也进入新的阶段。一是在羲皇庙遗址外新建了朝拜广场，正在兴建伏羲文化产业园。二是自 2016 年起，在传统的庙会三月三和十月一庙会的基础上，当地政府部门连续四年举办规模盛大的三月三祭祖仪式。该活动颇受当地乡民的好评，当说起十月一庙会的不热闹时，人们都会加一句"三月三的时候热闹"。

羲皇庙遗址仍然是今天济宁地区重要的伏羲女娲神话的重要流传地。以下将对羲皇庙所处的历史文化语境、羲皇庙的历史与当下、羲皇庙的伏羲女娲神话叙事形态进行整体的介绍。

（一）郭里镇爷娘庙村概况

羲皇庙位于爷娘庙庙东村东凫山山麓。据《邹城市地名志》介绍，该村"位于镇政府驻地郭里集西南 3 公里处。村呈长方形，主街南北走向。居民 2309 人，其中汉族 2302 人，苗族 5 人，哈尼族 1 人，纳西族 1 人"[2]。此村建于明末崇祯

---

① 见立于羲皇庙遗址外主干道旁的《羲皇庙简介》。

② 绍泽元主编：《邹城市地名志》，山东人民出版社 2001 年版，第 285 页。

二年（1628）。明清时期，称庙上村。又据史料的记载，后唐长兴二年（931），建太昊伏羲庙，当地人称爷娘庙。村因庙得名，名为爷娘庙村。1948年分为庙东村和庙西村，现居民姓氏主要有王、仲、李、孙、张、刘、吕等。爷娘庙村地处丘陵，耕地2516亩，人均1.08亩，主要农作物有小麦、玉米、红薯等。但目前该村青壮年劳动力基本都外出打工，村里留下的以老年人为主。村里的土地被大面积承包，种植核桃等经济作物。①

村里人极为热情，村里每家每户的门口都会放置几块石板或者水泥条，或者其他可以坐的东西。溽热的夏天，人们大开着家门，在家门口吃饭、乘凉、聊天。在课题组调查期间，村里人总是邀请课题组成员到家里喝点水或者吃点饭。例如，当课题组成员向正在吃西瓜的老大娘打听伏羲女娲的神话故事的时候，她虽然不能讲述伏羲女娲的神话，但她极力邀请课题组成员回家吃西瓜。最开始的时候，课题组成员以为这是因为她们恰好碰到了一些热情好客的人而已，但在后来的调查中，课题组成员逐渐意识到这是该地区的人们的共性，人们相见，总要邀一句"到家里喝口水吧!"在2019年十月一庙会期间，那些来自不同村落的赶庙会的人，在庙会上见了面总是热情地寒暄，一些外嫁的女儿回来赶庙会，总是受到娘家人回家吃饭的热情邀请。这倒与《济宁风俗通览》中的一段记载相应和了：

……常常有许多白发老太太在香气氤氲中亲切地寒暄："大姐，你也来看咱娘②?""大姐，我来看咱娘，你来得好早啊?"她们素不相识，相互尊称大姐，同时聚会在人祖娘娘膝下，虔诚地祈求福禄安康。

爷娘庙村的人们非常好客，每到会期，家家户户都要预先准备酒菜，招待赶会的亲友。有的人家大车小辆堆满院落。男男女女都借赶会之机共叙亲情，以谁家的客多为荣，左右邻舍家碰面之后相互介绍各自家中来的客人。哪一家门户冷冷清清，客人不多，会感到很不好意思。③

---

① 该段描述主要参照邵泽元主编：《邹城市地名志》，山东人民出版社2001年版，以及课题组的实地调查。

② "咱娘"指女娲。

③ 山东省济宁市政协文史资料委员会编：《济宁风俗通览》，齐鲁书社2004年版，第273页。

村里人仍然保持着相对浓厚的民间信仰风气。例如，村里正对路口的人家每家门口都放置着形状各异的"泰山石敢当"或"太公在此　泰山石敢当"。课题组在调查期间，遇到一处正在建造石砌结构的房屋，正在造房子的村民说这是当地传统建筑，恢复起来发展旅游。这处正在建造中的房屋门框上还写着对联："此时安门大吉日　今朝立户来瑞祥"，横批是"太公在此"。今天，尽管羲皇庙庙宇建筑已经不复存在，但羲皇庙遗址上的香火却从来没有断过。村里许多人家在初一、十五的时候都会去庙上烧香。到春节的时候，来这里烧香的人跟赶会的一样多。另外，在庙遗址上还摆放了许多观音、财神等瓷质神像，村里人告诉我这都是当地人家里供奉的神像，后来被送到庙上来了。从这些神像也可见当地信仰之盛。另外，在羲皇庙遗址门口有一个铁皮搭的小屋，小屋上面写了两个广告，一个是卖香的广告，一个是观香查事的广告。在观香查事的广告中，写明可以"审坛　立坛　看缘分　看意病　童子锁　解婚姻锁　邪气　阴气　惊吓　保童子　送婴灵　提财补库"等。村里人告诉我，这里观香的风俗特别兴盛，仅爷娘庙村就有三四个会观香的。一个村民解释那些本应被供奉在家里的神像为什么会被送到庙上来的时候，说一般都是观香的说不适宜放在家里了，人们才把神像送到庙上来。

（二）羲皇庙的历史与当下

羲皇庙又称人祖庙、伏羲庙、伏羲女娲庙、三僧庙，当地人一般称其为爷娘庙，庙宇始建年代不详。据庙内后唐长兴二年（931）《重修羲皇庙记》碑载，人们认为在唐末五代时羲皇庙建筑布局已经比较完整了。[①]而在当地人的讲述中，乡民们更愿意将其追溯到唐王李世民时期，讲述"唐王重修"的故事。

该庙庙宇规模宏大，是鲁西南地区最大的祭祀伏羲女娲的古建筑群。据记载：

> 羲皇庙平面呈长方形，南北长约150米，东西宽约120米，其建筑依山势而建，错落有致，布局严谨。前有山门，门内有金水桥，东西两跨院各有

---

① 郑建芳：《孟府孟庙文物珍藏》，中国社会科学出版社2011年版。

图 5-6　邹城市郭里镇羲皇庙遗址

一门通庙外，名东、西华门。向北依山势而上，分东、中、西三路建筑，主体建筑羲皇殿，亦称人祖殿，五楹三进，单檐歇山式建筑，绿色琉璃瓦覆顶，前廊檐下立有八根高浮雕盘龙石柱，所镌巨龙宛如腾云驾雾，气势磅礴，上有题记："刻于元大德九年……"镌刻工艺精湛，具有很高的艺术价值。殿内正中原供奉羲皇金像。羲皇殿前为东、西庑，各 10 楹，内供奉道教木主牌位。羲皇殿后为娲皇殿，亦称人祖寝殿，内供奉女娲塑像，娲皇殿西北有三楹二层砖木结构的小楼，当地俗称人祖奶奶梳妆楼，又称三清阁，实为藏经楼。东路建筑地势稍高，一进院落，主体建筑为玉皇殿，三楹，现仅存石基，另有门、庑等残垣。西路建筑为二进院落，前院是泰山行宫，即碧霞元君祠，当地俗称送子娘娘庙。后院是关帝庙，内供奉关公像龛，建筑形制不明。皇井位于羲皇庙以西约一百米处，为石砌浅水井，直径 80 公分，深二十五六米，井台为一巨石凿孔而成，上有 46 道井绳磨痕，井水早年不见干涸，水质清冽甘甜，当年庙内众多道士、和尚、尼姑均吃此井之水，现保存完好。①

对于羲皇庙的空间布局，当地人又有自己的记忆与说辞。爷娘庙村不同的人都为课题组成员回忆了羲皇庙庙宇过去的布局，每个人的记忆重点不一，很难完整勾画羲皇庙的整体布局，但多数人对庙上的午门、人祖殿、伏羲楼、女娲殿、卧奶奶殿等印象深刻。当地人对羲皇庙各殿供奉的神灵也十分称道，认为这些神像塑得尤为活泼生动。另外这里种植的18棵大柏树也是当地乡民记忆中的一景。在诸多回忆中，庙西村人吕克城先生的回忆最为完整详实，兹录如下：

> （羲皇庙）第一个是全朝殿，供奉了历史上的帝王的牌位。那个是人祖殿（全朝殿之后），供奉了伏羲，三皇五帝之一。伏羲中间是个大神像。有个对联。那边（纲鉴碑以西）还有一个女娲殿，墙外边有个洞。据说唐王李世民在这里休整过部队。兵困马乏的时候，有一个老仙人给了一点帮助，过后那个人就不见了。那时候的人信迷信。可能是女娲现身吧，女娲显灵了。在这个洞上面有女娲。最早的一个房子。有伏羲有女娲，人们信仰的就多喽。人的向往啊，（这）是人祖的发源之地，人文初祖。所以说，对他的信仰特别深厚。省里的文物专家说，这些（庙上的）石头（指地基），都是唐朝时候的建筑形式，是后唐时期重修的。这房子是连通的。这个是三圣殿（人祖殿后），有雷公、风婆婆、玄帝，明朝的玄帝，北方都敬仰玄帝，他的化身是明朝的明成祖。（三圣殿）中间那个碑，最后一句话，说"如有后人重修再建者，其功绩与前贤媲美"。那意思是说，他知道这个庙得破坏，破坏之后还得重建，重建的话功劳与前贤一样。后边是卧奶奶殿。那时的人迷信，如果没有后代，就来这儿烧香，很灵验。许愿以后就得子了。这是道人住的地方。他们盛行的时候很长，最后还有两个道人，在1957年的时候还有，最后政府让他们还俗了。（还俗的时候）那两个道人还哭呢，因为他们从8岁就入道了。善男信女每年都来这儿烧香。这儿叫玉皇殿，五间大殿。这儿供奉的是天上的玉皇、四大天王、二十八宿。这儿就是和尚了。西

---

① 邹城市民政局编：《千年古镇（上）：孟子故里邹城市》，黄河出版社2013年版，第12—13页。

边是道人，这儿是和尚，他们的住处分得很清楚，清规戒律非常严格。发现不守戒律的僧人，罚碾！碾米。这个神柱子。这个碑是全国独一无二的。泰庙里有一个，比这个小。这叫莲花碑。大的都砸去了，都破坏了。大清康熙十六年闰二月六日立的这个碑。零二年的时候，这里挖洞了。这个洞大约有两米深。（这个四棱碑）前面有个落款，蓬莱山首相府紫衣道人，姓吕，双口为吕，也叫虚昌。虚昌、双口，都是他的道号。他在这里写了一首八句诗："鸟几山头不记年，鸿蒙未分始占先。古松不老千载秀，万竹虚生月满川。西畔鹤轩转清幽，东望晴光景色鲜。且看山俏旅游况，免叫花落惹新嫌。虚昌道人亲笔。"这个后边是个楼，是伏羲楼，供奉的是伏羲的爹娘，供的是两个牌位。两层楼。这里还有一个洞。这个洞是叫玉泉洞。这个洞很长时间没人看了。为什么呢？这个洞进去过蛇。这个洞能盛七八十个人。有人看到有一条很大很大的蛇，红蛇钻进去了。人们怕它出来，把这个洞给填死了。这个洞叫玉泉洞，那边那个叫玉寒洞。这上边是个藏经楼。没盖成。这个整体是庙地，那时候不纳粮，他们自己种自己吃。不够吃再化缘去。

对于羲皇庙的历史，吕先生讲起来头头是道：

这个村子的名字叫爷娘庙。这个庙也叫爷娘庙。村庄因庙而名。庙源于隋朝，那时候没这么大规模，在山间上一个石塘子。下边有个洞，叫小洞庙。它的原名叫小洞庙。大水三年的时候，就有这个庙了，叫小洞庙。这个洞很远很远，大约有200米往里通。这个庙盛行于后唐，公元931年，重修。重修以后，规模逐渐增大。盛行于明清。明朝末年，那时候好多名人志士看不惯明朝的统治，削发为僧。当时在明末清初的时候有130多人。有道释儒。三个院落，西边为道人，中间为佛，上边为尼姑。庙院99间。一般的庙都以九为主，九是最大的数字了，不能超一百。当时有很多汉柏，汉朝时候留下的柏树。经过多年的运动，终于在1962年的时候，镇里兴公社，盖供资大楼，把这树给砍伐了。我们上二年级的时候，老师叫我们搂一搂，五个小孩没搂过来。十八棵树被称为十八罗汉，都有名字。①

自 1909 年开始，羲皇庙陆续遭到破坏。据吕先生说，

> 庙门最早是 1909 年，宣统元年的时候，扒的这个门。这个门为什么扒
> 的呢？南边有个道，叫三唐。一唐李渊，二唐后唐李存勖。他自称三唐。三
> 唐，李复印（音）。他在这个庙里，扒庙门，这个庙门很威武，三层。1909
> 年，被三唐的人把这个门给扒走了。把砖啊，石头啊，料啊，全部运到他的
> 山头，建他的院子去了。正好刚建完，滕县、邹县的、鱼台的被三县剿灭
> 了。这个庙呢，庙谱上有一句话，说九九归一。（就是说）无论再大的规模，
> 再大的运动，再大的破坏，最后用一把火给烧灭了。1909 年之后扒三唐，
> 郭里镇志上都有记载。

但羲皇庙真正遭到毁坏则在 1929 年。这一年，军阀梁冠英在围剿爷娘庙庙
东村人王传仁创建的无极道时，一把火烧毁了羲皇庙。据吕先生介绍，王传仁是
民国要员。张宗昌倒台以后，他带着 4000 块大洋留在民间，以羲皇庙为据点，
在当地招兵买马，筹划着进行武装起事。他成立了教门叫无极道，取"无所不用
其极"之意。当时无极道召集了邹县、滕县、鱼台、泗水还有宁阳五县的老百姓
一万多人，发兵准备攻打济宁州。

> 1929 年二月二这一天，就攻打济宁州去了，结果兵败。济宁有一个军
> 阀叫梁冠英，他是冯玉祥的部下，他负责分管在济宁的军分区。一看老百姓
> 都去了，开始就劝说，劝他们投降，让他们回去。他们不听劝告，继续攻
> 打，结果那里边的人一放炮，一打枪。毁了。他们喊口号，"枪刀不入"。最
> 后，凡去早的，几乎没回来。最后兵败，四处逃窜。1929 年二月十日这一
> 天，梁冠英继续追逃这些残余势力。据说爷娘庙里有一个据点，准备血洗
> 它。路过马坡，有一个渡口，那时候都坐船。正好庙东村有一个人在兖州大

---

① 受访者：吕克城。访谈人：王均霞。访谈时间：2019 年 10 月 28 日。访谈地点：羲皇庙遗址。

队部，像咱现在的司法公安局似的，他听说了，来的人要焚烧爷娘庙。他骑着马，从兖州直径跑到马坡（追上梁冠英的部队，问）"你们干什么的？叫你们来烧庙，不是烧村庄。我来补充通知。"他下了个补充命令，挽救了村庄。

　　1929年二月十日上午10点的时候烧的这个爷娘庙。当时五个大殿，全朝殿、人祖殿，卧奶奶殿。烧了五个殿，还有庙东村一个王家祠堂。那一天就烧了这些地方。从上午10点烧，大火烧了三天，大火冲天。这三天正好是东南风。在两城、马坡都能看到这个大火。全村人都跑了，只有一个人没跑。是谁呀？庙西的一个老先生李从远（音）。他没跑。那一年他16岁。他为什么没跑？他没在道。他亲自看到这个现场。他没死的时候，他给我拉这个情况。1929年的时候，他当年16岁，他亲自目睹了这个现场。他讲得很实在。这个庙毁于1929年农历二月十日这一天。当时烧了五个大殿。那些配房啊，庑房啊没有烧掉。继续有些道人，和尚没了。其中有十八棵柏树没有烧掉。①

羲皇庙被烧毁以后，该庙继续遭到破坏。仍据吕先生的回忆：

　　当时庙一烧以后啊，郭里的、两城马坡的那些绅士，想联合起来伐掉这些柏树，归自己用。最后两个道人，一个圆刚一个圆润，他们说了，这是古物，不能破坏，我们守庙的，有责任保护它们。他们两个人化着缘，来回两个多月，从春天到夏天，跑到济南府，讨了公文，批复，说：保护古柏，不准破坏。那时候有一个人物叫仲兆番（音），是仲氏的后人，他是当时济宁的政府官员，是民国时候的一个大贤人，让他来宣读的。在1933年三月三日，他负责从中前儿（音）用轿子抬来，在这个大碑上宣读了这个批文。宣读完之后用朱砂和红漆在碑的背面写了一首诗，"老庙深深十八罗，伏羲庙貌状为神。颁布批文从今后，流传千古永为存。"从此之后，再也没有人去砍伐它了。一直到了1963年还是1964年的时候，我上三年级，镇里盖公

---

① 受访者：吕克城。访谈人：王均霞。访谈时间：2019年10月28日。访谈地点：羲皇庙遗址。

社，镇里派人来伐掉了。从此以后，这个庙啊，房子一扒，树一杀，几乎就没有原址了。庙里的砖都被当时的人拉到两下店，建了炼钢炉，部分砖建了郭里中心小学。全体劳力，妇女摊 6 块，我们学生背 1 块也得背。把砖一扒，房子一扒，庙就没有痕迹了。当时庙里大小碑一共 83 块碑，有文字的 36 块。大碑没有文字光是石碑。为什么这么讲呢？大运河的人信神，都是乘船的。许愿的，许官的、求财的，都来立块碑。没有文字的碑就修水闸，还有人盖房子。当时公社有个秘书叫仲同德，他来得早，他说有文字的不能扒，有文字有价值，我们要保护它。这块碑是帝王碑，那个是杏祥碑，是女诗人写的碑。这个帝王碑从盘古开天辟地到明朝的万历，记载了大约 224 位帝王，上边碑文是一千三百多字。当时的邹县县令李凤祥写的碑文。谁支持的呢？有一个山西巡按，他家是邹城的，主持修建帝王碑。也叫纲鉴碑。这是全国独一无二的一块帝王碑。①

现在在羲皇庙的遗址上还存有 5 根 5 米多高的八棱石柱、4 座龟驮石碑以及玉皇殿的石墙地基。另外，据羲皇庙遗址外的《羲皇庙简介》介绍，羲皇庙上 8 根雕龙石柱，分别存放于山东省博物馆、石刻馆，济宁市东大寺和邹城市博物馆。今天，在邹城市各级政府的大力支持下，羲皇庙遗址重新受到重视。政府在遗址外侧修建了围墙，平整了土地，并严格保护遗址不再受到破坏。

对于羲皇庙过去在人们的日常生活中承担的功能，当地人也有所提及。例如，王永会老人提起庙上的塑着十八男十八女的溶洞的时候，跟他一起坐在门口乘凉的女性都说原来给小孩铰花花②都去那里。过去庙上还有送子娘娘塑像，烧香的都可以去领个小孩（应为拴娃娃）。王永会还记得原来午门上边还有个望乡台，人死了以后，要到望乡台去。李女士记得过去谁家小孩赖（指身体不好）病，就送庙上去，在庙上给他起个名，给个道袍。"那有病的，你把他放过去，人（就）没病了，活到七八十。这样的人多着咧！"③一直长到成年，要娶媳妇了，就"打出庙门去"，家里人要给庙上送点什么，那些阔的，都给送牛。庙上

---

① 受访者：吕克城。访谈人：王均霞。访谈时间：2019 年 10 月 28 日。访谈地点：羲皇庙遗址。

② 铰花花是指种天花，过去乡间是用刀子在胳膊上割开种牛痘。

③ 受访者：李女士。访谈人：王均霞。访谈时间：2019 年 7 月 23 日。访谈地点：爷娘庙村水库旁。

长大的孩子娶了媳妇还要上庙上还愿。

新的信仰形式仍然在羲皇庙遗址上延续着。羲皇庙遗址上的香火极旺，人们在遗址的各个地方烧香，如庙门口的纲鉴碑前、人祖殿遗址前、玉皇殿遗址前，甚至在遗址上的各个山洞里人们也去烧香。以上各烧香处，尤以人祖殿前的香火最旺。前文已经提到，在庙遗址的许多地方，尤其是纲鉴碑周围和人祖殿旧址上，有许多小神像，如财神、观音等。一些人告诉课题组成员，这是因为人们在观香的时候，神媒指点说某个神像不宜放在家里，人们便把神像拿到庙上来。另一些人告诉课题组成员，这是因为神像在家里放六年灵气就减弱了，所以人们将其放到庙上。

在过去玉皇殿遗址上留下的 5 根八棱柱上，人们重新写上了诸神的名字，继续烧香供奉。这些神灵名字包括：银龙仙师、狼大仙、金蟾大师、金龟大师、地藏王菩萨、钟馗、阎王爷、龙王爷、白虎、青龙、玄武、朱雀、哼、哈、天上祖爷、如来佛祖、齐天大圣、天老爷、观音菩萨、天上佛、弥勒佛祖、天老老者、鸿钧老祖、王母娘娘、玉皇大帝、佛山女大王、佛山大王、佛山奶奶、土地爷、土地奶、玉皇、伏羲、女娲、托塔李天王、杨二郎、佛山山神、天老爷、盘古、太上老君、泰山奶奶、灵官老爷等。

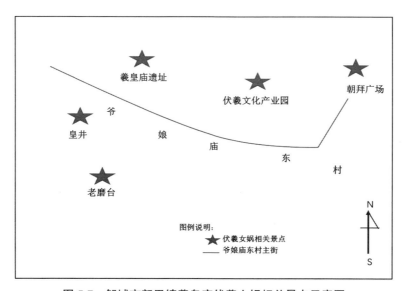

图 5-7　邹城市郭里镇羲皇庙伏羲女娲相关景点示意图

另外值得一提的是，在羲皇庙遗址旁边的小山坡上还建有一座小庙。庙里供奉着伏羲和女娲，该庙建于 2004 年。据当地人说，该庙是由爷娘庙村嫁到黄村的一位会观香的女性的家属帮她建的。2019 年 10 月 28 日我们去做调查的时候，发现在这座小庙的门前又多了一个名为凫山奶奶的神像。同时在羲皇庙遗址门口的墙壁上用红纸画了箭头，写了"凫山奶奶庙"几个字指向小庙。

（三）羲皇庙庙会的历史与当下

羲皇庙庙会起于何时，现在未见有确切的文献记载。关于庙会的相关记载，也是 20 世纪 90 年代之后的事了。本部分的描述主要依据这些晚近的文献以及当地人的记忆与口述。

1. 庙会的历史

提起庙会，当地人会说，这里有庙会，或者这里有会。因为当地人都将羲皇庙称作爷娘庙，因而这个庙会自然是爷娘庙会，很少有人说羲皇庙庙会。

庙会会期在每年的三月三和十月一。① 概而言之，全国各地的庙会许多会期都选择在三月三，爷娘庙三月三庙会也尤其为当地民众所称道。但就全国而言，在十月一举行的庙会相对较少，当地人对于会期为什么会选择十月一也说不出其中因由。但值得注意的是，十月一在邹城当地是与清明节并重的上坟祭祖的日子。这一天，外嫁的女儿纷纷携带礼物回娘家同娘家人一起去上坟祭祖。不过，当地人较少将十月一上坟与爷娘庙会联系在一起，尚不能明确十月一祭祖与爷娘庙会会期选择之间的关联，但不可否认，二者在祭祀这一主题上是有共通之处的。

过去羲皇庙未被破坏的时候，庙会在羲皇庙周边举行，1965 年后，庙会迁往郭里镇驻地举行，会期三天，成为农器、木材、家具、杂耍以及各色百货俱备的物资交流大会。2007 年，庙会重又迁回爷娘庙村。现在，除了三月三庙会的时候由政府主导的祭祖活动在羲皇庙遗址与新建的朝拜广场举行外，其他庙会上的买卖则主要集中在爷娘庙村通往朝拜广场的主干道上。在这条主干道上，尤其是从水库到朝拜广场的那段路上，留下了每次庙会时商贩们占地的标志，如"赶

① 也有一些文献，如《邹城市工商行政管理志》中提到爷娘庙会的会期重九，但这没有得到其他资料的佐证。大部分文献及当地人都说爷娘庙会的会期是三月三和十月一。参见《爷娘庙会话今昔》，载邹城市工商行政管理志编纂委员会：《邹城市工商行政管理志》，泰安市新闻出版局 2000 年版，第 276 页。

会占""王占""贾 2.17 十月一占""2019 飞 3.3"等。

作为当地规模比较大的庙会，爷娘庙会过去的形态既留在了文献记载中，也留在了当地老年人的记忆中。在文献的记载中，一方面记载了爷娘庙会上香火之盛：

> 唐朝以后，羲皇庙香火兴旺，"每岁上巳，重九"之时，便有香火会，届期有数百里的香客，专程前来烧香祭拜，祈福求子，人祖殿及各殿堂俱香烟缭绕，庙内及附近陂陀的山路上，商贾云集，买卖兴旺……①

另一方面则记载了庙会之热闹：

> 爷娘庙会一般持续三至五天，大多数第一天进山朝拜，游乐玩耍，第二、三天购置东西。会上商客云集，买卖兴隆。而上货物资有两大特色：一是耍货市，即卖儿童玩具的。摊点一个接着一个，摆成长龙，五彩缤纷，争奇斗妍。那染成黄色并绘有花纹的小黄篮，那一堆啪嗒啪嗒响的小风车，那带有红缨的长矛、大刀等等无不浸透着地方风味与特色。最引人注目的还是镌刻着各种各样图案的蝻葫芦，销量也最大。当地称蝈蝈为"蝻子"，把蝻子放入这种葫芦里可以越冬。入了冬人们揣在怀里，鸣声切切，非常可爱动听。第二大特色就是凫山上盛产的中草药材——"血山根"。血山根也就是中药"丹参"。每年春秋两季会上都大批上市，三月三会为干货。十月一会则干鲜并举。药材市在指定的地点摆摊，卖药材的都肩挑车推的争窝抢摊，在路的两旁一眼望不到头。②

当地人的记忆则更具个体性。例如，80 岁的刘老太太提到，过去在庙会上卖什么的都有，还有说书的、唱戏的。那些听说书的、看戏的人吃的花生皮都能没过人的膝盖。81 岁的李女士提起爷娘庙会的时候，首先想到的也是庙会上的

---

① 《爷娘庙会话今昔》，载邹城市工商行政管理志编纂委员会：《邹城市工商行政管理志》，泰安市新闻出版局 2000 年版，第 276 页。

② 政协邹城市委员会编：《邹城文史资料　第 10 辑　风俗专辑》，1994 年版，第 168—169 页。

佛歌禅唱，"多热闹吧！""会上什么都卖。外边来人什么不卖啊？也（有）吃的，也（有）烧香的。大路上都满满的人。从紧北头都是人。那会大。"①

2. 庙会的当下

今天的爷娘庙会既延续了过去的传统，又有了一些新的时代特征。对传统的延续表现在庙会整体上保持了集市的特征，以买卖为主，其所售卖的与当地人的农业生产生活密切相关。新的时代特征首先表现在三月三庙会的政府参与，其次表现在当下庙会的参与者主要以中老年人，尤其是老年人为主。

由于调查时间的限制，课题组未能实地参与爷娘庙三月三庙会的调查。但据当地人的描述，今天三月三庙会与十月一庙会最大的不同便是官方主导的祭祀伏羲女娲大典。正因为有了祭祀伏羲女娲大典，在当地人的表述中，三月三庙会要比十月一庙会热闹多了。下文"羲皇庙伏羲女娲神话的叙事形态"部分将依据相关媒体报道描述伏羲女娲祭祀大典，在此不赘述。2019 年 10 月 28 日恰逢十月一庙会，课题组自 10 月 27 日起对爷娘庙十月一庙会进行了相关田野调查。具体分工为王均霞负责调查羲皇庙遗址上的庙会活动，李闪闪、陈静负责调查庙会上的商贸情况以及朝拜广场的庙会活动。以下将以 2019 年十月一庙会为个案来呈现今天爷娘庙会的当代形态。具体分庙会上的信仰相关活动和庙会上的商贸与休闲活动两部分进行介绍。

（1）庙会上的信仰相关活动

整体来说，2019 年十月一庙会上来烧香的人不是很多，可以说少。庙会当天早上 7 点左右，课题组到达羲皇庙遗址的时候，仅见到三四位在烧香的香客。但从人祖殿前留下的香灰堆来看，昨天晚上有人来烧了很多元宝锞子。到了中午 11 点左右的时候，人才慢慢多起来，但到了下午 2 点左右人又少了下来。烧香的以中老年女性为主。人们烧香的方式各异，主要有几种模式：第一种是纯粹烧香的，他们所带的供品就是一把香，多数是线香。他们有的人在人祖殿遗址前烧一下就离开了，多数人至少会去四个地方烧香：进门的纲鉴碑前、人祖殿遗址前、玉皇殿遗址前和遗址外私人建的小庙前。烧香的时候，都是自带打火机、蜡烛以方便点香，点着香之后，拿在手里祷告祷告，然后栽到香炉里，双手合十，再跪下磕

---

① 受访人：李女士。访谈人：王均霞。访谈时间：2019 年 7 月 23 日。访谈地点：爷娘庙村水库旁。

头。磕头数目不等，有人磕三个、有人磕四个、有人磕九个。第二种是既带香又带元宝。当地人告诉笔者这种主要是来许愿还愿的，因为有事要求，所以供品要多一些。第三种是既带香又带元宝还放爆竹的。在笔者调查期间，这样做的只有一人。由于这几种模式有很多相似性，以下只以一个具体案例来呈现烧香的过程：

2019年10月28日上午8点左右，一位40多岁、娘家是爷娘庙村的中年女性来烧香，她平常都是初一、十五在家烧香，这是第一次来会上烧香。她说，羲皇庙遗址就是烧香地。过了10点没有干别的的人，都是来烧香的。她为了避开人流，早来烧一会儿。她首先到纲鉴碑前烧香。今天风大，点香有点困难，她尝试了很多次才点着。香点好之后，先拿在手里拜一拜，然后将香插到香炉里，再磕了三个头，起来双手合十拜一拜，就到下一处：人祖殿。在人祖殿前点香的时候，又花了一些时间。这时候她遇到了本村一位本家兄弟。她跟他打招呼，并向他询问应该去哪儿烧香。这位年轻的男子告诉她，只要在这儿烧一下，再到玉皇殿那儿烧一下就行了，外边的小庙就不用去了。于是，她在人祖殿前烧完，又到了玉皇殿前烧了。之后，她犹豫了一下，还是到了外边的小庙上烧了个香，然后离开了。而那位年轻的男子只拿了一把线香，在人祖殿前烧了一下就离开了。

与2019年7月份所见的用卡车拉元宝、烧高香的情形不同，这次来烧香的

图5-8　羲皇庙十月一庙会上的人们

人普遍只烧线香。线香有的是自己带来的，有的是在庙门口购买的。庙门口卖香的是本村人，平常是一位老先生在这里，庙会这天早上老先生的儿子和儿媳妇也都在。据说，他的儿子和儿媳都会观香。比较而言，他卖的香不贵。一把线香5毛钱，一包10把的5元，一把稍微粗一点的线香2元钱。买香的人多数不讲价，也有少数讲价的。例如，一位40多岁的女性只想买一把线香，但已经拆封的、5毛钱一把的她没相中，要老先生再拆一包。老先生不愿意，她就拿了2元钱一把的，她跟老先生讲价，老先生一分也不肯让。她先给了老先生1元钱，老先生很坚决地表示不卖。她又扔下5毛钱，拿着香走了。周围人都笑了，打圆场说，也行吧！老先生愣了一下，表示也行。但他又说，请香没有讲价的，讲价的都是不懂的。

（2）庙会上的商贸与休闲活动

爷娘庙村逢四逢九是集市日，三月三和十月一是庙会。今年农历九月份只有29天，因而，集市日与庙会日正好连接在了一起，许多第一天赶来赶集的外地商贩干脆在这里过夜，继续赶第二天的庙会。也许正因为如此，今天庙会上的摊位实在不算少。从村口的大路上一直摆过了村里的水库位置。整体来说，庙会上所卖的东西主要包括食品小吃、服饰、床上用品、农具、家具、神像神龛香火元

表 5-1　羲皇庙十月一庙会售卖商品分类表

摊位类别	具 体 内 容
食品小吃	糖炒栗子、铁板鱿鱼、菜煎饼、膨化食品、棉花糖、烤地瓜、炒花生、水果、干果、杂粮、包子等
服饰	秋衣秋裤、成人外套、儿童服饰等
床上用品	床单被罩、枕头、沙发坐垫等
农具	铁器、筐、大扫帚等
家具	床、桌子、椅子等
生活日用品	锅碗瓢盆、火炉、菜板、绳子、卫生纸、老鼠药等
神像神龛香火元宝	神像、神龛、香火、元宝等
花草虫鱼	绿植、金鱼、蛐蛐等
儿童玩具	各色儿童玩具
游戏	套圈、射击、蹦床、旋转木马等
剃头、祛痣等生活服务	剃头、镶牙、针灸拔罐、祛痣、算命、家电维修等

宝、花草虫鱼、儿童玩具、游戏，以及剃头、祛痣等生活服务（详见表 5-1）。其中，食品和服饰摊位最多，占了庙会上总摊位的一半以上。

整体来看，庙会上所售卖的商品以当地人日常生活所必需之物为主。物品最突出的特点是价格实惠。例如，服饰大多在 10 元左右，一件皮衣吣喝的价格也才 60 元，铁器如一个镢头才 9 元钱，日用品小件都是 1 元、2 元，庙会上有数个全场 1 元 /2 元 /5 元摊位。

图 5-9　羲皇庙庙会上的套圈

庙会上的买卖过程也很具有熟人社会的特征，卖家与买家并不纯粹是买卖关系。在其买卖成交的过程中，还伴随着对农业生产、日常生活的对话以及卖家和买家过去的交情的回忆。例如，在一个卖铁器的摊位前，一位来买镢头的老先生和卖主（男性，65 岁）便坐着聊了好一会儿，才最终成交。其交易的过程如下：

　　卖主首先跟买主闲聊自己干这一行已经四十多年了，是老把式，进而聊到现在的生活。过了一会儿，买主请卖家报价：

　　买家："你留多少钱你说？"

卖家："算了吧，裂了吧 ① ！"

继续聊了一会儿天。

买家："（不留）我拿走了哈。"

卖家："你掏钱我收哎。你给我钱叫我收钱。你不给我钱，我怎么收是吧？我年轻……"

买家（给卖家 10 元钱）："随你留去吧！"

卖家找 1 元钱给买家，并说："你给我 10 元钱，这些是我的了，这个是你的，你收好。"

买家哈哈笑，打算离开，卖家又说："你吸棵烟再走？"

赶庙会的人以老年人居多，中青年与儿童较少。那些赶庙会的人中，许多并不纯粹是来买东西的，而是同时为了出来玩的。有的是老两口一起，有的是邻居们一起。许多人在庙会上只买一袋炒花生，提着边吃边到羲皇庙遗址上闲逛闲聊。四里八乡的老年人，尤其是老年男性，聚集在羲皇庙遗址上，仔细辨认着遗址上那些石碑上的文字，讨论着羲皇庙遗址的原貌，以及周边伏羲庙的情况。由于都是周边村落里的乡民，许多赶庙会的人彼此认识，即便不认识，人们似乎也有一种天然的熟悉感，许多人见了面都会打招呼，尤其是在羲皇庙遗址上。人们都认为今天的会人少，不热闹，都说三月三的会大、热闹。

下午 4 点半左右的时候，庙会上的人已经很少了，陆续有卖东西的摊位开始撤离。

（四）羲皇庙伏羲女娲神话的叙事形态

整体而言，今天羲皇庙周边的神话叙事主要有三种，一是口承叙事，二是景观图像叙事，三是仪式行为叙事。

1. 伏羲女娲神话的口承叙事

羲皇庙周边地区关于伏羲女娲神话的口承叙事全部依托羲皇庙及其周边景观展开，被讲述最多的两个主题是滚磨成亲和唐王重修，当地几乎人人知道，其中

---

① 邹城方言，意为"算了吧"。

尤以滚磨成亲的异文为多。目前，滚磨成亲的故事已经被列入济宁市市级非物质文化遗产名录。其余神话还涉及卧奶奶殿的方向、女娲的母职承担等。

在这些伏羲女娲口承神话的讲述中，有两点值得注意。第一，该地流传最广的滚磨成亲的故事，情节与当地地方景观如东凫山、西凫山和老磨台遗址紧密相关，当地乡民所讲述的内容只包括滚磨成亲的情节。不过，目前在新闻媒体的讲述文本中，滚磨成亲的故事相对复杂。例如，在2019年6月1日《大众日报·齐鲁人文》中有一篇题为《三月三》祭伏羲的文章，其中讲述的版本中除了滚磨盘的情节之外，还包括伏羲女娲兄妹二人投鞋、穿针等情节（详见附录）。第二，虽然滚磨成亲和唐王重修的神话故事当地人几乎尽人皆知，但真正能够讲述这些神话的主要是当地65岁以上的老人，尤其以老年男性为主。在课题组的调查中，虽然有若干女性讲述了立人烟的神话，但情节较之男性的讲述要简单很多，而且她们常常无法解释其所讲述的神话故事中的不合逻辑之处，这使她们倾向于否定自己讲述神话的能力。例如，当课题组成员请81岁的一位大妈讲伏羲女娲的神话的时候，她说，"不会，咱不懂得，不认字，白搭，没有记性。"她的回答非常有代表性，许多女性都说自己不识字，不会讲。因此，课题组收集到的口承神话主要是65岁以上的男性讲述的，讲述地点都是在羲皇庙遗址和朝拜广场等公共场所。同时课题组还注意到，男性讲述者在讲述滚磨成亲和唐王重修两个神话故事的时候，一般先讲述唐王重修的故事，再讲述滚磨成亲的故事。男性故事讲述者通常更愿意讲历史，而不是传说。显然，唐王重修是跟历史更接近的民间故事。但女性讲述者则比较少讲述唐王重修的故事，即便是讲述，也较少关注唐王是谁，甚至根本就不提主角是谁，而只讲述故事的核心情节。以下是课题组所收集到的伏羲女娲口承神话中比较有特色的文本。

（1）滚磨成亲

文本一①

那个是传说，女娲比伏羲要早1700年，他们根本不成夫妻。伏羲那时

---

① 讲述人：吕克城，男，70岁。记录人：王均霞。讲述时间：2019年10月28日（农历十月一）。讲述地点：羲皇庙遗址。

候是母系社会的后期，女娲在母系社会以前。女娲是人头蛇身。在年代上不能成为夫妻。女娲造人是一个传说。初一捏鸡，初二捏鸭，初三捏羊，初四捏狗……到了初七这一天，捏个人吧。人洗澡的时候，有灰。那是泥捏的。那时候没有记载。女娲是一种天神，是上苍赐的，赐给她以后要繁衍人类。女娲捏出的人都是箔晾的。正月初七是人节，烧香，纪念人的出生。祖先就是女娲造人。当时东凫山西凫山，这两个山很相近。原始几百年之前，那时候比这高，比这雄伟些。上苍为了制人，那时候天连水水连天，没有人烟了。要姊妹俩繁衍后代。姊妹俩怎么繁衍后代啊？血缘上好像……这样吧，东凫山、西凫山各放两个磨棋子。你们俩往下滚。同时放，如果合到一块儿了，那就成为夫妻。如果合不到一起，那就命该如此了。结果东凫山、西凫山放了两个磨棋子。那时候人都没有，哪有磨棋子啊？是两个大圆石。那边有个水库，水库旁边有个庙。那是庙东村的原址。放了两个大石头，椭圆形的石头，不是磨棋子。排那里，远看真像两个磨棋子。合成堆之后呢，就成夫妻。合不成堆就不成夫妻。结果，那么巧摞成堆了。天作之合。当时没房子呀，住洞吧。这里有个洞，叫小洞庙。两个人在洞里就成亲了。现在结婚成亲还叫洞房花烛夜。洞房的原词就在这里。多少年来，人就这么传说起来的。有人了，有祖先了，供奉祖先了，炎黄子孙都上这里来烧香拜佛。拜的是谁？伏羲。所以说，人的信仰就是人的向往。

文本二 ①

当时呢，历史上说，人烟繁衍很多了，后来天混沌了。有一个人，他家很阔，有一个男孩有一个女孩，他爹可能行了很多好事，后来他的石狮子就跟他（们）说了，明天什么时候天混沌，你爬到我肚子里，你哥爬到那个石狮子肚子里，你（们）就能逃过这一劫。后来天混沌了，混沌以后，等他们姊妹俩从石狮子里爬出来以后，也没有村庄了，什么没有了。后来以后怎么弄呢？他姊妹俩一看很单独，说如果要是在世界上光咱俩人，咱生活下去，

---

① 讲述人：王永会，男，74 岁。记录人：王均霞。讲述时间：2019 年 7 月 21 日。讲述地点：爷娘庙庙西村王永会家门口。

那就没有人了。后来就说滚磨成亲。西山一棋子磨，东山一棋子磨。你在那边伐，我在这边伐，这两个磨能滚到一坨儿，就能成亲，繁衍人类。南边有一个地方叫老磨台，那里有一个庙，扒了，有写的济宁文物保护。

文本三 [①]

在过去吧，发洪水了。那个山叫西凫山，这个山叫东凫山。姊妹俩一个上了东凫山，一个上了西凫山。那些人都没了，光撇下这么姊妹俩了。姊妹俩一看，没有人烟了，那怎么办啊？还得繁衍后世啊，姊妹俩又不能结为夫妻，那违背天意。那得想法繁衍人啊！后来，正好一盘磨，你懂得磨吧？发水的时候，漂到这边山上一棋儿，漂到那边山上一棋。姊妹俩就从山上伐磨棋儿。如果这个磨棋子滚到中间，这么合上堆，就能结为夫妻，老天允许。如果是分散开，就不行。姊妹俩一伐呢，正好合上了，正好这棋压到那棋上了，这就说明符合天意，结为夫妻，生孩子。到后来，光指望他两个人造人才造几个人呀？啊——造不上。女娲神用泥捏人。现在人一搓，身上还有灰。实际上并不是灰，人是泥捏的。为什么有瞎子瘸子呢？哑巴呢？当时捏的人太多了，晒不干，天下雨了，把人淋了。把人都淋成掉腿的，也有掉胳膊的，也有瞎眼的，也有不会说话的。这么着，到现在人有这些缺陷。后来，尽淋，捏的那些人那不都淋坏了？女娲娘娘炼五彩石补天，那不托着块石头，把天给补上了。下雨是因为天漏了。现在下雨，就是没补严的雨星儿。

文本四 [②]

大禹时候淹的没有人了，剩下姊妹俩。水耗下去了，他们俩出来了。神仙说，恁俩得成夫妻。俺姊妹俩不能成夫妻。恁姊妹俩不成夫妻，不能繁殖人烟，没有人啊，怎么办？俺姊妹俩不能成亲。（伏羲女娲）东山抱一个磨棋子，西山抱一个磨棋子，合在一块儿，就成夫妻。神仙点化的，正合在一

---

① 讲述人：李来兴，男，70岁。记录人：王均霞。讲述时间：2019年10月28日。讲述地点：羲皇庙遗址。

② 讲述人：王先生，男，64岁。记录人：王均霞。讲述时间：2019年7月21日。讲述地点：朝拜广场。

起了。合在一块，姊妹俩还是不愿意不成啊，姊妹俩还能成夫妻？那不行。那不行那怎么弄？没法繁殖人了。没有人那俺姊妹俩捏泥人吧。为什么现在有残疾人呢？有瞎子、瘸子。他捏的泥人多了，下雨了，拾不迭了。又耙又扫，也有往屋里楼的，也有扫断腿儿的，也有戳瞎的。现在各处都供他的像呢，这是人的老祖先，就像咱家里供奉着老爷爷、祖老爷爷的牌位、相片。

文本五 [①]

那时候没有人。说东凫山一棋子磨，西凫山一棋子磨。姊妹俩，没有人了，无依无靠喽，在这里立人烟。伐这个磨，他伐一棋子，她伐一棋子。伐了老磨台，合成一堆，他两个人滚磨成亲。人祖老爷人祖奶奶，在这里塑的这个神啊，就是这么一回事。这个水库西南角里，高搁子上，老磨台。就是滚过去的，滚那里滚磨成亲。现在不见这个磨多年了。滚磨成亲立人烟。

（2）唐王重修

唐王重修的故事被讲述的频率几乎跟滚磨成亲的故事一样。那些故事讲述者，尤其是男性故事讲述者，讲述跟羲皇庙有关的故事的时候，几乎必定会讲起唐王重修的故事和滚磨成亲的故事，而且唐王重修的故事总要先于滚磨成亲的故事。不过，在诸多关于唐王重修的故事讲述中，讲述者很少会明确故事中那个帮助唐王的老太太的身份，只简单地说她是神仙，但也有一些故事的讲述者说老太太是女娲。[②]

文本一 [③]

当时呢，据说，那里有一个小屋，小屋里住着一个老太太。我给你说的是传说，而不是历史。后来唐王李世民征东的时候，唐朝它的开发地是在西

---

① 讲述人：李女士，女，81岁。记录人：王均霞。讲述时间：2019年7月23日。讲述地点：爷娘庙村水库旁。

② 例如，2019年10月28日吕克城先生在提起建庙的传说的时候，就提及："据说唐王李世民在这里休整过部队。那时候的人信迷信。可能是女娲现身吧，女娲显灵了。"

③ 讲述人：王永会，男，74岁。记录人：王均霞。讲述时间：2019年7月21日。讲述地点：爷娘庙庙西村王永会家门口。

安，李世民是第二世，他父亲李渊是第一世，他还有三个弟弟。后来他征东，据说来到这个地方。来到这个地方，可能人困马乏。走到这个地方以后呢，看到有一个小草屋，有个老太太在那儿纺织。李世民的下人就给李世民汇报了，说老太太在那儿纺织呢，你上那里问问去。李世民就上了老太太那儿就询问这个地方的民俗，在这儿住了多少年了。老太太问他了，你问我的目的是嘛呢？我们就是人困马乏，想找点水喝，弄点食物吃。老太太很善良，就给他掌了一个小锅，放了点米、豆子，能饮食的东西，就给官兵吃了。后来呢，这也是一个传说。就说官兵你舀也有，他舀也有。可能人都吃饱了，小锅也没有了。后来，临走之前老太太问李世民是什么兵？李世民就说，我是唐王李渊的儿，我叫李世民。我是来统一天下，扫平这些贼寇的。说完以后呢，据说一转眼，也没有这个老嬷嬷了。后来李世民当权了。当年李世民走的是那种很和平开放的那种社会。为了纪念老太太对他的支援，就想在这里修这个庙不行。但是这个庙在哪里呢，他也忘记了。后来呢，选址就选了……这个山那边有个庄，叫陈庄，那里。后来呢地基落不下，这个庙台子打好了，地基不下。就来这边看看，哎，这边好像是咱当时在这里吃过饭的地方，后来他就把这里固定住了，就在这里修庙。当时可能他的手下的人上这里来吧，立了一个小碑，写的是唐王重修。写的唐王重修的那个碑呢，你看的那个高碑西边，有二十米，下边有个溶洞，这个碑在那上边。

文本二①

这个庙最早最早了，全球全世界这个庙是第一个，最早。什么时候建的，那谁也不知道。据二十年前，考古专家，济南的北京的到处都来化验这个情况，考这底下的砖瓦石片，不知道多少年了。光知道第三次某某人建的。第一次谁建的，第二次谁建的不知道。第三次是谁建的呢？唐王李世民。唐王李世民领兵打仗，在这个地方被困了。困了这个地方天晚了，想找口水喝。一看呢，那里有灯亮，就奔着那地方去了。一个老太太，一个小锅权，烧了点米汤。就说俺找口水喝吧，也并不是说就喝你老太太那点水。看

① 讲述人：王先生，男，64岁。记录人：王均霞。讲述时间：2019年7月21日。讲述地点：朝拜广场。

看你有凉水吗？有井吗？这么些人提点水喝。老太太说，你有多少人，说多少人。老太太说，你排着号舀吧。尽喝尽有，尽喝尽舀。都喝差不多了，李世民说，还有这些牲口也得饮。老太太说，上边有水，有泉。老庙上边有泉。李世民说我以后平叛了，我得地了，我得来重修庙宇，我找什么地方啊？老太太说，你找八卦山。一个山顶，八个小个胳拉瓣（膝盖）。她说你到这里找八卦山。领兵打仗，走到邹县南关，又在那儿困住了。那儿有个唐王湖咧，护驾山。以后得了地，来修的这个庙。他是修的第三次。很古老，我记事的时候，那柏树，五六个人搂不过来。

（3）其他关于伏羲女娲的口承叙事

除了以上最经常被提及的两个口承神话故事之外，还有一些与羲皇庙上其他景观相关的伏羲女娲的口承叙事。但这类口承叙事文本目前收集得非常少，很少有受访者主动讲述这些神话故事。在课题组此次田野调查中，只收集到两个相关文本，兹录如下：

女娲和十八男十八女 ①

我记得，那十八男十八女的洞庙，是个溶洞，得有一里路，是上楼庙下楼庙，原来给小孩点花花都去那里。② 十八男十八女就是爷娘他们生的。十八男十八女还在洞里塑着，也有看这的，也有看那的，还有跪着的，很逗人玩，也很吓人，都还没转人形呢！还有尾巴，穿着簸箩衣。那时候爷娘也没什么吃的，他妈妈（指女娲）养不了了，要跑了，就从这个洞里钻走了，（钻）上去一看，还是十八男十八女，他妈妈就不能逃避了，繁衍生息。③

---

① 讲述人：王永会，男，74岁。记录人：王均霞。讲述时间：2019年7月21日。讲述地点：爷娘庙庙西村王永会家门口。

② 点花花是指点天花。

③ 杨利慧所著《女娲溯源——女娲信仰起源地的再推测》中有一张来自邹县羲皇庙的女娲像照片，女娲像下有诸多儿童塑像。据介绍，羲皇庙所在的凫山"山顶一巨石下有石洞，上书'女娲庙'，内塑女娲像"。结合王永会老先生所讲故事，疑该照片即其所说的十八男十八女洞庙中的女娲塑像。参见杨利慧：《女娲溯源——女娲信仰起源地的再推测》，北京师范大学出版社1999年版，第33页。

女娲补天和卧奶奶监工 ①

这个庙（羲皇庙）还有一个回门朝北的庙呢，那是卧奶奶。西北风，西北风，西边有个窟窿。刮西北风为什么冷呢？天上有个窟窿。女娲娘娘补窟窿，卧奶奶得监工。

2. 伏羲女娲神话的景观图像叙事

羲皇庙周边与伏羲女娲神话有关的景观图像叙事主要包括三部分：一是羲皇庙遗址的伏羲女娲神话景观叙事；二是新的朝拜广场的伏羲女娲神话景观叙事；三是爷娘庙村村内的伏羲女娲神话图像叙事。如果将羲皇庙遗址上的伏羲女娲相关遗迹视作是一种传统的神话叙事形态的话，新的朝拜广场的伏羲女娲神话叙事与爷娘庙村村内的伏羲女娲神话图像叙事则可视作新的伏羲女娲神话叙事形态。

（1）羲皇庙遗址的伏羲女娲神话景观叙事

由于历史上的历次损坏，现存的爷娘庙庙宇的壮观景象只存于中老年人的记忆中，实景已经不复存在，但相关的祭祀活动仍然在遗址上继续存在。在羲皇庙遗址上，香火最旺的地方便是人祖殿和玉皇殿两个殿，尤其是人祖殿，是来烧香的人们必定要烧香的地方。现在人祖殿仅存地基，地基上摆满了当地乡民从家里送来的各种神像，如观世音、财神爷、弥勒佛、元始天尊等，甚至还有一些摇钱树以及与神仙有关的年画也被送到这里来。人祖成了一种隐形的存在，新的神灵被重新置于人祖殿遗址之上。人祖殿前每天香火不断，初一、十五来烧香的人尤其多，因而在人祖殿前总是堆满香灰。尽管并不是每个香客都知道该殿是人祖殿，但正因为它是人祖殿才有了今天旺盛的香火。

同时，爷娘庙村及周边村落的人们，仍然不时——尤其是在三月三和十月一庙会上的时候——在庙宇的断井残垣上谈论着与伏羲女娲有关的记忆。2019年10月28日（农历十月初一）爷娘庙庙会的时候，来自四里八乡的赶庙会的人，尤其是中老年男性，聚集到羲皇庙遗址上，相互谈论这个庙宇以前哪里是人祖

---

① 讲述人：王永祥，男，86岁。记录人：王均霞。讲述时间：2019年7月21日。讲述地点：爷娘庙庙西村王永会家门口。

殿、哪里是伏羲楼、哪里是女娲殿、哪里是卧奶奶殿。另外，在庙宇遗址之上存留的 5 根八棱柱上，有人用黄笔书写了包括伏羲、女娲娘娘在内的诸多神灵的名字，当那些烧香的香客被问起羲皇庙上神灵的名字的时候，他们就会让问者到这儿来看。

除了庙宇遗址上的相关景观之外，现在在爷娘庙庙址之外的小山坡上私人修建的小庙中还塑有伏羲女娲塑像。由于小庙庙小而且庙门被用细钢筋封住，从外面不太容易看清庙里边的塑像。阳光好的时候，可见庙里有一男一女两尊塑像，女神塑像底座上黑笔书"女娲娘娘"，男神塑像底座上红笔书"太昊伏羲"。女娲左手持如意，样貌颇似观音。伏羲则左手置于膝上，右手持红旗。这里也是许多香客来烧香的地方。

（2）新的朝拜广场的伏羲女娲神话景观叙事

新的朝拜广场距离爷娘庙遗址大概 2 里地，从山下到达朝拜广场还需要爬很多级台阶。广场上伏羲女娲塑像为巨型红色石刻雕像，伏羲长发短须，面貌冷峻，手持形似磨盘的八卦石，巍然耸立于广场中间。伏羲右侧为女娲，人首蛇身的女娲较之伏羲身型瘦小，双手擎起补天的五彩石，立于祥云之上。伏羲女娲塑

图 5-10　爷娘庙村的朝拜广场

像前置黑色香炉，香炉上书"寻根源祭始祖"。这个朝拜广场成为讲述伏羲女娲神话的新地标，自 2016 年开始的伏羲祭祀大典的部分典礼就在这儿举行。当课题组向村民们打听伏羲女娲的神话的时候，村民们的第一反应就是让课题组去朝拜广场看伏羲女娲的雕像。在朝拜广场下方还有一许愿池，池中置一白色大理石女娲像。女娲的形象是人首蛇身，头顶五彩石，脸侧向右手边。许愿池前置一香炉，据当地人说，这个愿池许愿，求子特别灵验。另外，在爷娘庙庙东村村委会的墙角还供奉着两组伏羲女娲铜像，两组铜像完全一样，跟朝拜广场的伏羲女娲形象十分相似。看起来是雕塑起来之后被废弃的雕像。但人们仍然在雕像前放置了香炉。这些新景观构成了当代伏羲女娲的新的叙事形态，使得文献记载中的伏羲女娲形象进入寻常老百姓的日常生活。

（3）爷娘庙村村内的伏羲女娲神话图像叙事

与滕州两城伏羲庙周边丰富的伏羲女娲图像叙事相比，爷娘庙村的伏羲女娲图像叙事显得简单。我们只在庙西村党群服务中心附近发现了一些。党群服务中心墙壁上的画是从"始画八卦　肇启文明"几个字开始的，在绿树山峦的背景之上，先有一段文字介绍伏羲的功绩，内容为："《易·系辞下传》述古誉伏羲氏之造天下也，仰则观象于天，俯则观象于地，观春秋之交接。近取之身，远议诸物，于是始画八卦，以通神明之德，以类万物之情。是说伏羲氏通过天地万物等自然现象创造了八卦，揭示了自然界中万事万物运行变化的规律，是中华文化史上的伟大创举。"[①] 紧接着的画面内容为站在山坡的长发短须的伏羲氏，头顶有一八卦，其视线前方有太阳，有两只鸟栖于太阳之中，太阳旁边则是一匹飞马、五只飞鸟在翱翔，地下则是苍茫流水。接下来一幅画为"女娲补天"，画面左侧为人首蛇身的女娲双手擎补天之石，飞翔于云彩之间。右侧文字为："至帝羲皇俎豆瑟渔八卦珠玑，沧桑浩宇祭金乌，一脉相承邹鲁郭里神州圣地，东夷穿越开□女娲炼石补天殊，□华人间今古。"第三幅描述的是伏羲氏"结网佃渔"的事迹。画面左侧伏羲氏席地而坐，忙于结网。画面右侧文字为："《抱朴子》说伏羲氏师蜘蛛而结网。《易·系辞下传》述庖羲氏之王天下也，创结绳而为网罟以佃以渔。伏羲氏受蜘蛛结网的启示发明了网罟。人类开始用网捕鱼套猎，使生

---

① 本部分对街头民俗画中的文字部分的呈现，标点符号均为作者所加。

产有了较大的发展。"第四幅描述了伏羲氏养育牺牲，文字内容为"网捕生产的发展，俘获食物供人们食用后剩余较多。《路史·后记》云，伏羲氏养育牺牲，伏牛马羊，本意伏化牺牲。故曰伏羲氏王皇平记云养收牺牲以庖厨。伏羲氏教人养育牺牲伏牛马羊，人们逐渐从自然采集经济开始走向原始畜牧业经济。"转过来墙上的画面为伏羲氏骑马，旁有一只山羊。服务中心厕所墙上是伏羲女娲"滚磨成亲"的神话。整体画面构成如下：在起伏的山峦之间，伏羲女娲男左女右分处两座低矮山头，正各滚一个磨盘。画面的上半部分是一首诗，诗的内容如下：

滚磨成亲

滚磨成亲圣光德　补天纳地帝先皇　区别姓氏一风起　始完婚姻百姓昌
怒斗冀龙民不危　乐造笙簧世安享　辉发两祖日盈月　故地重修阴抱阳

　　另外，在党群服务中心斜对面、村里已经干涸的小河对岸一户人家的两面墙上还有两幅展示伏羲功绩的画面，一幅是钻木取火，一幅是流水造田。"钻木取火"的画面内容为伏羲氏钻木取火成功，旁边文字为："燧人氏发明了打击燧石取火。《阿罟挺辆佗》述伏羲禅于伯牛钻木取火，用火庖熟食物，烧金冶金，促进了人们健康的水平的提高和手工业分工的提高。""流水造田"的画面中的伏羲氏手持农具，文字内容为《甘肃人物志》说：伏羲氏命粟陆氏繁滋草木，疏导流水毋急于时，命阴康氏主水工屯田，进行刀耕火种，播耕植疏形成了原始农业的初形"。

　　这些图像景观与朝拜广场的塑像景观的叙事内容与逻辑有很高的相似性，构成了新时代的、具有官方背景的伏羲女娲神话新的叙事形态。

　　3. 伏羲女娲神话的仪式行为叙事

　　羲皇庙中关于伏羲女娲神话的仪式行为叙事主要集中在每年三月三的祭祀伏羲女娲大典中。该祭祀大典由当地相关政府部门联合邹城民间文化学者共同设计，自 2016 年起，持续至今已经连续举办四届了。其仪式本身就是对伏羲女娲神话的当代叙事。以下将简述羲皇庙中的伏羲女娲神话的仪式叙事。由于时间的限制，课题组未能实地调查三月三庙会的祭祀仪式，因而，本部分内容均依据相关媒体报道与相关文献记载而形成。

2016 年农历三月三，羲皇庙开始举行伏羲女娲祭祀大典。祭祀大典分三部分：一是在新的朝拜广场举行现代缅怀典礼，跳八佾舞，击鼓鸣钟，恭读祭文。二是在羲皇庙遗址上举行上古祭祀典礼。在此上古祭祀仪式上，祭拜人员身着兽皮树叶、脚穿草鞋，在巫师的带领下跳祈求风调雨顺的灵星舞。当地流传的反映伏羲女娲兄妹婚神话的民间歌谣也被配乐演唱。现场使用牛角号、陶鼓、骨笛、陶埙等乐器演奏。据悉，这些乐器均是依据古籍中的记载、野店遗址出土的陶鼓、陶号等复制出来的。其中的陶器彰显了伏羲制陶之功。第三部分为文明礼仪祭祀典礼。上古仪式结束后，依古代太牢之礼，共同祭拜伏羲女娲。①

自 2016 年之后至今，每年三月三，伏羲女娲祭祀大典都如期举行。同时，为配合伏羲女娲祭祀大典，郭里镇政府还"以伏羲女娲文化为主题，相继举办了海内外诗词楹联、绘画等系列有奖征稿活动"。②

在这些祭祀活动中，尤值得一提的是其中的祭文，祭文内容中有很大篇幅是对伏羲女娲的创世功绩的描述。兹录 2016 年和 2017 年的祭文内容如下：

（1）2016 年祭文③

丙申年祭祀伏羲女娲大典古帝祭文

维丙申年壬辰月辛酉日，农历三月初三，西历 2016 年 4 月 9 日吉时。华夏儿女肃立于古高平伏羲祖庙遗址之上，依制用太牢之礼，具桂酒椒浆，同缅怀中华民族人文始祖伏羲古帝。文曰：

天地初开，洪水浩荡；雷泽云锁，大野腾浪。

天倾东南，地隆西疆；鳌足擎天，四极乃张。

炼五色石，日月再光；滚磨成亲，凫山之阳。

繁衍生息，姓氏首创；造字斫琴，画卦结网。

---

① 本部分的描述主要依据：本报通讯员王崇印、本报记者陈巨慧：《三月三　祭伏羲》，《大众日报》2019 年 6 月 1 日；杜淳：《人文资源视阈下的伏羲信仰活态传承实践——以山东邹城为例》，《世界宗教文化》2019 年第 5 期。

② 段成荣、王崇印：《山东邹城传承伏羲女娲文化实践初探》，《人文天下》2019 年第 17 期。

③ 刘真灵：《邹鲁凫山话伏羲》，齐鲁书社 2017 年版，第 354 页。

俪皮为礼，昏时参商；人猿揖别，道界洪荒。

功施至今，源远流长；汉启高祖，殿宇台隍。

三国两晋，经隋历唐；宋增旧制，大明纪纲。

五楹三进，飞檐回廊；松柏森森，碑碣琳琅。

战火硝烟，一炬而丧；盛世再来，文化繁昌。

奎娄拱照，孔孟之乡；春来高平，百花绽放。

峄山着翠，孤桐绝响；凫岭老树，再披新装。

亘古邹鲁，礼仪之邦；追根溯源，稽古考往。

是乃吾祖，庙号爷娘；岂敢废祀，遵典循章。

菹醢鳔脯，桂酒椒浆；琼花芳草，簋簋稻粱。

太牢在案，俛伏墀上；香火永续，庇佑吾邦。

创新协调，绿色开放；复兴梦想，在即在望。

今日之祭，昭告羲皇；大礼告成，伏惟尚飨。

撰文　邑故举人董锡蕃曾孙董伟

（2）2017 年祭文 [①]

2017 年的祭文分羲皇庙遗址祭文和朝拜广场祭文。羲皇庙遗址祭文为：

丁酉年祭祀伏羲女娲大典遗址祭文

天地之初开兮，洪水浩荡。

雷泽其云锁兮，山环陵襄。

天倾于东南兮，地隆西疆。

断鳌足以擎兮，四极乃张。

炼石以补天兮，日月重光。

承命而造物兮，一阴一阳。

削峄阳之桐兮，为琴声亮。

---

① 刘真灵：《邹鲁凫山话伏羲》，齐鲁书社 2017 年版，第 359—360 页。

斩泗上之梓兮，成瑟交响。

伐邹山之竹兮，笙箫悠扬。

凿泗滨之石兮，编磬两行。

柔羽畎之藤兮，交结成网。

参天地之机兮，画卦成象。

制俪皮为礼兮，婚入参商。

华夏之肇基兮，文明开创。

天眷吾邹鲁兮，孔孟得降。

千年而一脉兮，礼仪之邦。

数典而念祖兮，稽古考往。

薪火递万世兮，永受无疆。

伏惟尚飨！

撰文　邑故举人董锡蕃曾孙董伟

丁酉年祭祀伏羲女娲大典朝拜广场祭文

维公元二〇一七年三月三十日，岁在丁酉三月初三日，时值郭里镇伏羲女娲祭祀大典在即，华夏子孙，云集于此，恭祭人文始祖羲皇，辞曰：

巍巍华夏，赫赫羲皇。溯源郭里，人祖故乡。

追宗念祖，斟酒焚香。仰承圣德，教化万邦。

一画开天，文明始创。福恩浩荡，功德昭彰。

赫兮圣祖，壮哉羲皇！取火谋生，兴渔结网。

制琴造瑟，修舍建房。初制九针，推研八卦。

德扬四海，威镇八荒。伟兮圣母，大哉娲皇！

炼石补天，断鳌立极；日升月亘，天阔地方。

繁衍族类，纳鼓制簧。德风垂范，龙脉永昌。

帝神羲祖，圣母娲皇。四海尊崇，众生敬仰。

万年血脉，千古风华；龙吟凤鬻，勒石留芳。

恭谢皇恩，长荣郭里；乘风逐浪，励志图强。

黎民得福，盛世呈祥。感恩圣祖，兴我中华。

开来继往，国运无疆！谨呈肴馔，告慰吾皇。

礼敬心诚，伏惟尚飨。

撰文　山东　吴爱芹

结　语

以上对山东省济宁地区的伏羲女娲神话叙事形态进行了整体介绍，并通过实地调查，较为详尽地介绍了邹城市郭里镇羲皇庙遗址的当代伏羲女娲神话叙事形态。总结起来，可以发现当代山东济宁地区的伏羲女娲神话叙事有如下特征：

第一，济宁地区有丰富的伏羲女娲神话的叙事传统。

济宁地区的伏羲文化源远流长。一方面，在典籍的记载中，人们认为伏羲氏与济宁地区渊源深厚，例如，人们认为伏羲氏的后裔在济宁地区建立了任国。传统上，济宁地区伏羲庙众多，与当地民众的日常生活关联密切。另一方面，以嘉祥县武氏祠为代表的济宁汉画像石中也有诸多关于伏羲女娲形象的汉画像石。今天，济宁地区的伏羲女娲神话叙事系统在保留了以上两个方面的同时，新的以伏羲女娲神话叙事为中心的景观打造，如伏羲文化产业园、广场以及乡村民俗画等，进一步丰富了当地伏羲女娲神话的叙事系统。

第二，伏羲女娲神话的叙事形态由传统的口承叙事向新兴的景观图像叙事和仪式行为叙事转化。

在国民的受教育水平普遍提高以及人口流动性加强的社会大背景下，传统的伏羲女娲神话的口承叙事传统渐趋式微，但伏羲女娲神话的叙事并没有式微，新的景观图像叙事与仪式叙事代之而起，成为极富时代特色的伏羲女娲神话叙事形态。如前所述，在课题组的调查中，当课题组向当地乡民询问关于伏羲女娲的神话故事的时候，当地人常常表示自己不会讲，让课题组成员去问 70 岁以上，尤其是 80 岁以上的"有年纪"的。但 80 岁以上"有年纪"的人数量越来越少，而且身体状况已经慢慢不允许他们很好地讲述神话了。在非物质文化遗产保护的时代背景下，相关政府部门的介入，使得传统的伏羲女娲神话的讲述逐渐转向景观图像叙事与仪式行为叙事。例如，微山两城镇伏羲庙周边村落街头和邹城郭里镇爷娘庙村街头的民俗画，以及邹城郭里镇新建的朝拜广场和在建的伏羲文化产业

园已经和即将成为伏羲女娲神话的新的叙事载体。另外，两城镇伏羲庙和郭里镇
羲皇庙每年三月三举行的伏羲女娲祭祀大典也成为伏羲女娲神话新的仪式行为叙
事载体。

第三，伏羲女娲的始祖神神格被突出强调。

在非物质文化遗产保护的时代背景下，当地伏羲女娲神话叙事日渐成为一种
重要的文化资源被开发与利用。在这种情况下，由多方参与的当地伏羲女娲神话
叙事中，伏羲女娲作为中国民族的始祖神的神格被突出强调。例如，当地被纳入
国家重点文物保护单位的邹城羲皇庙和微山伏羲庙周边的景观图像以及由政府相
关机构主导的三月三伏羲女娲祭祀大典均不断强调伏羲女娲的始祖神神格。这将
成为当地伏羲女娲神话讲述的现代趋势。

（王均霞，华东师范大学社会发展学院副研究员）

第六章　甘肃天水地区的伏羲神话与信仰

张　迪

伏羲神话是中华民族的创世神话之一，也是民族血缘和文化认同的重要来源。几千年来，与伏羲相关的神话传说生生不息，围绕伏羲进行的信仰和民俗活动代代相承，在人们的日常文化生活中充当着重要的角色。在当代，伏羲神话依然保持着蓬勃的生命力，以更广泛的形式参与到人们的日常生活中，如文化生产、旅游开发、艺术创作等。

在很长的历史时期中，多地民众都有祭祀伏羲的传统，伏羲神话或伏羲信仰的遗存分布广泛，无论是口头传统还是建筑遗迹，或是与之相关的民俗行为，遍布多个省市地区，甚至在台北市也有伏羲八卦庙，另外在境外也有分布，如日本静冈有伏羲庙等。其中，甘肃天水是最重要的神话流传地之一，具有深厚的伏羲祭祀的官方传统，与伏羲信仰相关的民间崇拜活动在地方群众的文化生活中占据了重要的地位，甚至形成了独具特色的祭祀仪式和民俗行为。尽管历史中伏羲的祭祀中心几经变化，但由于建筑规模宏大且处于传说中伏羲生命历程的起始地，天水始终是伏羲祭祀的重要圣地之一。

随着20世纪80年代以来文化复兴的浪潮，中断一时的民间信仰重新走到台前。在天水地区，民众对伏羲信仰的私人崇拜行为首先得到恢复，人们慢慢恢复了在农历正月十六朝人宗庙的习俗，除了烧香求吉之外，最受群众欢迎的还是"灸百病"习俗，人们携家带口，三五好友相约，将参与"灸百病"看作一种象征着新年完结的仪式感行为，仿佛只有参与了这项活动，才意味着上一年完美的结束，下一年又重新开始。随后，1988年，在官方的正式倡导下公祭仪式很快得到重建并大获成功，这一举动又反过来促进了民间祭祀仪式的不断完善和复原，直至逐渐形成相对固定的流程。随着时间推进，伏羲信仰的内容不断叠加，与伏羲神话相关的文化活动规模不断壮大、文化生产不断丰富，伏羲文化逐渐成为了天水地区的地方标志性文化。围绕伏羲神话所生产出的文化活动和文化产品，为该地全体民众所共同享有。

2011 年由天水和淮阳共同申报的"太昊伏羲祭典"进入第一批国家级非物质文化遗产名录，进一步通过国家话语认定了甘肃天水和河南淮阳在当代伏羲神话祭祀体系中的中心地位。随着天水伏羲公祭大典的祭祀规格逐渐升高，2014 年起，天水与台湾不同城市共同举办公祭伏羲大典的活动被纳入常态，祭祀仪式由省政府、国家侨办以及民间组织合办，在媒体宣传中尤其注重突出两岸代表交流文化、加强情感联络的政治文化象征意义。某种意义上说，伏羲信仰的复兴，也是地方政府结合人民现实存在的精神需求，以及扩大地方经济政治影响力的初衷做出的文化建构。

刘铁梁认为传统民俗志书写体例存在着将作为整体并且具有互释性的生活文化割裂的倾向，提出了"标志性文化"这一核心概念。所谓标志性文化，是指能够反映某一地方的特殊历史进程和贡献，体现地方民众的集体性格和气质，具有薪火相传的生命力，深刻地联系着地方民众的生活方式和诸多文化现象的文化。对于标志性文化的调查和深入研究，对地方社会协调发展和增强社会自我调节能力具有重要的参考价值。一个地域或一个群体的标志性文化，既包含丰富的细节，又象征地反映出该特定地域或群体的整体生活秩序和精神世界的动态，是人们通过集体记忆进行传承，进而自然习得的重要习惯。这种文化现象就成为我们认知、解释该地域和群体社会的一把钥匙。[①] 在今天的社会生活中，民俗文化受现代性影响呈现不同程度地碎片化，因此我们更应当将其放置在一定时空的社会生活和文化传承的场域中，解剖和理解其相互之间的联系。要在生活文化层面的向度上理解民众生活，要将其作为一个整体考察，分析研究出文化的特征，或文化中的关系、秩序和逻辑。本章即是基于对天水地区的伏羲神话及其信仰的田野调查，以期对天水作为伏羲神话的核心流传地域的地位做更深入的理解，并探讨

---

① 刘铁梁：《"标志性文化统领式"民俗志的理论与实践》，《北京师范大学学报》(社会科学版)，2005 年第 6 期。

伏羲神话的复兴对地方文化生态带来的影响。

本章是基于作者在 2016—2019 年间的几次田野调查而形成的，主要田野地点为天水西关伏羲庙、天水三阳川卦台山、甘谷县女娲祠和甘谷大像山。主要访谈对象是参与信仰活动的市民、参与旅游行为的游客、参与组织和规划伏羲文化活动复兴的官方工作人员等，以天水西关伏羲庙的正月十六民间庙会和夏至日公祭伏羲大典为主要考察对象。

由于伏羲神话的传播具有一定的规律，在特定区域内，越是叙事形态种类丰富、密集，越是距离重要的信仰标志物地理距离接近，信仰就越浓厚，因此在伏羲神话流传中心区域内的城市居民，即天水城区的普通民众是重要的调查对象。尽管由于生长环境、工作环境以及个人兴趣的不同，民众对伏羲神话的接触和传承接受度具有极大的差异，但这些具有高度差异性的个体，却通过共同的祭祀历史和崇信活动形成了较为统一的地域化观念，具有相对一致的认同。

由于在当代城市建设中，伏羲神话越来越多的不仅仅被视为文化传统，而是被当作一种可利用的文化资源，进而能够被转化成文化资本，成为地方政府构建地方文化特征和城市形象的重要依据。原本伏羲神话的传承局限于父辈的口头讲述和故事情节的不断变异丰富，随着时代的发展和生活方式的变化，科技带来了传播形式的丰富和人们生活方式的变革，伏羲神话更多地以可视化的手段展现，并以文化活动的形式介入人们的日常生活。在这一变革的历史进程中，在公祭大典的发明与新传统的创造中，官方由于具有利用政策优势、调动各方资源的便利，以及在媒体宣传中也充当着绝对主导地位，而始终起着关键性的引领作用。因此，从政府官员或是从事伏羲文化复兴活动的官方从业者的立场出发，对伏羲神话的传承会有不同的认识。最后，随着交通条件的便利和产业升级，越来越多的外地人进入天水地区开展旅游观光活动，为了迎合游客的审美和消费品位，天水地区的伏羲神话传承也进行了一定程度的适应性改变。

一、天水地区伏羲神话的表现形态

天水位于甘肃东南部，是古丝绸之路必经之地，全市横跨长江、黄河两大流域，新欧亚大陆桥横贯全境。仔细观察地图可以发现，天水处于中华大地版图的几何中心地带。虽地处西北，但坐落在 400 毫米等降水线附近，气候温润舒适、四季分明，非常适合人类生存，为远古文明发源奠定了优良的自然条件。天水处于陕西、甘肃、四川三省交界之处，文化杂处并包，拥有深厚的历史积淀，重要的地理位置使其成为"陇右第一重镇"，在历史上多是兵家必争之地。三国时期，天水处于蜀魏交锋的前沿，诸葛亮六出祁山、痛失街亭、智收姜维、计杀张郃等重大战事，都发生在天水，目前境内有街亭、天水关、木门道、诸葛军垒等多处三国古战场遗址。三国文化是天水历史厚重的一页，也是天水历史极负盛名之所在。由于险要的地理位置，该地域至今仍有深厚的习武习俗，形成了崇武的民间精神风格，多位战功赫赫的将军皆出于此，如收服了天水冀县（今甘肃甘谷东南）的"凉州上士"姜维、出身于著名的陇西李氏的飞将军李广、西汉著名将领赵充国，以及近代重要的西北爱国将领邓宝珊等，使这座城市在厚重的历史韵味中增添了一抹雄浑的英雄气概。由于地理位置显赫，易守难攻，相对处于比较安全的自然环境形态，某种程度上封闭的交通也为古文明能够不间断的传承提供了客观条件。

司马迁说"昔三代之居，皆在河洛之间"，指的就是以伏羲为首的上古氏族部落生活的黄河和洛水附近。据考证，其地理位置很有可能位于天水秦安县东北的大地湾文化遗址。目前为止考古发现最早的卜骨是公元前四千年前后的甘肃武山县马力乡傅家门遗址发掘的带有灼痕与阴刻符号的卜骨。[①]武山县属于天水地区，是伏羲信仰的辐射区，因此可从考古推测，天水地区很早之前就有人类生存甚至进行信仰活动。再加上近代天水师赵村、西山坪和秦安大地湾遗址的考古挖掘和研究成果，发掘出大量的彩陶、最早的农作物黍、发现了记事符号以及宫殿式建筑、地画等，都表明当时的人类文明已有了相当的高度。在这三处遗址中，第一，所反映的文化年代与伏羲时代在公元前 32 世纪之前是相吻合的。第二，所处的地域与伏羲生于古成纪的说法是相一致的，尤其是大地湾遗址所处的位置与汉初古成纪的治所位置一致或相近。第三，大地湾遗址出土的实物与伏羲文化的内涵有许多相同或相似之处。[②]伏羲氏族早期的文化形态与天水史前遗址特别

---

① 邹新明：《敬天的信仰》，北京语言文化大学出版社 2001 年版，第 6 页。

② 李宁民：《人祖伏羲与宗庙》，作家出版社 2015 年版，第 40 页。

是大地湾遗址挖掘出的文化层面相当接近，时空关系大体一致，印证了伏羲氏族早期活动的地域范围极大可能位于此地，并且也为伏羲文化的发源提供了很好的史料佐证。

天水地区十分丰厚的文化底蕴，形成了以伏羲文化、秦文化、石窟文化、三国古战场文化、大地湾文化为特色的文化集群，他们分别代表着神话历史、封建国家历史以及考古历史中最有分量的部分。佛教文化、道教文化以及民间信仰在当地杂糅并处，相互吸取所长，在祭祀伏羲的民间仪式中，既能看到道教科仪伴奏，也能看到佛教信徒一边唱念"南无阿弥陀佛"一边跪拜叩首。因此，伏羲文化在天水显现出一种融合的特征。

新中国成立后，由于特殊的地理位置，在"三线"建设中，天水安置了一大批电子军工产业，为共和国的安全作出了一定的保障工作。在这些优秀国有大型企业西迁的过程中，最珍贵的是众多优秀人才的注入，极大地提升了天水地区的经济、教育和医疗水平，使之一度成为了地区标杆。随着支援建设企业纷纷回迁，加之国企改革的阵痛，曾经隐蔽安全的交通地理位置由优势变为弱势，人才流失导致天水各行各业的竞争力减弱，在全国变成了西北偏远小城镇的代名词，告别往日的辉煌灿烂，令人扼腕叹息。因此地方有很强烈的振兴经济、扩大影响力的需求，挖掘境内文化资源并进行开发是实现这一目标的有效手段之一，伏羲文化的复兴就是这一背景的结果。近年来，学界对伏羲文化的研究不断深入，公祭活动不断系统化和扩大规模，天水逐渐成为海内外华人的精神寄托和寻根祭祖的圣地，伏羲文化在整个华人文化

图 6-1　女娲祠中的"补天石"

圈内扮演着的重要纽带角色得以加强。

（一）天水地区的伏羲神话遗存概况

作为公认的伏羲文明肇启地，天水地区遍布着广泛的伏羲神话遗存，也因此有着"羲皇故里"的美誉。历代人民在这片土地上信奉伏羲、祭祀伏羲，将他当作祖先看待，尊敬他开天明道的功绩，也将他视为万能的神灵，通过供奉伏羲祈求保佑国泰民安、五谷丰登，甚至希望他帮助祛疾救灾、升官发财，解除日常生活中的苦恼和困惑，缓解心灵的痛苦和忧虑。天水地区存在的多例伏羲圣像既是地方传统的重要印证。与天水秦州区接壤的西和县，其境内仇池山伏羲殿中供奉着以俊朗的少年形象表现的伏羲像；在天水辖区内的甘谷县，大像山太昊宫中，也供奉着伏羲，他是一位面方垂耳、浓眉大目、体格健壮、身体魁梧的壮年；而天水市伏羲信仰活动开展的中心场所——西关伏羲庙先天殿、太极殿，以及卦台山伏羲庙中供奉的伏羲圣像，则是一位彰显卓越智慧的改革领袖、部落首领形象。

除了具象的伏羲神像之外，还存在着以多种形态流传的伏羲神话。如物质景观遗迹：伏羲庙、卦台山、女娲祠、女娲洞等；古地名遗留：葫芦河、风台、风

图 6-2　天水伏羲庙春祭人祖庙会"灸百病"

谷、娲皇村、显亲峡等。有口头流传的伏羲女娲滚石磨占婚、龙马负图、女娲洞洞房、伏羲一画开天肇启文明等神话的语言叙事，还有正月十六人宗庙庙会（春祭）、夏至日公祭大典、农历七月十九伏羲逝世日民间祭祀（秋祭）等仪式叙事，以及请神、献饭、迎圣水等独具特色民间信仰仪式形式，和群众参与广泛的民间习俗"灸百病"。

位于天水市西关的伏羲庙，始建于元代，于明代重修，是目前全国规模最大、保存最完整的祭祀伏羲的场所，是伏羲文化的标志性建筑，在巍巍古柏的掩映下显得庄严肃穆。因有伏羲庙，民国以前小西关城亦称伏羲城，伏羲神话在地方文化中的重要性可见一斑。作为全国重点文物保护单位，天水伏羲庙也被国家层面启动的华夏纽带工程委员会确定为全国祭祖基地。

距市区 17 千米的三阳川卦台山，也是重要的伏羲神话传承地。现存有伏羲塑像和元代的木制八卦盘，也是天水地区民间祭祀伏羲的主要场所之一，传统的庙会日是农历二月十五（这与淮阳地区公认的伏羲神诞日一致）。三阳川是由渭河与葫芦河冲击、侵蚀而形成的河谷盆地，而葫芦河的名称正与伏羲女娲洪水神话中的葫芦相合。当地人形容三阳川的地形特征是："两条旱龙南北卧，两条水龙当川过。"据渭南镇卦台山、中滩镇樊家城出土的仰韶时期的文物证明，早在六千年前，三阳川地域就已经有人类活动，并创造了先进的早期文明。古老的渭河在此地扭曲成了一个"S"形，将三阳川盆地一分为二，形成了一个天然太极图。传说当年伏羲在此悟道，正是冥思苦想不得奥妙之际，放眼望去，三阳川的自然形态正如一个圆融变换的太极，受此天然的地理形态启发，便发明了先天八卦。台湾六经学术研究发展基金会张渊量会长曾多次来大陆，为了寻找伏羲画卦的依据，考察了全国各地的地理环境。终于在 1999 年发现，在卦台山之上俯瞰三阳川、遥望龙马洞，这种天然的"S"形地理形态在国内独一无二。他认为这里是国内山川地势中，最符合伏羲画卦环境的。张渊量先生还用先进的仪器勘查风水，并称赞此地为"太极无双地，华夏第一山"。①

根据调查可以发现，除以上庙宇由于具体的建筑遗存而不易被人遗忘，且由

---

① 《天水三阳川与伏羲画卦》，载新浪博客 http://blog.sina.com.cn/s/blog_4cf5aa4301000dxe.html，2007 年 12 月 20 日。

图 6-3　卦台山伏羲庙

于景区化，信仰活动不同程度地转化为旅游资源，仍有一定数量的伏羲神话口头形式以故事、传说和导游词的形式传承之外，目前还流传于口头的神话讲述已不再以代际口传为主，而是融合于全新的群众文化活动和旅游体验活动中。举以下几则故事为例。

在卦台山景区中，除了伏羲庙是附近村民进行民间信仰活动的主要场所之外，也有很多人还在龙马洞焚香化纸。龙马洞相传是龙马居住的地方，自古就被当地人视为神圣，目前洞内还有石槽、马蹄等痕迹。龙马之所以神圣，是与其启发了人祖伏羲创画八卦有关的。传说很久以前，伏羲在卦台山上冥想天地万物究竟是如何生成的，他想了很久很久，始终百思不得其解。看着川流不息的葫芦河，仿佛从远古流到今朝，不曾改变。一天，忽然一匹白色的骏马从对岸山上的洞中飞出，踩着河中的石头跳跃而上，这匹白色的骏马神气活现，带着两只梦幻的翅膀。最奇特的是，伏羲仔细一看，居然发现龙马身上的毛呈现特殊的图案，像漩涡似的回旋，并且隐隐约约排布着规律的数点，这其实就是后世所知的河图。河中心这块天然的石头因为将湍流不息的河水分为两半，因而被民间称为"分心石"。伏羲深受以上现象的启发，进而发明了太极八卦双鱼图。传说在同样一条河流中，还浮起过一只白色的神龟，龟背壳上的花纹就是洛书。这也就是为什么，如今秦州西关的伏羲庙先天殿中的一组石磨上，分别刻画着河图、洛书图案的原因。

在卦台山对岸的山上有一处天然石质洞窟，从外面看洞口小，但洞内却别有天地，传说神话中的神圣龙马就是自此洞中飞出，因此被称为"龙马洞"。洞内高3米，宽4米，深7米，里面还有几个侧洞和后洞。洞内有一处通风口可供采光通气。主洞正上方有女娲塑像一尊，左边还有一匹带斑纹的白马。塑像右边有一个侧门，洞内借助烛光，影影绰绰可见一石床，表面粗糙，但显然是人工打磨过的。这个石床，传说是伏羲和女娲的"婚床"。据说后来的"洞房"一词就与伏羲和女娲在这里成婚有关，龙马洞也被称为"天下第一洞房"。①

在天水西关伏羲庙的先天殿内，摆放着一组石磨，表面上分别刻画着河图和洛书。相传远古时候一场大洪水淹没了世上所有的生灵，人类也因此灭绝了。由于伏羲女娲这对兄妹善良的行事，感动了老天爷。神仙就化身为一个老爷爷提前告诉了他们大灾难即将降临，他们才得以幸存。但是万物被洪水淹没了以后，女娲娘娘就很担心人类的未来，这怎么办才好呢？世界上除了女娲和伏羲两兄妹，已经没有人烟了。妹妹就提议，只好跟哥哥成亲繁衍后代了。但是伏羲很不好意思，就拒绝了她。可另一方面，考虑到人类的未来，伏羲就勉强说，那让老天爷说了算吧。如果在天水的南山和北山分别生起两堆火，他们产生的烟到了天上能够合为一股，那么就是上天的旨意让他们结合，哥哥也就只好依从了。伏羲心想烟都是扶摇直上的，怎么可能两股合为一股呢？其实就是变相地拒绝了，但没想到的是，南北两山的烟真的合在一起了。但是伏羲还是不死心，就说，我们从南山北山分别把磨的两半滚下去，如果能恰好合在一处，就说明是上天的旨意要我们结为夫妇，繁衍人类。于是，他们就照做了，结果石磨滚到山脚下真的严丝合缝地合在了一起。这下伏羲也没什么好说的，只好答应与女娲结婚，并一起生下了许许多多的后代，成了人类的始祖。为了纪念他们的牺牲和付出，人们就一直

---

① 受访者：导游。访谈人：张迪。访谈时间：2016年7月13日。访谈地点：甘肃天水卦台山景区。

供奉着这对石磨。①

天水民间传说伏羲女娲的成亲地点有两处，都叫做"玉钟峡"。一处是在今北道区中滩乡西北20里葫芦河入渭水处的玉钟峡内。还有另一种说法认为是在秦安县郭嘉乡北葫芦河谷玉钟峡内。由于伏羲女娲结亲在此而名扬于世，所以又被民间称为"显亲峡"。②

除此之外，一些地方学者也做了许多采集工作。王光庆在《伏羲女娲的故事》一书中记载了一则关于伏羲的灵验叙事。在同一本书中，王光庆先生还记录了天水地区与伏羲神话有关的风物遗存、民间歌谣等。如书中记载，民国以前，秦安县城南郭城墙上一直镶嵌有"羲皇故里"的石刻，而秦安县西北的陇城乡则传为女娲诞生地，自古有"娲皇故里"之称，县内的陇山和陇城之"陇"都是因"龙"得名。另外，秦安县境内的魏店、安伏两乡聚居有许多"伏"姓的村民。还有许多以"伏"字命名的地名。如魏店乡有伏家湾、伏家河、伏家峡、伏家梁，安伏乡有伏家洼、伏家湾等。甘谷县还流传有很多习俗，都有伏羲神话的遗留痕迹。过去有一甘谷县令巡经古风台，问当地人曰："伏羲氏既生在这里，有何相传遗物？"乡民说："本地特产竹编鸡罩，形如太极，纹似八卦，乡民多编此物以祀伏羲。"久之便成这里的土特产商品，流传至今。③大地湾一带人们还传颂着"山清水秀出圣贤，龙泉汲水有根源，和泥捏人伐康回，平息水乱百姓安"的民谣。④《甘肃古籍名胜辞典》（西北师大古籍所编）也记载了一首甘谷县民谣"雹（biáo）看冀县地方碎，伏羲皇帝头一辈。桑叶儿衣裳脸上黑，伏羲爷生在古风台。"

（二）"灸百病"

天水民间最有特色的一项民俗活动"灸百病"也与伏羲神话息息相关。每年正月十六，当地人都要呼朋引伴、携家带友去往伏羲庙参加庙会活动，谓之"朝

---

① 受访者：导游。访谈人：张迪。访谈时间：2016年7月17日。访谈地点：甘肃天水西关伏羲庙景区。

② 王光庆：《伏羲女娲的故事》，甘肃人民美术出版社2011年版，第111页。

③ 李宁民：《人祖伏羲与宗庙》，作家出版社2015年版，第23页。

④ 王光庆：《伏羲女娲的故事》，甘肃人民美术出版社2011年版，第139页。

人宗庙",除了烧香祈福之外,最重要的活动内容就是"灸百病"。相传伏羲庙内的古柏原有八八六十四株,本是按八卦方位栽植的。但经过战乱和火灾,现存仅 37 株。"灸百病"时,每年当值的柏树都不同,传说中有民间懂此专业知识的专家,按照天干地支六十甲子的顺序排列循环,每年推选出其中一株在庙内值班。也有传说正月十六早上喜神在何方,那处的一棵柏树就当值,工作人员就在这株树上挂起灯笼,也因此传说在这株树上灸病最灵验。随着"灸病"灵验故事的不断叠加,对其灵验性深信不疑的民众越来越多,也因此在正月十六前往伏羲庙参与"灸百病"活动的人数也越来越多,以至于每年只有一棵树当值的习俗和传统无法满足实际需要,一棵树远远不够用,因此出现了庙会当天几乎庙内所有柏树都被贴满了红色纸人的场景。在通往伏羲庙的道路两旁,有许多售卖纸人的摊贩,多为大红色的纸剪成的人形小人,有男女不同的形象。人们将购买得到的小人贴在柏树树干上,并用燃烧的艾草棒或香头灸某些特定的部位,以求消除病痛。例如,肚子疼就在小人的肚子方位灸一个小洞,象征来年肚子疼就可以消失;同理,如果关节疼痛,就去灸相应的关节位置。

图 6-4 用来"灸百病"的红色纸人

天水伏羲庙"灸百病"习俗的产生大约与伏羲被当作药神祭祀的历史记忆有关。明刘侗、于奕正《帝京景物略》卷三云,"天坛之北药王庙,武清侯李诚铭立也。庙祀伏羲、神农、黄帝,而秦汉来名医侍。伏羲尝草治砭,以制民疾。厥像蛇身麟首,渠臂达掖,龙目珠衡,骏毫翁鬣,龙唇龟齿,叶掩体,手玉图,文八卦。神农磨唇,鞭茇察色,嗅尝草木而正名之病正(症)四百,药正三百六十有五,爰著《本草》,过数乃乱。厥像弘身牛颐,龙颜大唇,手药草。黄帝咨于岐、雷而《内经》作,著之玉版。厥像附函挺朵,修髯花瘤,衮冕服。左次孙思邈，曾医龙子，出《千金方》乎龙藏者。右次韦慈藏，左将一丸，右蹲黑犬，人称药王也。……"① 天水卦台山的伏羲庙就是在三皇庙的基础上建立的，虽然后世祭祀伏羲的传统逐渐转向侧重于上古帝王的身份，但在民间，将伏羲看作药神的观念一部分仍然遗留了下来。

伏羲神话与药有关可能还因为伏羲女娲洪水神话中的葫芦元素。传说在大洪水时期，伏羲女娲兄妹正是躲在葫芦内部得以幸存，某种意义上，空置的葫芦肚子也象征着人类的子宫，孕育和保护着人类的祖先，因此葫芦是两兄妹结合并重新创造人类世界的母体和原乡。葫芦在中国传统文化中，除了象征多子多福的生殖崇拜意义之外，还与医学相关，这也赋予伏羲药神的身份认同和疗病的功能。

俗语"不知葫芦里卖的什么药？"就是民间观念中将葫芦与药联结在一起的反映。我国不少少数民族都把葫芦当作灵物，民间故事"宝葫芦的秘密"就描绘了葫芦的神通广大和无所不能。道教中不仅将葫芦作为盛放丹药的容器，还将之引申为具有神力的法器，因此道家修炼的理想境界被称为"壶天"。"壶中"包含了日月天地的无穷变化。② 后世诗人也借用"壶中"③ 指代道教的神仙故事。④ 葫芦与医药的深厚渊源还使"悬壶"⑤ 成为挂牌行医的代名词，也成为中医的职业象征，常见的"悬壶济世"就是对医疗从业者高尚的职业精神的赞扬。

另外，《帝王世纪》云："伏牺画卦，所以六气、六腑、五藏、五行、阴阳、四时、水火升降，得以有象；百病之理，得以有类，乃尝百药而制九针，以拯天

---

① 高有鹏：《中国庙会文化》，上海文艺出版社 1999 年版，第 185 页。

② 据《云笈七签》引《云台治中路》说，有一个山东人叫施存。学炼丹之术，遇到的仙人张申：常悬一壶，如五升器大，变化为天地，中有日月如世间，夜宿其内，自号壶天，人谓曰壶公。

③ 余尝学道穷冥筌，梦中往往游仙山。何当脱屣谢时去，壶中别有日月天。（唐·李白《下途归石门旧居》）

壶中日月存心近，岛外烟霞入梦清。每许相亲应计分，琴余常见话蓬瀛。（唐·李中《赠重安寂道者》）

罗浮道士谁同流，草衣木食轻诸侯，世间甲子管不得，壶里乾坤只自由。（明·朱有炖《神仙会》第一折）

④ 周晓菲、王致谱：《民俗文化与中医学》，中国中医药出版社 2017 年版，第 40 页。

⑤ 据《后汉书·费长房传》载：东汉时有方士费长房，"曾为市掾。相传有以老翁卖药，悬一壶于街头，市罢跳入壶中，他人未见发现，唯长房睹见。后得此翁之术，遂能医疗众病，鞭笞百鬼。后世每以'悬壶'喻行医"。

枉焉。"伏羲所创造的阴阳八卦理论，以及尝百药制九针的伟大功绩，直接或间接地与治病救人相关，也是早期人类对身体疾病科学探索的反应。在汉画像石中有不少关于医疗的内容，如"扁鹊针灸行医图"中神医扁鹊的形象是鸟的造型，有可能是由鸟图腾崇拜派生出了鸟形神医的画像题材；此外，还有人将风神的传说附会于神医形象，该形象也被认为与凤鸟有关。①更值得注意的是，目前出土的所有象征太阳的图像都是以火鸟的形象出现的。②可以进一步进行合理的联想，伏羲风姓，同时也是鸟图腾氏族的首领，不难推断出伏羲演变为医药神灵的可能性。

自古巫、医有着天然密不可分的关系，在原始社会，人们掌握知识的程度有限，氏族首领往往是那些既懂得简单医疗知识又懂得巫术实际操作的大祭司，以文化权威的身份进行政治统治。伏羲作为远古氏族的首领，既是文化英雄，同时也是医术领袖，就再正常不过了。

天水伏羲庙历久沧桑，最早创建于北宋初年的三阳川卦台山，明代中期卦台山伏羲庙祭祀渐废，才又在秦州城西关创建了现今的伏羲庙。也有一种说法，天水伏羲庙的前身是宋、元代创建的三皇庙，元成宗元贞元年（1295），成宗铁穆耳诏令全国各州县通祀三皇，天水伏羲庙于此时期得到续修。民间传言，当时的伏羲庙被维修成以先天殿居中，两侧配神农殿、黄帝殿的格局。明洪武四年（1371），太祖朱元璋会同礼部、翰林院、太常寺合议认为，通祀三皇的仪式由医师主持不合礼法，应废止。故下诏曰：三皇继天立极，以开万世教化之源，而汩于医师可乎？自命天下郡县毋得亵祀，只命有司祭于陵寝。③可见，天水地区在相当长的历史时期内，伏羲都是被视为医药神崇拜祭祀。目前伏羲庙先天殿中，也还保留着三皇同祀的形式，除了正襟危坐的伏羲塑像之外，左右两侧各有神农氏和轩辕氏的小像。

张珣曾经对民俗医疗下过一个定义："民俗医疗指的是一个民族面对疾病时所采用的方法，尤其是指其俗民大众所使用的自然的、超自然的、经验的、不成

---

① 刘敦愿：《汉画像石中的针灸图》，载《美术考古与古代文明》，台北允晨文化公司1984年版，第356—362页。

② 李建民：《艾火与天火——灸疗法诞生之谜》，《自然科学史研究》2002年第4期。

③ 李宁民：《人祖伏羲与宗庙》，作家出版社2015年版，第78页。

文的，以及当地教育所孕育出的医疗观念与行为。民俗医疗是受当地社会文化和生产方式影响的，是零散而缺乏系统的。既包含着宗教的超自然的一面，也包括民众世代相传的、经验的、知其然不知其所以然的一面。民俗医疗是乡土中人人皆会用的知识，是一种根深蒂固的观念和习惯，其融合在日常生活中却常常不易被觉察。地方民众在面对疾病之时，首先会采用和信任的便是这套基础的民俗医疗知识体系。"① 在社会生产力发展不足的时代和地区，医疗技术资源匮乏，人们缺乏对病理的科学认知，遭遇病痛之时往往依靠自身有限的医疗知识和传统经验，或求助于民间掌握医疗技术的人员，草药人、跌打损伤接骨师、针灸人、产婆、按摩师等。除了煎服草药偏方和采用滋补食物，人们还求助于民间医疗信仰，为身体的痛楚和精神的压力带来希望。

纸人灸病的习俗还有可能来自唐代以后中医界长期奉行的"医易同源"理论。唐代大医学家孙思邈在他的《千金要方》中即大谈医和易的关系。宋徽宗赵构作《圣济经》，即将《周易》和医学著作《黄帝内经》《神农本草》一同归入他理解的三皇之书《三坟》。元代诏令全国通祀三皇，奉三皇为医师始祖，由医官主祭。按这一理论推论，则医学是易学派生的，易的基础是明阳八卦，八卦又是伏羲首创，因此，用香火代银针灸烧贴在伏羲庙古柏上的纸人，理所当然地被认为能"治病"，朝拜人宗庙的人都对此坚信不疑。②

到了现代，基于药神崇拜的信仰心理基础逐渐消失，"灸百病"逐渐习俗化，甚至成为了旅游活动中游客体验地方文化的重要文化展示活动。在此基础上，原本局限于治病去痛的巫术意义又逐渐扩大化、世俗化，引申为求子、求学等现实愿望。如长期不孕，就买一个女性小人或男性小人贴在柏树上，双方谁身体有问题，就在相应的生殖器官或者女性腹部灸洞，以求生育。或者面临人生大考的学子也常会在家长的带领下，买一个替代自己的小人，并在头部灸一个小洞，象征孩子聪明慧通，在不久的将来金榜题名。

随着新文化运动的开展，科学教育体系的引进，新一代的公民在解决此类问题时拥有更多的选择，如现代医疗技术、心理咨询等，对民间信仰的依赖程度

---

① 张珣：《改框或改信？——民俗医疗的疗效机制》，《台湾宗教研究》2009 年第 2 期。
② 王光庆：《伏羲女娲的故事》，甘肃人民美术出版社 2011 年版，第 242 页。

逐渐弱化。在伏羲神话信仰浸润的乡土社会中，现代市民未必都是信众，而是通过对伏羲神话转化成的文化产品的分享和消费，参与伏羲神话的当代建构。可以说，对这部分市民而言，伏羲信仰的神圣性已经消散在科学和理性的现代知识系统之中。另一方面，尽管科技的发展使得人类探索自身和宇宙都达到了空前的高度，然而，科技远未达到解决所有现实问题的地步，寻求先验的神灵世界给予的精神寄托成为补偿性的社会功能。由于地方知识和传统习俗的自然习得，在寻求民间信仰作为替代性方案时，地方神灵信仰——伏羲信仰便重新被激活。

快速的生活节奏和高度紧张的生活工作氛围，带给人们的不仅是精神压力和情绪焦虑，还有随之而来的亚健康的身体。随着我国迈入老龄化社会，生育率由1990年的2.1下降到2016年的1.7，提高总和生育率，提高新生人口以促进人口结构优化成为重大的社会问题，这对于我国的社会发展，保障人民健康有着根基性的意义。随着教育普及，男女平权等思想被广泛接受，女性在职场上变得更加活跃，育龄职业女性平均不孕率逐年增高，且高于我国平均不孕率。[1] 女性的思想觉醒造成了客观上不孕率的升高，更主要的是，随着环境污染和食品安全问题恶化，育龄人群的身体健康受到了潜在的威胁，总体而言我国不孕症的上升趋势明显。能否成功受孕，一方面取决于身体激素和男女两性健康的适配，另一方面也需要放松的心态和平静的情绪。当一个不信仰伏羲的现代女性遇到生育危机，作为一名拥有十分强烈愿望的生育者，有可能会适时地寻求民间信仰的帮助，激活潜伏中的信仰意识。

我年轻的时候并没有觉得生孩子是人生的必需经历，现在的社会竞争力太强，节奏太快，养育一个孩子的经济成本和时间成本都太高，不利于女性的职业发展和自我实现。忽然有一天，我想通了，既然没办法做到完全的丁克，只是把生育时间推迟，那么还不如在身体条件较好的年纪完成这项任务。朋友同学很多二胎都能"打酱油"了，怀孕看起来很容易，但是我经历了流产，和之后长达数月的不孕。家人劝我去医院，但我觉得这很伤自尊，不想将这个困扰公开化。于是，我想到了拜神。因为小时候每年母亲都带我

---

① 李晓宇、顾向应：《我国生育力现状及面临的挑战》，《中国计划生育和妇产科》2020年第1期。

去灸纸人，所以我拜托母亲亲自为我在纸人的肚子上灸了一个洞。①

来自家人的催促和社会习俗压力，以及不坚定的丁克思维下的从众心理，使得怀孕不顺成为了一种新的生活焦虑。出于对医学仪器探索身体的恐惧和对消极结果的担忧，生育者排斥生育辅助医学。出于对面子和自尊心的考量，女性未必能第一时间接受或质疑自己的身体问题，而是寄希望于寻求更隐秘或折中的民间信仰，以求得内心的安定和一种"万一能成"的侥幸逃避心理，从而期望解决生育困境。在这种情况下，首要的求助对象是乡土中的地方性神灵，尽管渴望生育者过去并不是真正意义上的信众。

由于人从一出生就生活在社会意义之网中，因此在遇到困境之时，会自然而然地拾取记忆中的文化要素，伏羲神话信仰就从一种知识习得转化为信仰认同的激活。这个过程中也体现了民众对伏羲的身份认同从"灵验的神"世俗化为"文化的祖""英雄的祖"，又经过激活重新由"文化的祖""英雄的祖"转化为"灵验的神"的过程。

此外，随着旅游活动的不断拓展，灸百病习俗的神圣性一定程度上被消解，原本按八卦方位栽种的柏树经由战乱火灾仅剩37株，缺少了通过卦象推演当值树神的客观条件，再加上懂得推算之法的民间专家难寻，灸百病的行为慢慢扩大到所有的柏树。庙会期间，几乎所有的古柏树干上都会贴满各式各样的红色纸人，数量之大以至于许多树皮被烧毁。为了保护古树，目前庙内损毁严重的柏树都被箍上一圈铁皮，用来隔离灸烤和树皮。随着社会发展，民众的现实需求也相应发生改变，灸病行为逐渐衍生到灸财运、灸福气等。

二、伏羲信仰的传承

（一）祭祀伏羲的历史

唐司马贞在《补史记·三皇本纪》中描述了伏羲完整而显赫的一生：

---

① 受访者：马芸。访谈人：张迪。访谈时间：2018年3月3日。访谈地点：甘肃天水。

太皞庖牺氏，风姓，代燧人氏继天而王。母曰华胥，履大人迹于雷泽，而生庖牺于成纪。蛇身人首，有圣德。仰则观象于天，俯则观法于地，旁观鸟兽之文与地之宜，近取诸身，远取诸物，始画八卦，以通神明之德，以类万物之情。造书契，以代结绳之政。于是始制嫁娶，以俪皮为礼。结网罟，以教佃渔，故曰宓羲氏，养牺牲以充庖厨，故曰庖牺。以龙瑞，以龙纪官，号曰龙师。作三十五弦之瑟，木德王，注春令，其帝太昊是也，都于陈，东封太山，立一百十一年崩。[1]

历史上祭祀伏羲自秦人始。据《史记》卷二十八《封禅书》记载，秦文公十年（前756年），秦文公夜里梦见黄色大蛇从天而降，按秦国卜筮官史敦的说法，蛇自天而降是天帝的征兆，理应设立祠庙祭祀，于是在今陕西洛川东南设鄜畤。其实所谓黄色的大蛇就是黄龙，龙是伏羲的化身，因此鄜畤是为祭祀伏羲而设的。秦宣公四年（前672年）"设密畤于渭南，祭青帝""用三百牢于畤，作伏祠，磔狗邑四门以御蛊灾"。祭祀时用"三牢"的最高礼遇，即驷狗、黄牛、羝羊各一只。闻一多先生也认为"鄜伏音近，鄜畤亦伏羲之畤"。[2]畤是古代祭祀天帝、五帝的固定处所，伏羲主东方，又被称为东方木帝或春皇。《史记·封禅书》载，秦始皇统一全国之前，陆续设立了八畤以祭祀天帝之神，其中二畤一祠都是用来专门祭祀伏羲之用，足见其重视程度，祭祀地点都在今陕西关中一带。[3]天水是秦文化的发源地，秦人领袖非子，本是在汧水之会（今陕西宝鸡凤翔县）为周天子养马，因养马有功而受封秦邑（今天水市清水县和张家川回族自治县一带），据此奠定了天水深厚的秦文化底色。秦，即后世的秦亭，是今天水市辖区见于史籍的最早地名。据考证，天水市东南的牧马滩即为秦先祖非子牧马的地方，20世纪80年代以来这里出土了大量的秦简和七块木板地图（这是中国现存最早的地图），也从考古证据方面印证了史料的记载。邽县（今清水一带）和冀县（甘谷一带）曾是我国历史上最早设县的地方，是中

---

① （唐）司马贞撰并注：《补史记·三皇本纪》，载《景印文渊阁四库全书·史部一卷·正史类》，台北商务印书馆1986年版，第964页。

② 《姜嫄履大人迹考》，载《闻一多全集》第一卷，湖北人民出版社1993年版，第55页。

③ 李宁民：《人祖伏羲与宗庙》，作家出版社2015年版，第178页。

国郡县制的源头。天水是秦文化的发祥地，很有可能，此时入主了关中平原的秦人后代从祖先那里继承了祭祀伏羲和信仰伏羲的传统。发迹于天水，后迁徙至关中发展壮大的秦人对伏羲是非常敬仰的。这一时期，几乎是有文献可查的有关伏羲信仰活动的最早记录，天水毫无争议地处在伏羲祭祀的正统地位和中心地域。

西汉末，王莽以五行说认为，太皞是春帝，句芒是春神，相配而祀。东汉明帝时，立春之日祭青帝（伏羲）和句芒。之后，伏羲作为三皇之首，历朝举祀成习。《金史·礼志》载：（前代帝王）三年一祭，于仲春之月祭伏羲于陈州、神农于亳州、轩辕于坊州……至于"三年一祭"，是指大祭。金代京师不设三皇庙，每当祭期由学士院特制祝文，颁行各祭地统一祭祀。金章宗明昌时（1190—1196），在秦州三阳川蜗牛堡（今卦台山）兴建了伏羲庙，天水地区的祭祀活动自然纳入了金朝祭祀伏羲之列。

元代元贞元年（1295），元成宗铁穆耳诏命全国各地通祀三皇。当时卦台山伏羲庙主祭伏羲，配祀炎帝神农氏和黄帝轩辕氏。每年三月三日和九月九日以太牢祭祀，其礼乐仿孔庙之制。由于秦州成纪县尉韩彧认为成纪县系伏羲氏的生地，故迹卦台山是伏羲氏画卦之地，因此天水地区的伏羲祭祀规格理应高于其他郡县。从元顺帝至正七年（1347）立石的《伏羲画卦台记》碑文："县尉韩彧践古人之迹，颂其休烈，虽存闾阎之祭，独厥有国之礼，遂申明都部，符文于郡县，春秋例庙祀外，故迹合所每岁三、九月给钱分官致祭。"可知：从此时开始由官府出资、官员主祭以别于其他郡、县由医师主祭之制。同时设立庙田 145 亩，其收入作为祭祀伏羲的专项资金，保证了祭祀活动的顺利进行。也正是由于这一源于元代的以医师主祭伏羲的祭祀传统，影响了伏羲信仰在天水地区浓厚的医药神特征。

明洪武四年（1371），朱元璋严禁各地通祀三皇，只准许在重要的陵寝进行祭祀活动，具体来说，就是将淮阳太昊陵推向了伏羲祭祀的至上权威之地。此诏令一出，秦州祭祀伏羲的活动也受到了较大影响，从全市范围内看，祭祀规模有所缩小。所幸的是卦台山也被认为是伏羲氏的另一处陵墓，《大明一统志·秦州·陵墓》中载：伏羲陵，在秦州北四十里，世传三阳川蜗牛堡有伏羲陵。因此，此处亦有祭祀活动，但主要以民间分散型、自发性的祭祀为主，规模较小，官方祭祀几近停滞，这种状况一直持续到正德初年。正德五年（1510），随着朝廷对祭祀三皇禁令的松动，卦台山祭祀伏羲又逐步恢复了由官方主导。正德十六年（1521），巡按甘肃御史许翔凤又以卦台山远离州治，官祭活动不便为由，请立庙于秦州城西关，获得朝廷批准。从此，卦台山伏羲庙地位开始下降，修建工程久拖不前，官方祭礼活动也逐渐转到天水西关伏羲庙，成为地方伏羲信仰的中心，而卦台山则相应地沦为民众开展自发性祭祀活动的场所。此后，礼部专门颁发了规范化的祭文，由州署拨付专门的祭祀银两。嘉靖十三年（1534），巡按甘肃御史张鹏、秦州知州黄任隆主持制定了祭祀程序、礼乐，还专门选配了乐生舞生员额，配制了祭祀人员的服饰和祭器，张鹏自撰《迎神曲》和《送神曲》各一章。自此，秦州祭祀伏羲活动进入极盛期，秦州伏羲庙也成为全国性的祭祀伏羲的中心。

随着清政府的入关和衰亡，伏羲祭祀也经历了恢复又萧条的过程。入清以后，清廷对祭祀先祖非常重视。历代帝王庙祭祀先祖又恢复到明嘉靖年规格。顺治、雍正、乾隆、嘉庆、道光五位皇帝曾先后15次致祭。景惠殿祭祀也承继明嘉靖后的状态。同治年后，随着朝廷内部矛盾的加剧，国力的下降，朝廷祭祖渐次转衰。当然秦州（天水）伏羲庙的祭祀活动也渐为冷清。为节省开支简化程序，天水伏羲庙祭礼、祭品多用少牢，并省去乐舞。祭祀经费多无保障，一般由秦州知州捐助，祭期也逐渐由一年二度改为一年一度，祭时定于每年农历正月十六日。乾隆四年（1739），秦州知州李铉申报甘肃布政司，请求恢复明制，用公款支付祭祀伏羲氏的活动经费，但未得批复。乾隆四十六年（1781），秦州知州候作吴再上书甘肃省布政司，获准每年由布政司给银助祭，恢复太牢祭礼。但明代中期祭祀的鼎盛期规模仍未完全恢复。清中后期，祭银列入州署财政预算，而祭祀活动由官府主办转为由民间士绅为主组成的秦州"上元会"主办。"上元会"会长由各城董事会轮流担任。"上元会""正九会"（民间祭祀玉皇大帝的组织）可在陇南十四县内征化布施，各处乡民在此期间参与祭祀活动。祭祀由官方主导逐渐转变为民间主导。道光七年（1827）正月十五日，伏羲庙创办灯会，增加了祭典活动的内容。晚清时，祭祀活动自正月十四日始，伏羲庙上演庙戏，城乡人民前往敬香，十五日出榜文，十六日正祭，黎明鸣炮九响，昭告天地，典礼正式开始。此制一直沿袭至民国。

　　民国时期，军阀混战，伏羲庙先后为部队、工厂、学校所占，但祭祀活动依旧进行，礼仪略同晚清。政界放弃对官祭控制权，祭资不再由政府拨付，完全依赖香客捐助。由伏羲城（亦称小西关城）部分对伏羲爷怀有诚心的居民自发组成的"上元会"以及天水地区德高望重的民间知识精英主持祭祀活动。为体现庄重，正祭时多邀请当时地方行政长官或有一定声望的士绅主祭，宣读祭文。到1979年，伏羲庙才完全清退，归市文化馆管理。[①]也就是到这时，伏羲庙才又真正意义上恢复了神圣空间的属性，有关伏羲庙的一切事项都由博物馆接手，从而开启了由现代政府文职机关掌控伏羲祭祀活动的新局面。伏羲庙也迎来了历史以来最大规模的修缮活动，建筑规模得到了恢复，民间祭祀仪式在这一时期重新得到了挖掘和保护，并以此为基础，产生了今天公祭大典雏形的文化产品。

　　1988年，时值龙年，天水地区地方民俗知识精英以《岳州志》《岳阳风土记》为依据，说："五月十三日谓之龙的生日，可种竹。"天水市政府决定恢复公祭伏羲氏活动，结合伏羲开创中华民族文明起源的功绩和中华民族的龙图腾崇拜，将公祭日期定为农历五月十三日，市党政军领导和海内外各界代表参祭。此后，祭祀活动一般由天水市市长主持，市人大常委会主任恭读祭文，也有由市政协主席作为主祭人之例。祭礼主要有行三鞠躬礼，敬献花篮、果品等。同时举行天水民间乐舞表演，主要有"西部旋鼓""秦州夹板""甘谷唢呐""秦安蜡花舞"等。自当年始，农历正月十六的民间祭祀伏羲活动也随之恢复，仪礼基本同晚清。从此，政府公祭与民间祭典并行，逐步走向经常化、规范化。1989年始，在举行公祭伏羲典礼活动的同时，还同时举行各类文化活动和经贸活动，如文艺演唱会、书法比赛、绘画和文物展览、戏剧演出、工农业产品展销、经贸洽谈签约等。既弘扬了民族优秀传统文化，又推动了天水经济的发展，借伏羲祭祀的平台，向社会各界展示天水城市的风貌，为招商引资提供了条件，同时活跃了人民群众的经济、文化生活。到目前为止，公祭伏羲大典已成为每年政府工作的重要内容之一，形成惯例传承了下来。

　　2002年以来，公祭大典活动进一步规范化，规格一年比一年高，规模一

---

　　①　李宁民：《人祖伏羲与宗庙》，作家出版社2015年版，第103页。

年比一年大，每年都有国家领导人参祭，人数达万人。2005年，经天水市人民政府请求，甘肃省人民政府认真研究，同意将公祭伏羲大典升格为省祭，由甘肃省人民政府主办，天水市人民政府和甘肃省文化厅承办，省政协主席主持，省长恭读祭文。2006年，在天水博物馆的主导之下，"太昊伏羲祭典"又成功申报为国家级非物质文化遗产名录，进一步奠定了天水伏羲祭祀的正统性。2007年，为了便于记忆和推广旅游业，将每年夏至日定为公祭日期，除了2008年由于汶川地震停办一年和2009年各项生活经济还未完全恢复因此仅由地方政府小范围举办之外，省级公祭一直延续至今，成为了新的地方传统。

2014年开始，每年夏至日大陆甘肃天水和台湾台北都会同步举行公祭中华人文始祖伏羲大典，加深了两岸"同文同宗"的民间交往和情感联络。台湾上层人士、台湾各界贵宾（民意代表、宗教界、文化界、经济界、教育界、艺术界知名人士）等有关方面代表参祭。主要仪程为：奏乐、击鼓鸣钟、行礼上香、敬献祭品、奉祭文、各界献礼等。两岸共祭仪式的地点选在台湾嘉义市大天宫、圆山大饭店等，2014年的主题为"同根同祖，中华共祭"，2017年的主题是"羲皇子孙，开来继往，优秀文化，既厚且长，一带一路，协和万邦"，2019年的主题则为"提升文化认同与社会和谐，促进文化传承与创新发展"，主题皆围绕两岸血脉相连和社会与时俱进的发展方向，双方互派代表团参加祭祀活动并开展文化交流。近年来在还利用互联网技术，开展了伏羲祭祀典礼现场拍照纪念、在线分享活动，"中华伏羲文化祭"在线直播活动，伏羲文化繁体中文网推介等活动。台湾中天、台视、中视、华视、TVBS、东森、三立及大陆驻台中新社、新华社、央视、海峡卫视、厦门卫视等媒体现场报道。由甘肃省政协、天水市有关领导带队，组成"甘肃省伏羲文化交流团"赴台参祭，开展文化交流。

（二）民间祭祀仪式的内容

目前天水地区的民间祭祀传统是1988年由官方主导恢复并延续至今的。1988年，天水市政府决定恢复中断了许久的公祭伏羲仪式，第二年民间祭祀也得到恢复。天水市博物馆将办公场所设在伏羲庙内，并全权负责伏羲庙建筑的修缮和维修、伏羲文化的研究、伏羲祭祀仪式的保护和传承等工作，也是"申遗成功"的最主要工作方。

随着公祭活动规格提高、规模增大的同时，民祭仪式也因此而受到重视并不断完善、恢复。2003年，天水市博物馆与"上元会"配合共同组织庙会活动，恢复了三牲"太牢"祭祀等全部传统礼制，同时恢复了间断上百年的伏羲庙"灯谜会"，以及在庙会期间请剧团表演的传统。伏羲祭祀仪式兼容吸取道教、佛教宗教仪式的特征，并根据文献复原，参考了明代起仿照文庙礼制的祭仪重新设计定制礼器，创造出独具特色且相对稳定的仪式流程。

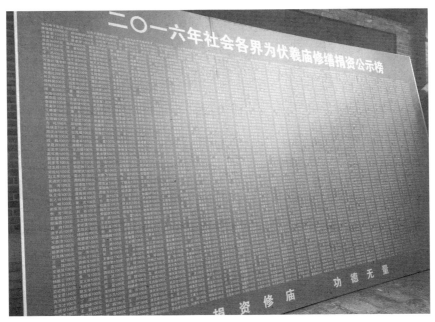

图 6-5　2016 年社会各界为伏羲庙修缮捐资公示榜

伏羲祭祀从明代起流程就相对固定，大致为迎神、安神、飨神、送神。与民间祭祀祖先非常类似，这与人们的原始思维有关。请神就是先用崇高的礼仪把客人请来，安神当然顾名思义就是让神灵安然坐定，坐舒服了才能享用人们的款待和奉献。用最丰盛的食物和娱乐尽情地让神高兴，这样等祖先回到了他的世界，才能愿意保佑人类。

明代官方祭祀包括迎神、初献、亚献、终献、彻馔、送神等。每一个过程都要奏乐唱歌。现代的祭祀程序是在明代祭祀的基础上，结合文献恢复的。结合文献和田野，下文简要地将祭祀过程做一介绍，祭祀过程主要包括以下几项仪式：

1. 出告文

告文是一种特殊的文体，类似于告示。作为祭祀的首起部分，它的作用是向民众告知祭礼日期，通知人们按时来观礼祈福，告文内容重点则是昭示伏羲的功德，提醒人们牢记先祖的功德，感恩珍惜当下。一般在祭祀仪式正日子提前几天，就要出告文。天水今存最早的告文为明朝刘尚义《太昊庙告文》。在天水典籍《直隶秦州新志·艺文》里收录：

> 嗟惟太古，时会洪荒。其风简略，文物未彰。如彼晦暝，昏（□）元洇。羲皇特起，配天为王。聪明神圣，灵异靡常。爰衍八卦，始制文章。男女有别，化机乃扬。人极爰立，开我周行。日月悬曜，光照无疆。往者绪绍，来者轨张。慨我黎庶，是用是将。惟木有本，枝叶其昌。于帝振迹，麟趾顾长。彼苍者天，可与类行。惟台小子，迁于是方。永念遗德，肃将不忘。陈彼腐荄，只荐于旁。明灵昭格，奕其来洋。

摘录 2017 年的告文一例，当代的告文一般在文尾附上祭祀活动期间主要文化事项的时间安排表，起到了提醒民众按时前来参与的通告作用。

丁酉（2017）年秋祭中华人文始祖太昊伏羲氏告文 [1]

丁酉年七月十九日，适逢中华人文始祖太昊伏羲氏末祭，为缅怀始祖精神，传承伏羲文化，弘扬中华民族尊祖、敬祖、祭祖的传统美德，于丁酉年七月十八日至七月二十日（公元 2017 年 9 月 8 日—9 月 10 日）在天水伏羲庙隆重举行"丁酉（2017）年秋祭中华人文始祖太昊伏羲氏典礼"。届时在伏羲庙戏楼公演秦腔戏剧 3 天。其间，天水当地居民凭身份证免票进入庙区祭祖。特此告知。

---

[1] 《丁酉年秋祭伏羲典礼出告文、榜文仪式今天上午在伏羲庙隆重举行》，载天水市博物馆网站 http://www.tssbwg.com.cn/html/2017/czxc_0908/2584.html，2017 年 9 月 8 日。

秋祭伏羲活动安排表

	民祭活动主要内容	地 点
农历七月十八日 （公历9月8日）	8:50 迎神、迎圣水、出榜文、巡城、安神 秦腔戏剧公演： 午场：14:30 晚场：20:00	伏羲庙大门—泮池—先天殿月台 伏羲庙戏楼
农历七月十九日 （公历9月9日）	8:50 迎献饭 9:50 祭祀典礼 群众祭拜祈福 秦腔戏剧公演： 午场：14:30 晚场：20:00	戏楼前—伏羲庙内 先天殿月台伏羲庙内 伏羲庙戏楼
农历七月二十日 （公历9月10日）	17:00 送神仪式 秦腔戏剧公演： 午场：14:30 晚场：20:00	先天殿月台—祭祀广场—藉河 伏羲庙戏楼

2. 出榜文

所谓"迎神出榜，送神烧榜"指的就是迎神送神之时都要有榜文相伴，预示伏羲爷在路途中安稳，送神时要将榜文烧在先天殿前的琉璃塔中，而后将灰送入藉河。举行迎神仪式当天，民众们早已聚集在伏羲庙周围观礼，这时就要出榜文。榜文类似于祈祷文，主题为告慰伏羲氏神灵，比出告文更庄重严肃。

《榜文》

己亥（2019）年七月十九日，是中华人文始祖太昊伏羲氏末祭。华夏儿女于每年此日，以太牢、时馐、清醴、鲜果之仪，在天水伏羲庙举行祭祀伏羲典礼。特发榜文。

曰：

太昊伏羲　始立风姓　圣母华胥　履迹感孕

十二载喜　成纪诞生　一画开天　垂裕后昆

德配乾坤　与天地准　三皇之首　五帝至尊

仰观天象　辨析阴阳　俯察地理　探赜万象

肇启文明　　八卦始创　　刻画书契　　匀形文章

教民渔猎　　网罟斯张　　烧制陶器　　立木成房

辟荒耕田　　粟黍飘香　　九针创制　　百草试尝

嫁娶成礼　　伦理有常　　斫琴造瑟　　五音舞扬

推定历度　　节气趋详　　豢养牺牲　　六畜兴旺

以龙纪官　　分部举纲　　继天立极　　造福梓桑

美哉成纪　　大哉羲皇　　赫赫神州　　龙脉永昌

维木有本　　蔽芾万邦　　盛世中华　　屹立东方

恩泽万世　　唯有吾皇　　今日秋祭　　瑞气呈祥

崇功报德　　俎豆馨香　　国家复兴　　福祉无疆

3. 祈福纳祥迎圣水

2005 年，为了恢复历史上伏羲庙的面貌，体现宫廷建筑前有宫、次有寝、后园林的规制，重新恢复了泮池景观。随着泮池的修建，新的仪式——"迎圣水"随之被发明出来，并在申报非物质文化遗产的过程中，作为主要祭祀程序——"迎神"中的一部分被固定下来。

一般在将黑爷请进伏羲庙之后举行。礼仪队伍从伏羲庙门前的西牌坊出发，在伏羲庙泮池前举行取圣水仪式，寓意取东海、南海、西海和北海的"四海"之水，供奉于伏羲圣像之前，以祈五谷丰登，国泰民安。在迎神仪式之后，主祭人将迎取的圣水供奉于伏羲行像前，举行焚香、化表、献茶等祭祀仪式，以祈福祖国大地风调雨顺，万民安康。之后，伏羲圣像、方神黑爷像在浩浩荡荡仪仗队伍的"护驾"下出伏羲庙大门，完成出榜文、"巡游"、安神等仪式。迎圣水可以说是民间祭祀正式开始的第一项议程。历史文献记录和之前的研究中都未曾发现有迎圣水相关习俗的记载，仅有在送神仪式结束后，有将榜文等一应用品焚烧成灰，倒入藉河中的传统。有了泮池这个景观空间，迎圣水的仪式才能被发明出来。

4. 迎方神

迎神仪式开始前要迎方神，意指邀请各位方神来到伏羲庙共襄盛举，如九天圣母娘娘、火神等，类似于人类世俗生活中走亲戚的感觉，体现出人们以自己的思维逻辑安排神的生活。在民众心中，伏羲应当也是这样一种和蔼可亲，大方好客的形象，仿佛神灵之间也需要交往似的。

天水民间祭祀伏羲迎方神最重要且必不可少的就是盖国大帝黑池龙王。因为黑池龙王是一方的方神，类似于土地神，伏羲庙所在范围土地正在其管辖范围下，因此，一定要跟他打招呼才可以举行这么大阵仗的活动。以前官人从伏羲庙门前经过，文要下轿，武要下马。伏羲庙过会，不论大小神像都不准入庙，唯独黑爷庙的黑池龙王身份特殊，每次过会之前都要专程被请进伏羲庙巡游。足见其重要程度。

早先，天水人祭祀伏羲爷，一直都在三阳川里的蜗牛堡，也就是当今名扬四海的卦台山，传说卦台山就是伏羲爷始画八卦的地方，因此卦台山上很早就有伏羲庙。而大大小小的祭祀活动，都在卦台山上的伏羲庙进行。直到明代正德年间，有一位名叫徐翔凤的巡按甘肃御史，以卦台山远离州治，官祭活动不便为由，申报朝廷批准在秦州城西新建伏羲庙。因庙址在秦州城西关门外的小街下，小街下又是供奉黑爷庙黑池龙王的村庄之一，所以修建伏羲庙时，民众尊奉黑爷庙的黑池龙王为建庙的监理神。黑爷姓雷因拜于王姓，名王。西晋惠帝永兴元年（304）五月十一日出生。幼时聪慧，少时成才，一生德能并举，文武又全。东成帝咸和元年（326）为进士。先后任耀州刺史、九江太守等职。孝武帝太元五年（380）升尚书左仆射、金紫光禄大夫，后晋升相位，辅国安民，清正廉明，天下太平，人称神君。后辞朝隐居和州白石镇西峰青岩洞，安帝元兴三年（404）三月十八日升仙，寿享百余岁。西和州百姓因思德感恩，为雷王将军修祠立碑。迄今有迹。

南宋度宗继位后，因雷王将军显圣助西和州平蛮夷有奇功，成淳元年度宗皇帝赦封雷王将军为黑池龙王。秦州人在天靖山修建了黑池龙王庙宇。因黑池龙王神像为黑脸，人称黑爷，又被称为黑爷庙。黑池龙王的香火祭祀活动由天靖山上山下的黑爷庙、杨家山、金家湾、李家坪、穆家湾、芦家湾河、闫池村、徐家山、师家崖、王家磨、杜家沟、张家沟、张家窑、刘家堡子、坚家河、小街下、双桥等十八村供奉。伏羲庙建成后，黑爷（黑池龙王）也就成为天水伏羲庙的执会方神了。每逢天水伏羲庙给伏羲爷过会，都要从天靖山黑池龙王庙中请黑爷来伏羲庙执事。清末以后，黑爷被请来之后，神像停在忠义祠。一种说法是，由于其地位低下，因此不能入庙同祀。民国后忠义祠建筑坍塌。后由于民间知识精英的提议，遂专门在伏羲庙内辟一间房停黑池龙王行像，因此，近年来请黑池龙王就直接是从伏羲庙内抬出去，绕一圈再回来，象征着恭请黑爷像进伏羲庙，以便护驾伏羲行像出伏羲庙巡城。

仪式当天上午，民众们早已将伏羲庙周围围得水泄不通。身着礼仪服装的祭祀队伍，将伏羲行像从太极殿内迎请出门，安放在事先准备好的先天殿月台上。迎神时先点三炷香，再燃放五千响的鞭炮，同时七人组的唢呐班子齐鸣，人们就将黑池龙王的神像从庙里抬出来，并穿上抬杠抬起。上元会会长端着香盘走在队伍最前压阵，锣鼓、唢呐、旗杆跟随其后，其次是神像和跟随者香，从正门中间神道步入，伴随着音乐，队伍最终到达先天殿月台，将方神像面朝伏羲正殿放置。会长在供桌前焚香、燃烛、献茶和贡品，方神像被抬至月台西侧早已准备好的方桌上安坐，然后会首又领衔在神像前焚香化裱，献茶和贡品，众人也随之跪地磕头。

然后，黑爷将护卫伏羲爷出庙巡城。在巡城时，路线不能回头，要画一个圆满的圈，人们纷纷趴在路上，做跪拜状，等神像从身上经过，谓之"过关"，传说这样可以祛除晦气和疾病，同时为来年带来好运。出了庙门，抬着神像的青年就不安分起来，抬着神像绕着戏台左冲右突又心照不宣地跑起来，方言谓之

图 6-6　春祭伏羲庙庙会期间民众的信仰活动

"将"，就是兴奋、激动、亢奋、尽情挥洒的意思。笔者认为这与新娘结婚时颠轿子的习俗相通。结婚时，轿夫故意将轿子抬得左摇右晃，一方面是惩罚新娘迟迟不肯上轿之意，另一方面，也是与闹洞房类似，在戏谑欢乐的游戏中沾沾新婚的喜庆。而颠神的轿子一方面是为了在扎庙会时烘托群众高兴的情绪，另一方面也有惩罚神的意思，要是不好好保佑信众，就要把你颠下来，给你点颜色瞧瞧。上供是表达了虔诚的礼貌，而颠轿则是人们现实的制裁，体现了人与神的交往过程中既充满智慧又理性的一面。在被折腾了一阵的神回到自己的庙宇之后，人们用布除去他脸上的灰尘，迎方神仪式就算是结束了。经历了巡城等奔波后，主祭人面向正南行礼恭迎伏羲神位，明烛、上香、奠酒、献茶、叩拜化表。（请神）主持人咏诵《迎神曲》，并表演文体节目。

5. 迎神

迎方神、出榜文、请神、安神一套完整的流程被称作迎神仪式。迎神是整个祭祀过程的主体议程之一，此刻，鼓乐齐鸣，载歌载舞。根据乾隆《直隶秦州新志·建置》记载，明代乐舞规模"有迎神、初献、亚献、终献、彻馔、送神之乐。乐器三十有六，乐生四十有四人，冠服一百四十有四。舞器百有三十，舞生六十有六人，冠服二百六十有四"。并且，"召工制器，按八音以为乐，准八佾以为舞。盖琴、瑟、笙、镛之属必调；龠翟、冠、袍之属必绝致；制罔不合，度罔不中"。现存明代《迎神曲》有两章，一章为当时的陕西监察御史山西沁州人张鹏巡察秦州时所撰，一为当时陕西秦安（今天水市秦安县）人胡缵宗所撰。张鹏《迎神曲》曰：山矗矗兮水悠悠，风瑟瑟兮云倏倏。殿阈旷兮鸟声柔，天元冥兮树色幽。谐鼓吹兮陈肴馐，纷拜舞兮恭献酬。神之来兮灵色周，驾玉龙兮乘苍虬。蛮锵锵兮旆皓皓，宛在清虚烟上头。胡缵宗《迎神曲》曰：天生羲圣，广大变通。立极垂易，列圣攸宗。天子致祀，仪文式崇。神之鉴之，昭格雍雍。

2019 秋祭《迎神曲》

鸣钟呜呜	击鼓彭彭	今日恭迎	当值喜神
馨香五炷	上达帝廷	百姓民众	拜祖虔诚
鸣锣开道	恭迎羲圣	安神祖庙	尚享供奉
中华大地	风调雨顺	福佑百姓	万事康宁

6. 开山攒神

开山攒神是我国保留最原始的一种祭祀形式。早在新石器时期，人们就有巫师攒神的习俗。起初，开山攒神主要用来祭祀人文先祖和帝天皇土，其古老的礼仪经过历代传承，延续至今。开山攒神是西北地区，特别是天水地域现存最古老的祭祀形式之一，也是人们世世代代相传的一种古老祭祀风俗。天水伏羲庙举行的开山攒神的内容主要有"请、祝、祭"三个方面。"请"就是通过跳神、舞蹈等形式，告知所有神庙，打开大门准备请神，将八方神灵请到祖庙——天水伏羲庙，来朝拜伏羲。"祝"就是通过开山形——告知各路神灵，护佑华夏大地风调雨顺、国泰民安，祝愿人民富裕安康。"祭"是通过攒神仪式，召集各路神仙和黎民百姓前来人祖庙祭祀祖先，祈求社会和谐发展，人民幸福安康；普天太平，五谷丰登；天水经济发展，繁荣富强。祭司或司祭，又称祭师，是指在宗教或祭祀活动中，为了祭拜或崇敬所信仰的神，主持祭典，在祭台上为辅祭或主祭的人员执掌礼仪的人，传说是实现人与神沟通的人。

仪式内容包括各种娱神表演：耍蟒——用红色的布模拟蛇的游动的一种舞蹈；神曲——祭司在羊皮鼓的伴奏下演唱攒神曲，主要内容就是告知境内所有庙宇中的神灵伏羲庙过会的事情，相当于通知、知会的意思，请他们来庙里一起和伏羲过生日，一起享受民众供奉的实物和乐舞。演唱赞美之词，以达到愉悦神灵的目的；跳神——具有巫术性质的戴着面具表演的羊皮鼓舞蹈；开山——则是由师公进行咒语唱念并用刀割开前额放血，直至血顺流至鼻尖，才算顺利完成的人血献祭行为。以上都是为了尽最大限度地向神灵表达诚意和尊重之情。开山攒神仪式刚刚结束，师公所用过的红头绳就被周围他熟悉的人纷纷要去了，他们小心翼翼地将它放到自己贴身的地方，据说可以辟邪。

7. 安神

先将伏羲行像与方神黑爷起驾进伏羲庙，在先殿月台举行安神仪式，主祭人明烛、上香、化表、跪拜。安神仪式后，护送黑爷像，返回大门西侧本宫。

8. 送神

类似于祖先崇拜中，阴阳两界有严格的区分，神灵所在的神圣世界与信众所在的世俗日常生活世界也有着严格的区隔，因此，神灵不应当长时间地处于世俗时空中，在特定的节庆日子将神灵邀请来与人们进行交流，听听人们的愿望，并

图 6-7　天水伏羲庙春祭人祖庙庙会中受人膜拜的伏羲行像

盛情款待他之后，应当将神灵送回他原本所处的位置。这就是送神仪式的意义所在。正月十六的庙会正日子过完，就要将各方神灵送回家。大戏唱完之后，送神就要开始了。师公还是如迎神时一样，敲羊皮鼓唱送神曲，将来参加的各方神仙稳妥地送回，最后将黑池龙王送回庙宇安放。榜文、毛血以及香蜡表纸以及祭品贡果等将一并被焚化成灰，与圣水相混合，送至西河倒入水中，意为让神灵的福祉随着河水流入江河湖海，惠及万民。送神是祭祀活动的最后一项议程，"送神烧榜"即在此时。明代送神乐曲仍然由张鹏和胡缵宗分别撰写。

9. 领牲、献毛血

在世界许多文明中，对祖先的献祭都是相通的，白色代表纯洁、洁净，通常由食物代表，而红色代表血液、生命，因此，在伏羲祭祀中献饭就是献洁净神圣的白色食物，而血祭则是象征生命的通灵。按传统，应当是正月十六零点，杀牲献毛血，然后献饭，但现在为了适应不同时间的仪式呈现，程序多有调整，时间也以方便群众观看为主，灵活安排；传统伏羲庙民间祭祀时的献牲，是猪和羊各一头。对于猪、羊的品质，都有明确的规定。其中，猪必须是黑色的公猪，不能有一根杂毛，身体完好，不能有任何残缺，取一个完好吉祥的寓意而且必须是当地叫做"八鼻猪"的一种土猪,这种猪脸上要有个"王"字。羊则要又大又好的公羊,而且必须是阉羊。献牲与献饭是生食与熟食的象征。从献猪的毛血到献饭,是通过茹毛饮血的生食到因火而生的熟食的转换,以此来纪念始祖伏羲教人火食的功绩。

时隔不久,即将被宰的牺牲猪就从后院里被三四个彪形大汉赶过来了。事前已经有人在月台前面,正中的台阶下拍碎了一堆土,这时由会长跪地,祭献茶酒;从壶里倒些水酒将土圈起来,然后化裱,众人也纷纷催促猪去拱土。猪拱土就代表神领牲了。当猪的嘴上被人撒了一些土的时候,便有人喊道:"领了!领了!"于是几条壮汉七手八脚地把猪摁住,然后就叫月台上面的人准备好 12 个盘子,猪匠随即毫不迟疑地下去一刀子,猪就哇哇乱叫,开始蹬腿,和平时我们见的杀猪一样。此时,有人马上就用备好的盘子盛上从猪脖子里喷出来的血,然后拔几根猪身上的毛,由庙管会的人接力传递,放到庙堂之内的供桌上。总共是前殿九盘,后殿七盘。九和七,都是阳数中的极数,寓意贡献极丰盛、极有诚意,围观的人则是七手八脚地一哄而起,忙着从兜里掏出随身带着的人民币,从地上、猪脖子的刀口上,有的人甚至顺手从盛着毛血的盘子里,争先恐后的蘸着,寓意着粘了血的钱花不完。

为什么说猪拱了土就意味着领牲呢?这与"土"的信仰是分不开的。我们常常将土视为与祖先和神灵沟通的媒介,因为土既生长着人类赖以生存的粮食谷物,也埋葬着祖先的肉体与灵魂,土无处不在,又广袤无边,自有一种神秘在其中。因此,不难理解,人们将土视为世俗世界与未知的神灵或阴间世界的桥梁。在天水地区汉族的上坟祭祀仪式中,人们常常将食物放在坟头以表示被祖先享用,而将茶水或酒等液体洒在土中,以象征祖先们已经享用。与此类似,献毛血时,当被视为献牲的猪接触到土的时候,就被视为神已经接收到了人们的奉献。因此,人们的敬意和祈求也就能够保证传达到了。

10. 献饭

也称飨神。飨,顾名思义就是吃饭。飨神包括献牲和献饭。献牲就是要在伏羲庙先天殿前的月台上杀猪、羊,然后取其新鲜的毛和血献给伏羲。而献饭则分为初献、亚献、终献,就好比请客三顾茅庐才有诚意一样,均是用贵重的青铜礼器或精美的食盒来盛放的。

中国人在对待尊贵的客人、对待祖先以及对待神灵上都是相通的，都有一套独特的表达诚意的规则。每献一次都要焚香化表，叩头以请神灵享用，并郑重地三叩九拜。献饭的心理过程类似于请客吃饭，初献就是最先吃小吃、水果、凉菜之类；亚献即献肴馔，主要是大小碗、大小盘，主要是主食等。近年来，为了提高仪式的可观赏性，人们在献饭上用食物装饰出"开天立极""开物成务"等字样，以彰显伏羲的功德。而终献就是"大件子"饭，每盘中都是完整的食物，如整鸡、整鱼、整猪等。献饭结束，就由专门的厨师在神灵面前割下小块的生肉在火中炙烤，以食物烹饪的过程，意表请神灵放心，食物已经可以享用了。最后就是敬献高汤，将汤水浇在食物上，意思是吃了这么多食物，也要喝点汤呀，简直跟周到地招呼客人一样。

饭菜早先由伏羲庙周围的居民亲手制作，后来为了美观和随着时代发展，一般都是包给天水当地具有这些特殊菜肴制作能力且口碑良好的饭店制作，并由专门定制的食盒传送，增加了献饭这一仪式过程的观赏性。献饭内容有三牲：猪牛羊的头，而且在角上都缠着红色的绸缎，以左猪、右羊、中牛的顺序摆放；还有十二盘米饭，上面用红色的东西描出字，分别写着：开天明道、开物成务、吉祥如意；此外还有全鸡、全鱼、全鹅，中间有用胡萝卜刻的花，周围用冬青装点；以及用面粉煎制而成的佛手、菊花和虎抓——合称三献。还有一联肉和一个猪肘子，以及各式各样的八盘荤素凉菜糕点小吃等。等着饭菜都放到供桌上之后，伴随着夹板舞的结束，也就宣告迎接献饭这项仪式的告终。

11. 恭读祭文

献供结束后是主持人恭读祭文，这也是整个祭祀活动的中心活动之一。明代嘉靖二年（1523），秦州伏羲庙正式建成，祭祀活动渐次正规化、制度化。为了体现对先皇的崇敬，明廷礼部向秦州特别颁发《太昊伏羲庙祭文》作为官祭时的规范祭文，代表朝廷致祭。至此，秦州伏羲庙祭祀规格达到有史以来的最高规格。

现存礼部所颁祭文曰：

维年月日，秦州某官某，钦奉上命，致祭于太昊伏羲氏：于维圣皇，继天立极。功在万世，道启百王。顾兹成纪之乡，实惟毓圣之地。爰承明命，建此新祠。用妥在天之灵，并慰斯灵之望。时惟仲春（秋），祀事陈式。神之格思，永言无斁。

一切仪式结束之后，"上元会"的成员将分享庙会期间献祭给伏羲和众神的果品菜肴，谓之"消神福"，象征着最直接地享受神灵的庇佑。他们是最直接为神奉献和服务的人，因此也有机会和幸运最直接地享用神灵的福佑。

（三）祭祀仪式的顺序

伏羲庙祭祀原本为一年春秋两祭，农历正月十六相传是伏羲诞辰，农历七月十九末祭则相传是伏羲逝世之日；再加上 1988 年官方在夏季组织的公祭伏羲大典暨旅游文化节，目前基本稳定为一年三祭。三次祭祀仪式的核心内容和主要程序基本一致，都为"上元会"成员进行仪式的展演，但每次祭祀程序略有删减，侧重点不同。仪式不断重复展演的过程，实际上是神话的不断传颂的过程，人们重新认识、学习、记忆，甚至赋予新的内容，使神话传说始终与人们的生活相融合，保持长久的生命力。

民众基础最为广泛的为春祭，祭祀活动在农历正月，因此往往还伴随着猜灯谜、灸纸人等庙会活动。伏羲庙建筑大门对面有专门修建的戏楼，就是为了娱神而设。一百多年来，从农历正月十三日至十七日，伏羲庙都要举办庙会，连续五天公演地方戏曲，以表达对人祖伏羲的敬意，增强祭典活动的热闹气氛。白天演本戏，晚场唱折子戏，以秦州西路秦腔为主。期间东西两牌坊封闭，禁止车马通行。民谣称赞天水伏羲庙庙会戏为："早戏本，午戏连带晚三折，夜戏唱到鸡叫才回来。"[1]

以 2019 为例，春祭祭祀仪式（农历正月十三早 8 时 30 分）的顺序是：将伏羲行像从明代建筑太极殿内迎请出门—恭请方神黑爷塑像进伏羲庙院内，护驾伏羲行像—仪仗队伍从伏羲庙门前的西牌坊出发，在伏羲庙泮池前举行取圣水仪式—伏羲行像、方神黑爷塑像在浩浩荡荡仪仗队伍的"护驾"下，出伏羲庙大门

---

① 李宁民：《人祖伏羲与宗庙》，作家出版社 2015 年版，第 113 页。

图 6-8　春祭伏羲戏剧公演

至戏楼前，举行出榜文仪式—仪仗队伴伏羲行像绕东城门后在伏羲广场举行迎神仪式—民俗表演—迎神仪式结束后，伏羲行像在方神黑爷塑像的护驾下进入伏羲庙，在先天殿月台落座，举行安神仪式—方神黑爷在仪仗队伍的簇拥下回方神庙，伏羲行像在伏羲庙院内先天殿月台安坐，在春节庙会期间受万民祭拜。整个庙会期间伴随着各种民间曲艺舞蹈表演，鞭杆舞（也参加北京十三皇陵庙会，表演内容为秦人牧马）、唢呐等天水地区非物质文化展演，也有展现市民文化风采的老年模特队和青少年武术表演等。由于伏羲祭祀活动都由博物馆统筹安排，因此哪些内容能够进行表演，在什么时段，都是提前安排好的。

正月十五举行"开山攒神"仪式，领牲、献毛血，迎献饭仪式。零点整，民间烧香活动达到高潮。

再说一下秋祭（公历 8 月 18 日）的祭祀顺序：恭请黑爷像进伏羲庙，护驾伏羲行像出伏羲庙巡城—在伏羲大门对面的戏楼前举行出榜文仪式—伏羲行像和方神黑爷像，绕行东门巡游后进入伏羲祭祀广场中央，面朝北方设香案举行请神仪式（主祭人面向正南行礼恭迎伏羲神位，明烛、上香、奠酒、献茶、叩拜

图 6-9　春祭伏羲庙会面人

化表—主持人咏诵《迎神曲》，表演文体节目—伏羲行像与方神黑爷起驾进伏羲庙，在先殿月台举行安神仪式—护送黑爷像，返回大门西侧本宫。

　　秋祭，即末祭，农历七月十九相传是伏羲爷去世的日子，也即伏羲的成圣之日。秋祭的恢复是为了重现传统的一年两祭，由民间组织上元会组织起来的。在清代中期以前，伏羲庙祭一直是春秋两祭且遵循孔庙祭祀仪式，但随着几次大的社会波动和文化破坏运动，传统被中断之后，人们的思维观念更难恢复，因此末祭仅限于上元会成员做一些简单饭菜，献祭到伏羲庙，并烧香磕头化纸，以表纪念。用正月十六诞辰庙会时的香火钱，请一些流动戏班唱唱小曲聊以慰神。有时是一些小规模的皮影戏表演，市民参与较少。随着地方民俗知识精英的介入，他们力图提高伏羲祭祀仪式的文化影响力，认为秋祭惨淡的现状不合时宜，因此近年来，秋祭也成为伏羲祭祀活动中必不可少的一部分，当然内容上也沿袭献饭、娱神以及崇拜行动等内容，是一个规模缩小化了的祭祀表演。但从天水民间的信众认同来看，末祭仪式更接近于文化资源的占有者由于其较高的受教育程度以及道德责任感而形成的对于保存文化形态的自觉和承诺。因为上元会和民间民俗知识精英认为春祭和公祭都做得隆重而盛大，秋祭太冷清心里会感到过意不去，因此他们便会自发地恢复末祭的规模，但民众基础远不如其他两祭。

最后，再交代一下公祭大典的顺序。

第一项　全体肃立、奏乐（全体站立）。

第二项　击鼓鸣钟（击鼓 34 咚，象征全国 34 个省、市、自治区及香港、澳门特别行政区和台湾地区中华儿女共祭伏羲；鸣钟 9 响，代表海内外中华儿女对人文始祖的无限敬仰，全体站立）。

第三项　恭读祭文（全体站立）。

第四项　鞠躬敬祭（行三鞠躬礼，全体站立）。

第五项　乐舞告祭（全体就座）。

第六项　敬献花篮、谒庙拜祖。

夏至日公祭伏羲大典是近年来的文化创造，从 1988 年恢复公祭以来，日期从农历五月十三逐渐演变为公历夏至日，目前是官方参与力度最大的祭祀仪式。

公祭伏羲大典在伏羲广场上举行，伏羲广场正对伏羲庙大门，南北长 100 米，东西长 90 米，占地总面积 10000 多平方米，分布着碑亭、祭坛、祭台、牌坊和东西两侧的诗文碑廊等。祭坛四角和神道两侧分别矗立 4 根龙图腾柱和 8 根图腾八卦柱，祭台四周选植四季常青的松柏 95 株，寓意九五之尊。整个广场气势恢宏，呈现出庄严、古朴、宏伟的景象，是当地政府专门为了公祭大典更好地展现而特意修建的。

由于夏季是天水一年中最舒适的季节，凉爽又晴朗，雨水相对也充沛，因此是最适合旅游的季节。地方政府为了发展经济，将公祭伏羲大典作为吸引游客的重要内容之一，因此，大典仪式增加了很多天水地区非物质文化遗产项目的民间艺术表演内容，既集中展示了天水的民间文化形象，又成为一场大型的演艺活动、吸引游客进行参与式情景体验。

2005 年开始，甘肃省文化厅向省政府提交了《关于提升中华人文始祖伏羲公祭大典规格的请示》，并获得了批准。大典主祭人一般由省长或省委书记担任，主持人为省政协主席。上午 9 时 50 分，由级别最高的参与者宣布典礼开始，体现国家的在场。在公祭仪式被政府部门主办以后，不可避免地要被纳入行政级别的规则之内。出席的官员级别越高，则代表国家越重视，民众越觉得高兴和自豪。典礼于上午 9 时 50 分正式开始，取九五至尊之意，全体肃立、奏乐并击鼓鸣钟。击鼓 34 咚象征全国 34 个省、市、自治区及香港、澳门特别行政区以及台湾地区全体中华儿女共同祭祀人祖伏羲，鸣钟 8 响则代表海内外中华儿女对人组伏羲至高的崇拜和无限的敬仰。然后在主祭人的带领下，行三鞠躬礼，再就是乐舞告祭，类似于民祭娱神的内容，都是极具观赏性的乐舞。乐舞告祭结束后，就是人们依次敬献花篮、拜谒祖庙。公祭仪式与民祭最大的不同就是表达崇拜的方式不同，将民间祭祀中神圣的仪式行为抽象出来，成为一种文化符号，充当公祭仪式的主要表演内容，民众在民间庙会中自然是烧香磕头以示尊崇，而公祭为了文明祭拜，采用了献花和鞠躬的形式。

在参拜的人员身份上，民祭主张一视同仁，信众都是一样的。而公祭则格外注重参加祭拜者的身份等级，首先由参加典礼的国家领导人、台湾地区代表、国家有关部委的领导、各民主党派中央以及全国工商联领导，省四大班子、省军区领导、省市自治区代表、天水地区军政负责人，以及知名专家、学者、全国先进模范人物代表以及少数民族代表分别依次敬献花篮、行鞠躬礼、瞻仰圣像，然后才是老百姓每人限领三只黄色菊花依次有序地拜谒伏羲圣像。从祭祀的顺序、祭品的规模来看，都强调秩序和等级。

公祭大典配合天水市以伏羲文化命名的文化旅游节展开系列活动，其间有非物质文化遗产展演、学术研讨、以伏羲功绩为创作原型的"天一生水""一画开天"等优秀剧目，以及各种文化体育活动。为了伏羲公祭大典的顺利举行和规模稳步扩大，全市都进行了动员，街道、酒店服务行业、市容市貌，实际都在为旅游服务。因此，伏羲公祭大典已不仅仅是一项祭祀活动，不仅仅关乎民间的信仰，而是以一场文化展演为契机实现地方文化形象输出，其每一步都在政府有关部门的指导和策划之下进行，更类似于一场现代政府管理系统下的大型群众活动。

公祭伏羲大典还具有一定的政治象征意义。从 1992 年台湾伏羲庙的人员来天水交流之后，政府部门高度重视，将与台湾方面的民间交往视为文化工作的重要方面。从 2014 年开始，在每年夏至日大陆甘肃天水和台湾台北都会同步举行公祭中华人文始祖伏羲大典，加深了两岸"同文同宗"的民族情怀，体现了民间希望加深民族情感，促进两岸交往和提升文化认同的强烈愿望。

三、伏羲神话与信仰的当代文化生产

（一）伏羲祭祀的时空生产

1988 年时逢戊辰龙年，天水市政府先后以龙为主题（"龙的故乡""龙的传说""伏羲龙文化"）组织了几项活动，在这种背景之下，首届公祭伏羲大典应运而生。当年天水邮电局还发行了一枚伏羲祭典活动纪念封，一枚天水龙年集邮展览纪念封。公祭活动在伏羲庙内举行，天水市民倾城而出，盛况空前。公祭仪式结束后，民祭开始。天水市各界人民群众自发地组织了民间音乐、社戏、羊皮鼓、夹板队、旋鼓、踩高跷等队伍，鼓号齐鸣，载歌载舞。由于人多拥挤，有一度通往大殿临时搭建的踏板桥断裂，公安人员奋力抢险，现场指挥得力，避免了踩踏。①

从公祭大典首次举办开始，它就不仅仅是一项信仰或者文化活动，而是与天水市的改革开放、发展经济、脱贫致富以及对外宣传紧紧联系在一起的。有关部

图 6-10　为伏羲祭祀仪式表演训练的小演员

---

① 郑京生：《回忆八八年首次公祭伏羲的往事》，载 360 个人图书馆 http://www.360doc.com/content/19/0524/16/1100474_837934885.shtml，2019 年 5 月 24 日。

门选择了农历五月十三龙的生日这一天举行公祭仪式，完全是有的放矢的结果，其目的是找准一个立足点而不断生发出活动举行的意义。于是，在后续的文化宣传和文化产品开发中，都以龙文化为线索，做了很多发扬城市风格的努力，例如将龙城作为城市形象的定性，修建以民族图腾龙为主题，并弘扬伏羲文化的城市主题公园，命名市中心广场为龙城广场，推出羲皇故里龙酒等。

2000 年开始，天水市每年举办一次的伏羲文化旅游节，为了促进旅游行业的发展，将伏羲文化旅游节与公祭大典合办，并在期间内举办大量的招商引资、文娱庆祝活动，几乎成了惯例。2005 年伏羲公祭大典由天水市人民政府主持，升格为甘肃省人民政府主持，同时开幕的伏羲文化旅游节则继续由市政府主办。2007 年开始，经过多方研讨，由于夏季是天水地区天气最适宜旅行的时间，且夏至日便于记忆，公祭大典时间被确定为每年 6 月 22 日。2008 年因 "5·12" 汶川地震，需要将最大的人力物力投入到灾后重建中，公祭大典停办一年，第二年因灾后重建任务，省、市政府决定政府公祭大典活动继续停办，为接续传承，由中华伏羲文化研究会主持，市级各相关方面承办，举行了公祭大典。从公祭大典的主办单位可以显而易见地看出其举办主体是官方的（例如，2019 年公祭伏羲大典就由国务院港澳事务办公室、国务院台湾事务办公室、中华全国归国华侨联合会、甘肃省人民政府主办，天水市人民政府承办。主祭人由省委副书记、省长担任，主持人由省政协主席担任。）因此其出发点肯定是以能够促进整个区域的经济文化发展为主旨的。

出于扩大地域的文化影响力，促进旅游事业发展的目的，天水市政府和主管部门充分挖掘本地的旅游资源，协调统筹公祭伏羲大典与轩辕文化旅游节、女娲文化旅游节结成一个上古神话集群，相互辉映，形成地方特色。为了公祭大典更具观赏性，地方政府还制作统一的祭祀服装，仿照天子礼仪祭祀，制作了九鼎十八簋，制作祭器六十六件，编钟一套。并创造了新的祭鼎仪式，使仪式更适合烘托伏羲上古帝王的尊贵身份，使整个仪式更庄重肃穆。

当由政府主导的公祭仪式更多地表现为政治象征和娱乐表演，人们更多地已经将参与其中看作为一种文化活动的参与体验而非神秘主义的灵验信仰。为了打造天水寻根之旅的旅游城市形象，从 "人文始祖，寻根之旅" 的宣传语可以看出，地方政府将侧重点放在人文之根、文化归属和文化认同，而非血脉之根。从天下大同的角度上来说，认同和归化中华文明的人都是集体共同的成员，这种凝聚力是抛开了狭义的人种认同的新的民族边界的界定，也更有现实意义。源于这个宗旨，公祭仪式的创造更多地侧重展示礼仪形象、文化展演以及普世价值。如用鲜花、鞠躬等文明礼仪代替了烧香磕头等习俗，易于更多文化背景的人接受。

民间祭祀仪式也不断被人为改造着。王斯福认为，"民间仪式往往与中国帝国时代的政治空间模式有关，但是民间的神与祭仪所表达的是不同的观念。官方的仪式通过宇宙仪式化，在象征上创造帝国的象征政治格局。对民间而言，这种格局成了仪式上的傀儡，操演他的是地域化的社区与不同的民间权力代表人，如道士、士绅与民众。"①

为了获得民间信仰的生存空间和合法化身份，官方组织在设计和宣传活动的过程中，侧重突出伏羲作为文化英雄的形象。在公祭的恢复过程中，仪式流程是不断创造和完善的。随着空间景观的拓展而相应地进行仪式生产，如泮池的修建和迎圣水的发明，鼎的设置和祭鼎仪式的适应性创造，仪式内容不断丰富，仪式形式观赏性不断提高。

社会现代化是一种特殊形式的社会变革，不仅指文化、经济、科学技术和社会组织结构的现代化，还包括政治民主化和社会生活空间的城市化，整个社会的现代化最终体现为人的价值观念和生活方式的现代化。传统社会逐渐转变为现代社会的过程，是一个连续不断的历史进程。人伦道德的演替具有显著的历史层累性和人本主义的创造性，它无法与传统决裂，而只能是在利用传统资源的基础上创造出更新的传统。②传统的发明与景观生产息息相关，景观生产是仪式发明的物质基础。

2005年，伏羲公祭大典升格为由甘肃省人民政府主持。为了配合公祭典礼的隆重恢宏气势，专为祭祀伏羲修建了约一万平方米的伏羲文化广场，在广场四周修建了配套设施：碑亭、诗文碑廊、祭坛、祭台和牌坊等。在祭坛四角设置了4根龙图腾柱，在神道两侧布置了8根图腾八卦柱，95株四季常青的松柏围绕着祭台郁郁葱葱，寓意伏羲九五之尊的身份。伏羲广场的修建为祭祀仪式提供了庄

---

① ［英］王斯福：《帝国的隐喻——中国民间宗教》，赵旭东译，江苏人民出版社2008年版，第80页。
② 郑杭生：《论"传统"的现代性变迁——一种社会学视野》，《学习与实践》2012年第1期。

严古朴、神圣宏伟的举办场所。

在地方政府和知识精英的合作下，又对祭祀仪程进行了改进和创新。《史记·封禅书》《汉书·郊祀志》都有"泰帝兴，神鼎一"的表述，伏羲"缓兴神鼎，制郊禅"（《后纪一》），颜师古说：泰帝就是太昊伏羲氏。以此为据，政府部门决定采用天子礼仪祭祀中华人文始祖伏羲，仿照文献中"九鼎十八簋"的礼仪，制作了祭器66件，编钟一套。① 在增设景观的基础之上，增加了祭鼎的仪式程序，既丰富了祭典的观赏性，也符合伏羲至高统领者的身份塑造。此外，在祭祀广场上安放了一组九尊列鼎，祭台四周分别设置了64面龙旗和太常旗，伏羲路和南明路也分别放了旗幡、宫灯。从广场至庙内全用红地毯铺设，庙内建筑物檐下亦张灯结彩，前院和中院东西两侧在祭典当天增加了古筝表演。先天殿内正中列置一组由9个青铜列鼎、8个青铜簋和5张青铜俎案组成的礼仪祭器，两侧还分别安放了一组编钟和石磬。一切的增设都是以达到"天子祭祀礼制"为目的的，旨在凸显庄严崇高的祭祀氛围。

通过史料梳理发现，每当伏羲庙进行建筑风貌的扩建和建筑范围的增减，祭祀仪式都会相应地跟着不断新增或衰减。传统是一个开放的动态系统，在时空中延续和发展，它既是过去的，又是现在的，并且包含着未来。传统不是已经死去的东西，而是依然存活于现实中并起着作用的历史事物。传统的民俗文化既是历史的产物，又是现存的事实。它制约着人们目前的文化取向，进而也影响着人们未来的生活。② 地方民俗文化精英对于伏羲有着虔诚的信仰和丰富的民俗文化知识，以及具有一定的威望和社会资源，但是由于他们经历相异、接受的文化背景不同、对于祭祀文化的理解不同，同时，他们各自拥有不同的政治观点，对个人与伏羲庙民间祭祀的关系认知不一，导致了在地方民俗文化精英内部，出现了对民间祭祀仪式不同的看法和冲突，一定程度上影响了当代民间祭祀仪式的重构。

---

① 档案《2005年公祭中华人文始祖伏羲大典仪式具体方案》："为了弘扬伏羲文化，振奋民族精神，展现甘肃悠久灿烂的历史文化以及作为中华民族和华夏文明重要发祥地的历史地位，使公祭伏羲典礼成为凝聚中华民族，联结海内外华人，促进祖国统一大业的文化纽带活动，扩大甘肃的知名度促进甘肃经济文化的全面发展。"

② 郭于华：《死的困扰与生的执着——中国民间丧葬仪礼与传统生死观》，中国人民大学出版社1992年版，第22页。

伏羲神话的祭祀仪式由民间的上元会组织主导逐渐演变为由地方官商学领导，在这个过程中，传统是被有意识地生产出来的文化产品。

据史料记载，天水伏羲庙从明弘治三年（1490）第一次修建，先后经历过11次大修，至最近的一次，也是历史上修建规模最大、修建程度最彻底的一次，从 2003 年至 2007 年，横跨 5 年，使伏羲庙建筑群形成了前一楼（戏楼）、迎三坊（开天明道坊、继天立极坊、开物成务坊）、双进门（大门、仪门）、双朝殿（先天殿、太极殿）、一园（后花园）、两跨院（乐善院、忠义祠）、登见易、跨泮池、临后门的格局。①

明嘉靖元年至三年（1522—1524）修建了后花园，泮池是后花园的一部分。当时园内有桥有亭，环境雅致幽静，后在历史的沧桑岁月中遗失不存。2005 年，为了恢复历史上伏羲庙的面貌，体现宫廷建筑前有宫、次有寝、后园林的规制，重新恢复了泮池景观。在当代天水伏羲庙的建筑恢复中，是以皇家建筑建制为标准的，可以看出地方政府为了恢复伏羲文化的正统地位而在物象叙事的景观生产中所作的努力。随着泮池的修建，新的仪式——"迎圣水"随之被发明出来，并在申报非物质文化遗产的过程中，作为主要祭祀程序——"迎神"中的一部分被固定下来。

春祭民间祭祀一般于正月十三开始，第一天的主要仪式程序包括迎圣水、迎神和安神等仪式。上午 8 点 30 分，祭祀人员身着礼仪服装，首先从太极殿内请出伏羲行像，供奉于先天殿月台。然后迎请方神黑爷进院，9 时左右，开始在泮池举行迎圣水的仪式。

> 天水这个地方的名字传说是因为"天河注水"而形成的。把迎圣水仪式作为祭祀伏羲的第一项也是考虑到水对地方文化的重要性。水又是生命之源，取水供圣也表达了对生命的礼赞之情。伏羲庙是供奉中华民族始祖的地方，从泮池取水也寓意着取的是四海之水、天下之水，表达的是天水人民对国泰民安，风调雨顺的美好愿望。②

---

① 李宁民：《人祖伏羲与宗庙》，作家出版社 2015 年版，第 91—106 页。

② 受访者：胡老师。访谈人：张迪。访谈时间：2017 年 7 月 19 日。访谈地点：天水伏羲庙。

取好圣水之后要供奉于伏羲之前。主祭人将供奉的圣水洒向大地和万民，祈祷福佑中华、五谷丰登、国泰民安。之后，伏羲圣像、方神黑爷像在浩浩荡荡仪仗队伍的"护驾"下出伏羲庙大门，完成出榜文、"巡游"、安神等仪式。迎圣水可以说是民间祭祀正式开始的第一项议程。历史文献记录和之前的研究中都未曾发现有迎圣水相关习俗的记载，仅有在送神仪式结束后，有将榜文等一应用品焚烧成灰，倒入藉河中的传统。有了泮池这个景观空间，迎圣水的仪式才能被发明出来。

（二）祭祀仪式的表演化

新的传统不断被发明，旧的传统也随着现实情况的变化，每年进行机动的更改和创新。如 2018 年恰逢猪年，传统民间祭祀中的"领牲"被取消。领牲、献毛血通常连在一起，需要选用健康的、被专门挑选过的本地黑色公猪，在正月十六零点进行，之后才举行隆重的献饭仪式。献牲与献饭是人类生食与熟食两个历史阶段的象征，从为神奉献猪的毛血到供奉精美的餐食，象征着人类由茹毛饮血的生食时代发展到因火而生的熟食时代，以此来纪念始祖伏羲教人火食的功绩。用猪拱土象征着神灵领牲之后，这只黑色公猪就会被宰，现场除了将新鲜的毛和血取于盘中供奉在庙中，还有不少民众用随身钱币前去沾取热血以讨吉利。

> 领牲意思是就要杀猪呢，现场比较血腥，跟现在社会倡导的理念不符合；再一个今年正好是猪年，哪能杀猪呢，显得不吉利、不合适，大家也不爱看。①

而为了使年节活动更为丰富，历史上"一祭三日"的惯例，已经逐渐扩大为五天，除了正月十三的取圣水、迎神、安神，正月十五的迎献饭、祭祀典礼之外，正月十七还有送神仪式。五天的盛会过后，大家将敬仰之情表达完毕，浩浩荡荡的仪仗队还要以虔诚之心送神。送神仪式结束之后，整个春祭伏羲活动才算

---

① 受访者：胡老师。访谈人：张迪。访谈时间：2017 年 7 月 19 日。访谈地点：天水伏羲庙。

真正结束。

为了适应现代市民的文化生活需求以及旅游产业的深化开发，在几十年的发展中，民间仪式程序不断完备，并且更具戏剧化和观赏性。从传统民祭仪式中吸取精华部分加上重新创造的仪式程序，定制了全新的祭祀服装、礼器。文化主管部门将献饭、领牲这种有观赏性仪式的内容进行挖掘和凸显，由侧重结果呈现转向侧重过程展示，把原本简单的做饭送饭，发扬为敲锣打鼓的隆重敬献，为了美观还制作了红色的专用食盒，在米饭上装点"开物成务"等花样，以昭伏羲的功德。同时为了更方便民众参与和围观，各项仪式的举行时间也做了调整，例如原本在凌晨举行的"领牲"就挪到了人们更常活动、并方便围观的下午。为了多方位地展现天水地区的民间艺术传统，伏羲祭祀仪式中还夹杂了本地区非物质文化遗产的展演，如甘谷唢呐几乎成为了固定的仪式伴奏奏乐。原本作为玉皇大帝信仰的朝山会也被吸纳进祭祀伏羲的仪式中，打破了只能男性参与的禁忌，变成了以年轻男女共同表演的舞蹈①，增加了仪式的丰富性。

随着祭祀仪式的表演化，伏羲崇拜的神圣性也一定程度被消解。

信仰（faith）一词，最初源于拉丁文"fides"（信托），是指面对某种人事物或概念的信心和信任。它包含了两种涵义：一是通过理性判断或经验论证所得的"确信"的信念，二是完全不凭借逻辑判断，仅凭情感的托付所生出的"虔信"。中国民间宗教和民间信仰，指的是流行在中国一般民众中间的神、祖先、鬼的信仰，它包含庙祭、年度祭祀和生命周期仪式，血缘性的家族和地域性的庙宇的仪式组织，以及世界观和宇宙观的象征体系，并沿着人们的生活脉络，被利用于社会之中，以服务生活为总体目的。从观念和行为规范来讲，这种信仰始终没有脱离现实生活的功利需要，人们为此而力图与支配命运的超现实神灵世界加以沟通。

信仰具有抚慰心灵、教化巩固、怡情养性、调解欲望、保持心理平衡的作用，从而达到某种情感宣泄的目的。它来自庶民百姓对美好生活的向往，以及对理想的幸福生活的追求。其蕴含了民众最切实最基本的生存需求，同时又包含深刻的社会需要和精神需求，解除个人生存之欲和人生痛苦，提升精神境界。信

---

① 闫虹：《伏羲祭祀庆典乐舞——夹板舞调研》，《天水师院学报》2007 年第 4 期。

仰往往是人们在对抗自然和命运感到无力时寻求精神安慰和与自身达成和解的一种解救方式。因此，在生存条件恶劣和医疗条件薄弱的地区，人们容易寻求民间医疗方法甚至巫术来疗愈身体或精神的疾病，比如未知的疼痛或解决生育的困扰。而在生存条件和经济水平发展较差的地区，人们就寄希望于神灵能让日子好过一些，如靠天吃饭的种植业农村就祈求神灵风调雨顺有个好收成，而在求财无门、经济单一的地区，人们则求财以改变目前的窘迫状况。当人们的认识水平随着受教育程度的普及和提高，对于神灵和迷信的神圣性产生了很大的怀疑，尤其在年轻一代更是如此。这种文化的传承逐渐产生了一种类似"脱壳"的文化行为，即参与伏羲民间信仰与祭祀仪式仍然是当地民众日常生活的重要组成部分——尤其是现代的理性社会管理秩序支配下的公祭典礼仪程，但群众身在其中更像是观赏一场文化表演，庄严肃穆多过神秘。例如正月初九的朝观行为（玉皇信仰）以及正月十六的伏羲庙会，人们仍然竞相烧头香祈福和灸百病娱乐，而烧头香成为某种象征幸运的仪式，是一种好彩头。灸百病更是由医疗巫术转而为娱乐，人们越是年长，越是来自交通闭塞的乡村，就越是带有迷信的神圣感；相反，越是在城市，越是年轻的游客，则将灸百病变为一种异域文化的体验行为和娱乐。

马克斯·韦伯认为："中国官方的国家祭典，就像其他地方一样，只服务于公共的利益；而祭祖则是为了氏族的利益。二者都与个人的利益无关。自然的巨灵日益被非人格化，对他们的祭祀被简化为官方的仪式，而此种仪式逐渐地排空了所有的感情要素，最后变成了纯粹的社会习俗。这是由教养的知识分子阶层所完成的工作，他们完全漠视大众的典型的宗教需求。"[①] 伏羲公祭大典仪式就类似于这种排空了感情要素而变为纯粹的社会习俗。因此，祭祖大典逐渐在恢复过程中固定下来一套流程，从而更近似于一种文化表演。

1988 年起，天水地方政府开始恢复民间祭祀仪式。以《礼记》和历代方志史料为参考，结合地方民间文化精英的回忆和创造，最终呈现为一套相对比较完善、固定的表演仪式。曹玮的论文[②] 详细地论述了地方精英是如何与民间知识的

---

① ［德］马克斯·韦伯：《儒教与道教》，洪天富译，江苏人民出版社 1997 年版，第 199 页。
② 曹玮：《地方民俗文化精英与民间祭祀的复兴》，华东师范大学硕士学位论文，2010 年。

掌握者合力恢复这项传统的，而仪式的确立又是怎样作为一种文化被生产出来的。"民间仪式往往与中国帝国时代的政治空间模式有关，民间的神与祭仪所表达的是不同的观念。官方的仪式通过宇宙仪式化，在象征上创造帝国的政治格局。对民间而言，这种格局成了仪式上的傀儡，操演他的是地域化的社区与不同的民间权力代表人，如道士、士绅与民众。"① 随着经济社会的现代化发展，参与或主导祭祀的各方力量出于不同的目标，对祭祀仪式不断进行创新和改造，将自己的新的理解和想象加之其中，于是，新的传统就应运而生了，从而重塑了人们对祭祀仪式的记忆和认知。

"在人类学的用语中，那些标定时间、限定范围、排定计划并且具有参与性的事件，例如仪式、节日、奇观、戏剧和音乐会等，经常被称作'文化表演'，在这些事件中，一个社会的象征符号和价值观念被呈现和展演给观众。"② 原本隐秘的小群体之间的神圣仪式被放置于公开的场合，为了考虑观众的视觉感受和互动效果而改变仪式原本的流程，实际上是将仪式表演化，也正因为此，由人对神的虔诚膜拜转化为文化公民对文化表演的享用，神圣在此过程中被消解了。

迎圣水仪式被发明之初是为了配合恢复皇家园林形制的现代景区建设，是神圣的民间祭祀仪式中的重要组成部分。取圣水寓意着纳东南西北四海之水供奉给伏羲。2018 年春祭，祭祀团队跟着表演团队在巡城返回的途中，在伏羲庙步行街的牌坊下举行"烧榜文"的仪式。首先将从泮池中迎取的圣水放置在事先安排好的供桌上，由上元会祭祀人员领祭，参加巡演的武术演员和舞蹈演员随祭。

> 当祭祀仪仗队手捧圣水绕境返回，通过伏羲广场的步行街，到达指定地点进行焚香化表仪式时，组织者（全程控制仪式进度的引导员）向着围观群众高喊，"大家都跪下！都给爷行跪拜礼！让大家看到天水人民有素质！"甚至演职人员（这里称为演职人员更恰当。因为整个仪式流程更像一种展示和表演）带头跪下做示范，并虔诚肃穆地向爷磕头。围观群众却显现出完全

---

① ［英］王斯福：《帝国的隐喻——中国民间宗教》，赵旭东译，江苏人民出版社 2008 年版，第 80 页。

② ［美］理查德·鲍曼：《作为表演的口头艺术》，杨利慧、安德明译，广西师范大学出版社 2008 年版，第 77—78 页。

相反的面貌，大家相互推诿，相视而笑，纷纷不好意思地拒绝。①

参与献饭和表演仪式的工作人员带头行跪拜礼，再三呼喊倡导之后，响应者依然寥寥，围观群众哄做一堂，谁也不愿意跪下，恰如观看一场文艺演出。步行街是世俗的空间场域，尽管祭祀人员表情肃穆、动作庄严，努力营造出神圣的氛围，装扮、仪程等都完全复刻民间祭祀仪式的样貌，但信仰中最关键的部分——"相信"却没有了，这与在伏羲庙内进行过桥仪式时的热闹场景形成鲜明对比。过桥仪式在迎神之后，伏羲行像例行在方神黑爷的守卫下出庙巡城，人们争相跪倒在轿子前行的必经之路上，希望轿子从自己身上跨过，象征着所有病痛污秽被一并带走。场面之热烈往往需要现场治安疏导才得以控制，以防发生踩踏。

列斐伏尔指出，空间是社会的产物。空间并不是无意义的空洞，而是蕴含着丰富的内容。对空间的研究不仅仅要关注处于空间之中的生产，更要关注空间本身的生产。根据"社会空间"的观点，任何社会事实和社会行动本身都具有特定的空间性特征，某种社会或行动都直接对应某种空间。② 神圣的空间与神圣的仪式是一一对应的关系。如果祭祀的仪式、时辰、场所都能够随意打破和安排，神的权威性被人所支配，那么神的能力又如何体现呢？民间信仰的仪式和表征符号被用来作为文化产品生产的重要来源和灵感，在这个过程中，神圣的行为通过祛魅和文化生产，逐渐演化为世俗的表演，神圣性被瓦解了。在步行街举行的迎圣水仪式中，围观者认为这是置身事外的事，含蓄的国人害怕成为异类和焦点，怕孤立的下跪行为也变成表演的一部分。而反观在私人信仰领域中，无论是过桥仪式中人们争先恐后地跪在路上等神的轿子从身上经过，还是在淮阳的太昊陵里，庙会中的人边唱经边烧香，旁若无人达到超然的境界，都无比地自然。在信仰的超验语境中，人是忘我的，只有神与自己的存在。在公祭仪式的场域中，民间祭祀流程被当作一种作品，以供游客观赏和成为令人惊叹的消费审美对象。

---

① 摘自笔者 2018 年春 1 月 29 日的田野笔记。

② H. Lefebvre, *The Production of Space*, Oxford：Blackwell，1991，pp.141—145.

　　民众的参与是国家祭祀正当性的重要来源，从现实政治的角度而言，这种祭祀活动通过当地父老、乡望等的参与，实现了国家权力与社会力量相结合，即国家官员与地方精英的合作。[①]2001 年，天水伏羲庙成为国家级重点文物保护单位，天水市博物馆在伏羲庙内设有专门的常驻办公点，因此，全权接管了庙产、香火、祭祀活动筹划与实施等。与众多民间传统由于社区的拆迁而使居民居住迁移分散，从而随着传承主体与传承环境的改变而发生传统的断裂的情况类似，随着城市改造的推进，伏羲庙附近的民居也经历了拆迁搬离，随之而来的就是民间组织的松散化。2002 年伏羲庙周围进一步扩建，上元会建议将伏羲庙左侧一间民居改建为供奉黑池龙王的神庙，后又接纳了由于附近拆迁寄住的火神。从 2003年庙修好之后，迎方神的活动就都变为将黑池龙王从伏羲庙里直接抬出来，而不再去往遥远的黑池龙王庙，原本部分分享的香火钱也不再去往黑池龙王庙了。当祭祀仪式被当作一种文化资源时，对于举行细则的掌握就变成一种文化权利，因此，上元会实际上在不知不觉中被剥夺了这种权利，天水市博物馆已经全权掌握了伏羲祭祀的决定权，而上元会成员则由主导者变为参与者，甚至在某种角度上，成为了表演者。为了仪式的原真性和正统性，尚保留上元会成员充当祭祀仪式的实际操作者，但其实已经是一种"伪原真性"。在公祭大典期间，上元会会首九人身着传统祭祀服装长衫，戴礼帽上香并三叩九拜，而其他人行三鞠躬礼，进献花篮，信仰的主导者转变为表演的符号。

　　现代媒体也参与了对神圣的解构。2009 年为了配合中央电视台专题节目的录制，迎方神等活动进行了两次，且将方神庙所有的神都接到伏羲庙前的戏台前，这与真实的民间祭祀有所区别。此时，电视台以一种国家符号的在场，使国家的权威性压倒神的权威，某种程度上讲，只有观众与表演者，神也被迫成为表演的道具，抽空了其精神象征意义，祭祀变成了世俗的排练，成为了日常表演的一种。

　　公祭伏羲典礼的节目化、表演化一方面扩大了公祭仪式的规模，并助力地方文化影响力的提升，另一方面也一度消解了以"诚"为核心的民间祭祀伦理观念。但在近年的发展演变中，通过技术和互联网的方式似乎重新生产了新的内

---

　　①　雷闻：《郊庙之外——隋唐国家祭祀与宗教》，生活・读书・新知三联书店 2009 年版，第 345 页。

涵。在公祭仪式的不断重复和表演强化中，人们渐渐接受了这种官方和固定的祭祀仪式，祭祀仪式变为一种新的地方习俗或传统逐渐为人们所接受，甚至肯定其正统性，从而对家乡产生了新的认同。2019年网上直播观看公祭大典仪式的网民多达二十多万人次，在留言中可以看出伏羲祭祀仪式更多的是成为了天水人乡愁和文化自豪感的表达符号，在一定程度上促进了市民的情感认同。

人如何与神沟通，如何对待神，如何处理与神之间的关系，全部来自人们的想象，而这种想象通过祭祀仪式一代一代传承下来，固化为一种传统。随着经济社会的现代化发展，参与或主导祭祀的各方力量出于不同的目标，对祭祀仪式不断进行创新和改造，将自己新的理解和想象加之其中，新的传统就应运而生了，从而重塑了人们对祭祀仪式的记忆和认识。

（三）伏羲神话通过文化生产融入日常生活

在消费社会，伏羲神话与地方生活的深刻勾连还表现在以深化旅游产业改革为宗旨的文化产品开发。

1. 组织开发文化产品

在拓展旅游景区建设，提升综合服务水平的基础上，近年，地方政府从北京聘请专家围绕伏羲神话进行创作，研发了大型中国舞剧《一画开天》，自2012年首演以来，获得了很大的社会反响，对伏羲文化的发扬起到了很大作用，至今已成为每年伏羲文化旅游节期间为游客提供的重要文化产品。舞剧运用声光电等舞台技术，以序幕《天道循环》开场，分"始祖诞生""携手创世""人间乐园""女娲补天""一画开天"等7个章节，讲述了7000多年前的古成纪大地湾，伏羲携手女娲，抟土造人、刀耕火种、结绳记事，建立起人类初始文明的故事。整台舞剧将优美的舞蹈肢体语言与旋律如虹的交响乐融为一体，汇集成一幅神奇壮丽的上古画卷，为观众带来了一场视听盛宴。

2. 先后邀请知名词曲作者以天水文化为核心创作歌曲，并邀请著名歌唱家演唱，展现城市风貌，助益推介旅游资源

如2002年在"西部大开发"的背景下邀请著名作曲家徐沛东创作了歌曲《天河热土》，歌词内容赞美天水优秀的历史和美丽的自然风光，由天水籍歌唱家吕继宏演唱，当时电视台和街道上几乎全年无休地播放着这首歌，很多市民听着

熟悉的旋律就能跟着哼起来。2012 年为了公祭伏羲大典又请著名词作家乔羽创作了《说伏羲》，并由毛阿敏演唱，也取得了较好的宣传效果。

3. 进行新的景区建设

以中华民族传统的民族图腾龙为主题，为弘扬伏羲文化，纪念天水历代名人，宣传天水悠久历史文化，历时 3 年建设而成了市主题公园——龙园。成纪殿是龙园的主体，歇山重檐九开间明清式建筑，其廊前 10 根汉白玉蟠龙柱为国内仅有。殿内陈列上至伏羲下至晚清安维峻等天水历代名人杰士铜象 19 尊，两侧墙壁配以仿铜群龙浮雕，山墙配有仿红木壁画及麦积飞天壁画和 32 幅发生在古成纪的历史故事木浮雕画，反映了天水历史文化艺术。进入龙园正门，就可以看见龙马型的雕塑。龙马似龙似马，遍身符号，表示伏羲受其启发而始画八卦，创立了中华文明。

4. 开发地域文化白酒

甘肃天河酒业以天水的地域文化内涵为依托，开发形成了"羲皇故里"等白酒品牌，在当地白酒市场拥有良好的口碑。

结　语

伏羲的形象集祖先、神灵、文化英雄于一体，其在天水地区民间信仰中的功能涵盖日常生活的方方面面，人们遇到任何问题，如身体疾痛、生意不顺、学业挫折甚至自然灾害，都可以向其祈祷和求其保佑。伴随着非物质文化遗产保护运动的兴起和地方政府力量的介入，伏羲的信仰通过公祭大典仪式的发明和创造以及新式祭拜行为的倡导，其神灵性和迷信主义弱化，而作为文化英雄和文化祖先的象征符号意义不断凸显，在国家话语体系中更以其文化认同功能为重点。与此同时，当地围绕伏羲神话进行的一系列文化创造，使之成为地方民众生活中的重要组成部分。伏羲神话正是在不断被地方重塑、阐释、挖掘、开发的过程中，与当地民众生活发生日益密切的关联，并在这一过程中强化了人们对民族信仰、文化自信的认同，对于增强社会的凝聚力具有十分现实的意义。

其次，对于拥有伏羲神话资源的地方城市来说，在当代，伏羲神话的传承不再主要通过代代相传的口头传承方式呈现，而是更多地融汇在以伏羲神话为中心的当代文化创造和生产的过程中,成为地方谋求经济发展和文化影响力扩大的保障。在天水地区,伏羲神话更多地被看作是一种文化资源,通过旅游产业的发展、非物质文化遗产保护运动,以及市民文化活动的开发,而不断得到变形、拓展,并通过共享和消费,最终参与进普通民众的日常生活。

(张迪,华东师范大学民俗学专业 2020 届博士毕业生)

附录：部分田野调查资料整理

一、河北涉县的四则女娲神话传说

（一）女娲伏羲兄妹成婚、女娲造人、女娲大战黑龙 [①]

这女娲和伏羲是兄妹结为夫妻。就是上古时期，洪水滔天，九州废，万物俱毁，这个世界上没有人类存在，只剩下女娲跟他哥哥。他们兄妹两人长大以后在世上过的是好寂寞好孤单，后来哥哥要求跟女娲结为夫妻，但女娲说着世界上没有人，但不能兄妹成婚，知道吗？但不成婚，这世界上没有人，就光咱们兄妹，就好寂寞，好孤单。后来，就想来想去，想来想去，想出一个办法，就是，滚磨，就是磨盘，那边有，盘古开天嘛。他从那取下两块石磨，一个从东山，一个从西山往下滚，要是石磨融合一块，这就是缘分了，就可以结为夫妻，要是融不在一块，兄妹就不能结为夫妻。终究石在了一块，兄妹成为夫妻了。

成婚三年，女娲跟他哥哥说了，靠一年生一个孩子生到老，世界上的人是太少太少，后来就开始用泥捏上泥人了。女娲她在河边走着走着，忽然，河边有水嘛，就照到了自己的影子，就怎么能捏出小泥人来，后来她就在河边捏小泥人了。女娲白天晚上都在精心细致的捏小泥人，然后拍成饼，接好之后再晾干。然后她想出个办法，用柳树条甩，沾点河水往外甩，甩出来的泥人，女娲轻轻一吹，变成活蹦乱跳的小泥人。知道吗？后来忽然天下起了大雨，把女娲捏好的小泥人瘫痪了，然后她那时就是，又搬回去的。搬回屋里的小泥人他没有瘫痪，他

---

① 受访者：石秀芬，女，娲皇宫内拍照商户。访谈人：丁思瑶。访谈时间：2018 年 7 月 12 日。访谈地点：涉县娲皇宫。

有胳膊有腿。当时下雨，有淋坏了腿，有碰坏了胳膊，形成了世界上的残疾人。但是这个搬回来的人，因为下雨下的多嘛，有一部分人就没有晾干。然后就拣点柴火烤，有的就是火大了，烤黑了，有的就是烤的黄的，有的就是晾干的，就是富贵人，就是没有经过火烤的富贵人了。这个女娲造人的传说就是这样传开的。

然后就是女娲为什么要补天哪？就是有了人了，就是黑龙，他从天上捅了个窟窿，就是漏了好多水，整个人类就是没有办法生存，后来就是女娲挺身而出，帮助百姓战胜了黑龙，她把黑龙打下来就是，她女娲胜利了就是吧。后来为了纪念这个，我们每年九月份就是过这个庆典活动，我们这个舞台上搭的彩虹桥，然后这个下面这个广场搭了舞台，铺着地毯，可隆重了，就祭祀那一天的活动。

（二）女娲补天、称作神媒 [①]

天上有个黑龙，看不下女娲老姑做下的这些事儿来，主要是心里不平和，嫌女娲老姑功劳大，就跟女娲老姑置起气来。有一天，他故意用自己的脚在天上踩了个窟窿，这下可不得了，呼呼地冒着黑气，吹着冷风，把地上的人们和山川都罩了起来。女娲老姑赶紧跑到漳河里捞出了五种颜色的石头，捞了一把又一把，又把这些石头揉在一起，蘸着漳河水和了下，才一把一把地往那个窟窿里糊，终于把那个大窟窿糊住了，地上的山川河流平静了下来，人类和其他动物也能生活下去了。

女娲老姑在漳河边造出许多人来，心中高兴，寂寞感没有了。她觉得有些累了，稍微休息了一下，又站起来向四处走去。一天，她走到一处，见人烟稀少，十分奇怪，俯下身去仔细察看，见地上躺着不少小人，动也不动，她用手拨弄，也不见动静。原来这就是她最初造出来的那些小人儿，这时已经头发雪白，寿终正寝了。女娲老姑看到这种情形，心中暗暗着急，她想到自己辛辛苦苦造了人，这些人却又不断地衰老死亡。这样下去的话，要想使世界上一直有人，自己不得永远不停地造下去啊！这总不是个长久办法。想来想去，女娲老姑就参照世上万物传宗接代的方法，叫人类也男女配合，繁衍后代。因为人是仿神的生物，不能

---

① 受访者：杨林芳，女，沙河村娲皇社社首。访谈人：王矿清、李秀娟。访谈时间：2016年4月23日。访谈地点：涉县沙河村杨林芳家中。参见王矿清、李秀娟主编：《女娲的传说》，河北人民出版社2016年版，第79—80页。

与禽兽同等，所以她又建立了婚姻制度，使他们有别于像禽兽那样乱交。后来的人们就把女娲老姑奉为了"神媒"。

（三）三位奶奶的关系①

那是古代的，古代的传说呀。什么一奶奶，二奶奶，三奶奶呀，只是习惯性的叫法，实际上就是一个，就是分了几个功能来说哪，就是一个奶奶办了几种事情，一个奶奶就代表一种事情，并且呀是有几个奶奶就盖了几层楼，知道吧？大奶奶，一般是代表招妲己来击垮商纣王的统治的；二奶奶代表的是生万民，造万物；三奶奶就是代表着补天。

（四）偷女娲、让女娲②

有一个非常典型的偷女娲的故事。就是说我们这后山有个庙，有女娲像。就这个峰峰，邯郸有个峰峰矿区啊，那地儿做瓷器的特别多。有个做瓷器的老板，他也是为了保佑他，他就，他就这个，把女娲老奶奶偷回去了，趁人不注意的时候就偷回去了。他以为就是，我偷回去了，摆在我家里，老奶奶就特别灵，光保佑我一家，我要什么就有什么，诶，他是这样想的。结果就有段时间以后啊，不是那么回事啊，他就着急了，他说你老奶奶不灵啊，你是不是让我办这个事？然后就这么热的天，就把老奶奶晒在太阳底下，好好晒晒，好好晒晒，就这么热的天气里，就烤啊。这个时候，我们西戌有个人啊，到矿区去做生意的，去买东西的，看到老奶奶怎么在这？当时心疼的可了不得了，就马上就拽了那个蓖麻的叶子，那个叶子特别大，是吧，他就马上拽了那个，就给老奶奶戴在头上了，可不能让老奶奶晒坏了，心疼的了不得啊。后来，又把它偷回来了，又把老奶奶偷回来了。诶，这个故事就确实是活灵活现了。

还有就是"让女娲"。就是他家里，他把房子卖了，原来供奉着女娲，这小日子过得也不错。这卖了吧，那人就说你把女娲搬走，但这人不忍心，就把女娲

---

① 受访者：陈武，男，高家庄村村民。访谈人：丁思瑶。访谈时间：2018 年 7 月 12 日。访谈地点：涉县娲皇宫。

② 受访者：王振经，男，西戌镇文化站站长。访谈人：丁思瑶。访谈时间：2018 年 7 月 13 日。访谈地点：涉县沙河村。

继续留在这里。就是个人心比较好……但是，你要善待老奶奶。

二、山东济宁地区的四则伏羲女娲口承神话

（一）黄水干了立人烟 ①

滚磨成亲的故事，在当地百姓口中也言之凿凿，当地还有老磨台、盘古遗址、八卦台、龟头石、老龙沟、炼石台等景观。据说故事也发生在邹城市郭里镇东西凫山一带，讲述的是洪水过后伏羲女娲奉天意成婚繁衍后代的神话。伏羲女娲本为兄妹，一次洪水之后，世上只剩伏羲、女娲兄妹二人，他们分居在东西凫山山顶，天神托梦让他们成亲繁衍后代。梦里天神还嘱托他俩："如果认为荒唐，你们兄妹俩可每人持一扇磨盘，同时把磨盘从山上往下滚，如果两扇磨盘能滚到一处并合在一起，你们就成婚。如果不信，你们兄妹俩还可各拿一双鞋的一只，分别从东山、西山往下投，如果投到山下草坪上，两只鞋能排在一块你们就拜堂成亲。如果还下不了决心，你们兄妹俩可再用一种方式，你手拿一根长长的线，你妹妹手拿一根针，你在东山把线向西山抛，如果线穿入你妹妹的针鼻中，你们就要结为夫妻。"兄妹俩醒来后按照梦中神的嘱咐一一照办，结果一一应验。尽管这是天神的旨意，兄妹俩还是不肯，哭泣着唱："东凫山，西凫山，天连水来水连天。多咱哭到黄水干，黄水干了立人烟……""多咱"为方言音译，意思为"什么时候"。谁知，黄水很快干了，他们知天命难违，二人便成亲婚配，生儿育女，繁衍人类。至今，当地依然传唱着"东凫山，西凫山，天连水来水连天。多咱哭到黄水干，黄水干了立人烟"这首古老的歌谣。

（二）爷娘庙 ②

在浩渺广阔的微山湖东岸，横亘着连绵起伏的凫山山脉。在山的中段有一座"爷娘庙"，庙里有一个关于人类起源的传说。

在很早很早以前，咱们居住的世界是一个清平世界，那时，人人和睦，衣食

---

① 王崇印、陈巨慧：《三月三　祭伏羲》，《大众日报》2019年6月1日。
② 汪林、樊维章、张骥主编：《济宁民间传说与歌谣　上册》，中国社会出版社2011年版，第10—12页。

丰富，山明水秀，如同天堂仙境。后来，世人有了变化，有了好坏和贫富之分。

有这么一家子，夫妻俩都给人扛活累死了，留下一双十五六岁的儿女。这姐弟俩无家无业，就到村外一个大石龟旁边安身，白天靠挖野菜充饥，晚上就依偎在石龟身旁过夜。

过了些日子，老石龟说话了："你们要多煮点野菜，也给我些吃。"姐弟俩听了老石龟的话，每天宁愿自己少吃点，也缺不了老石龟的。又过了些日子，一天半夜子时，老石龟又对姐弟俩说："明天午时三刻，世上将有大灾大难，你俩千万别离开我半步。"

第二天午时三刻，正响晴的天，突然乌云滚滚，狂风大作，天黑得像锅底似的，伸手不见五指，霎时大雨倾盆，像搬起井筒往下倒一样。这时，老石龟把大嘴一张，说："快到我肚里来吧。"姐弟俩进了石龟肚里，一看里面存有好多煮熟的野菜，饿了就吃。老石龟带着他们在水里凫呀凫，不知凫了多少日子，这天来到了一座大山上，老石龟说："到地方啦，你们快出来凉快凉快吧。"姐弟俩爬出来一看，已经来到一座大山顶上，四处全是茫茫大水，一片汪洋，没有一个人影，无人无畜，没有树木也没有庄稼，更没有花草虫鱼。姐弟俩心里凄凉难过，鼻子一酸号啕大哭起来。老石龟又说啦："你们也别哭了，现在这个世界上就只还有你姐弟二人，你们要挺起精神来，今后还要靠你们创造一个新的世界，繁衍后代。"老石龟说完话把肚子里存放的野菜吐出来就不见了。

姐弟俩哭了一阵，没啥法，只好在山上转悠，饿了就吃点老石龟留下的野菜。几天后，洪水退去了，两人从山上来到山下，住在一个石洞里，后来又开了点荒地，采了点野谷子种上，慢慢地就有饭吃了，日子也好过啦。

有一天，不知从哪里来了一个道人，弟弟问道："道长尊姓大名？从何而来？"老道说："我姓石，道号龟子，不瞒二位，当初凫水带你们来此地的便是贫道。"二人一听是救命恩人，就双膝跪下谢恩。道人说："你们也不要谢了，我今奉玉皇大帝的旨意，叫你们结为夫妇，以繁衍后世。"姐姐一听刷的一下脸红到了耳根子，说："道长说别的都行，这一点确实不能从命。"弟弟也说："俺是亲姐弟怎能成亲呢？"道人说："这样吧，这里有盘石磨，姐姐一个底'棋'，弟弟一个上'棋'，姐姐上西山，弟弟上东山，把磨'棋'往下滚，如两'棋'磨能滚到一处相对，你们就成婚，对不上就不成婚，你们看怎么样？"姐弟俩心想：

这么高的山，怎么能滚到一处呢？说："那行。"便各自带磨"棋"上了山，往下一撒手，就看两个磨"棋"像吸铁石一样，自动滚到一处，然后合为一盘磨。道人说："这无话可说了吧。"姐弟二人知是天意只好答应，老道人插草为香叫他俩拜堂成了亲，一转眼，老道人就不知哪去了。

姐弟俩成了亲，用草木搭了茅草屋过日子，可是怎样才能繁衍人类呢？姐姐说："咱就用泥捏人吧。"就这样姐弟俩成天和泥捏人，开始的时候捏人没有经验，捏得皮肤粗糙，也不那么俊俏，后来越捏越巧，泥也和得细了，捏好了晒干放进屋里，过了七七四十九天，真的都会走路了，就这样一批一批地都走了。有一天，突然天上乌云密布，下起雨来，姐弟俩就赶忙把捏好未晒干的泥人往屋里拾，拾了一些，雨下大了，来不及拾，就用扫帚扫，有的把胳膊扫断了，有的把腿扫掉了，有的把眼睛戳瞎了，因此世界上的人后来有断臂、掉臂的和瘸腿、瞎子。现在人的身上有搓不完的泥灰，就因为人类是老祖先用泥捏成的。

后来，人们把石龟凫水落脚的山取名为凫山，又在姐弟俩居住的山洞前建造了一座庙，起名爷（爹）娘庙，庙旁的村庄也就叫爷娘庙村了。

（鲍玉成　搜集整理）

（三）皇井拔杉条的传说 [1]

皇井还有。你没见有个亭子吗？怕小孩儿往里扔石头，拿水泥板盖上了。门儿上都吃那井里的水。这有水管了不吃了。这不是传说，门儿里吃水，庙修好了拔不动了。那不是传说，那水里还有树橛子，这么些年也不烂。也不能说不信，也不能说全信。拔杉条就是盖这九十九间房子，尽拔尽有，尽拔尽有。去了一个怀孕的妇女，说恁怎么还拔着来？一下子就没有了。

（四）女娲造峄的传说 [2]

传说在很久很久以前，忽然天柱折，地维绝，天塌东南，地陷西北，洪水涛涛，若猛兽般地吞噬着天下生灵。这时，造就人类的女娲，为挽救天下众生，遂

---

① 受访者：刘女士。访谈人：王均霞。访谈时间：2019 年 10 月 28 日。访谈地点：羲皇庙遗址。

② 杨位标、田萍编辑：《峄山索录（上）：峄山风情轶事》，山东省出版总社济宁分社 1990 年版，第 165—166 页。

炼就五彩宝石，将天补住。地上的水也都汇集到塌陷地里，形成了江海，使天地趋于平静。谁知，女娲练就的补天之石并没有用完。那些剩下的石丸，采天地之灵气，受日月之精华，遂即能自然滚动，对人们的生命财产带来很大威胁。女娲看到这一情况后，遂报告给了玉皇大帝。玉帝闻讯后，急选派六位天神，要他们率领天兵天将，去治服滚滚丸石。天神们来到地界，察看了情况，遂令众兵将将亿万块丸石收拢在徐州之域堆积在一起。从此，天下太平，迭积起来的丸石堆，便成了今天的峄山。

明代李化龙诗曰：

昔忆女娲补天时，炼石为丸手弄之。神功已毕弃之去，风吹雨洗到今兹。

不然共工触不周，天柱一折石乱流。帝遣六丁移置此，时共泰山为博筹。

清代江南状元李蟠歌曰：

昔我曾上绎山巅，足下万里生风烟。我今重来峄山下，峻巡难似上青天。

翻觉前游正可惧，胡为忽然羽化而登仙。此山从来天下少，怪石一一皆空悬。

遍山寻来无撮土，缥渺百道流飞泉。或如虎豹蹲而怒，或如急湍之上立轻鸾。

或如巨灵手一擎，或如秦皇海上驱双鞭。或如挂臂猿，或如缩头鳊。

或如山鬼跳跃而狰狞，或如美女窈窕而婵娟。

或如凤凰翔乎九仞，或如蛟龙腾跃乎重渊。或如星石陨谷中，削之铮铮而有响，

或如珊瑚出海底，揩之濯濯而光鲜。或如共工头触折，将坠而未落；

或如项王力拔起，欲断而仍连。悬崖风蹬交盘错，天梯云栈相勾缠。

手摩重霄摘星斗，仿佛欲拍洪崖肩。金枝翠羽光电烁，芝童玉女相

周旋。

　　天风吹入精灵聚，我已身在青云眠。仙人唤我不回首，只因归计心拳拳。

　　但得此中结茅住，逢人何须问古仙？

三、甘肃天水的伏羲公祭典礼

（一）2019 大典仪程 ①

　　9 时 50 分，由主持人邀请前来参祭的国家领导人宣布公祭伏羲大典开始。典礼开始时间取九五至尊的含义，也印证着伏羲既是上古帝王又是神灵同时也是民族祖先的多重文化英雄的身份。

　　第一项　全体肃立、奏乐

　　第二项　击鼓鸣钟（击鼓 34 咚，象征全国 34 个省、市、自治区及香港、澳门特别行政区和台湾地区中华儿女共祭伏羲，鸣钟 9 响，代表海内外中华儿女对人文始祖的无限敬仰。中国传统文化中以九为最大。）

　　第三项　恭读祭文，歌颂伏羲的功德，天水建设的成就。

　　第四项　鞠躬敬祭（行三鞠躬礼）

　　第五项　乐舞告祭

　　第六项　敬献花篮、谒庙拜祖

　　由国家领导人，台湾上层人士，国家有关部委领导，各民主党派中央及全国工商联领导、省四大班子、省军区领导，省市自治区代表，天水市四大班子、军分区主要负责人，知名专家学者代表，全国先进模范人物代表，少数民族代表等依次敬献。

　　参祭宾客依次进入庙内谒庙拜祖，同时，组织古琴、古筝现场演奏《伏羲祭》曲目，以悠扬的琴声贯穿始终，增强现场的庄严感和伏羲文化的感染力。

　　公祭大典期间伏羲庙面向广大群众免费开放，有序组织群众举行万民祭祖活

---

　　① 《重磅！2019（己亥）年公祭伏羲大典总体方案来了》，载天水之网：https://www.sohu.com/a/319775204_99895413，2019 年 6 月 11 日。

动。在伏羲广场组织开展为期 7 天的群众性文化活动和非物质文化展演，组织开展"天水人游天水"旅游活动，迎接海内外中华儿女寻根祭祖。

公祭大典期间，举办以"弘扬伏羲文化 传承中华文明"为主题的系列活动。

参祭范围：

邀请国家有关领导人，台湾上层人士，国家有关部委领导（文化和旅游部、国务院港澳事务办公室、国务院台湾事务办公室、中华全国归国华侨联合会、中国文联），各民主党派中央及全国工商联领导，有关省、市、自治区领导，"一带一路"沿线国家驻华使节代表，世界旅游组织、亚太旅游组织代表，世界著名华人社团组织、港澳台代表，甘肃省四大班子及省军区、武警甘肃总队领导，国内文化名人及知名专家学者代表，关中平原城市群各城市代表，全国知名节庆城市代表，省内各市、州代表，全国先进模范人物代表（党的十九大代表、劳动模范、优秀科技工作者、陇人骄子等），两院院士，宗教界知名人士，知名企业家代表，少数民族代表，国家级及省级主要新闻媒体、港澳台重点媒体，旅游团体等方面的代表 1000 多人及我市各界群众代表 10 万多人（场内外）参加。

（二）2019（己亥）年公祭伏羲大典祭伏羲文 [①]

唯公元二○一九年六月二十二日，岁次己亥，时序夏至。中华儿女聚首羲皇故里天水，怀虔敬之心，以太牢之礼、雅乐之仪，致祭于中华人文始祖太昊伏羲氏。辞曰：

太昊伏羲，名冠三皇。肇启文明，泽被八方。始画八卦，辨析阴阳。网罟渔猎，庖牺豢养。建屋制陶，嫁娶有章。推定历度，书契始创。造琴作瑟，礼乐和祥。以龙纪官，九部顺昌。伟业共天地长存，大德与日月同光。

羲皇后裔，开来继往。改革开放，励志图强。四个自信，使命担当。三大攻坚，民生保障。绿色发展，科教兴邦。嫦娥探月，航母出洋。港珠澳大桥飞架，北斗星全球导航。

---

① 参见天水市委网信办网站：http://www.tsrb.com.cn/ts/2019-06/22/content_1798562.htm，2019 年 6 月 22 日。

一带一路，文明互鉴。命运与共，协同发展。四海相应，一往无前。两岸同胞，血脉相连。祖国统一，人心企盼。迎民族伟大复兴，开华夏千秋伟观。

今日甘肃，繁荣兴旺。八个着力，指引方向。脱贫攻坚，全面小康。羲皇故里，秀美城乡。文化振兴，百业恢张。合力开兴陇大业，同心谱富民华章。

七十华诞，盛世未央。举国欢庆，鸾飞凤翔。龙腾虎跃，意气昂扬。再接再厉，民富国强。神州梦圆，龙脉永昌。敬告吾祖，来格来尝。

伏惟尚飨！

（三）《丁酉（2017）年秋祭中华民族人文始祖太昊伏羲氏榜文》①

丁酉年七月十九日，是中华民族人文始祖太昊伏羲氏末祭。华夏儿女于每年此日，以太牢、时馐、清醴、鲜果之仪，在天水伏羲庙隆重举行祭祀典礼。今发榜文，以告慰始祖。

榜示：

太昊伏羲	其姓为风	母曰华胥	履迹妊娠
历十二载	成纪诞生	德配乾坤	与天地准
文明肇启	垂裕后昆	三皇之首	五帝至尊

混沌之初	洪流激荡	阴阳和合	八卦始创
刻画书契	伦理有常	初结网罟	渔猎大张
烧陶制器	烹食储粮	稻黍麦稷	满囤盈仓
配偶联姻	嫁娶有章	制琴作瑟	礼乐高扬
首定姓氏	宗族源长	安庐造舍	居屋住房
创制甲历	寒来暑往	豢养牲畜	百草遍尝
龙图纪官	五蕴珠藏	饮毛茹血	守卫城邦
伟哉陇山	壮哉羲皇	赫赫神州	龙脉永昌

---

① 《丁酉年秋祭伏羲典礼出告文、榜文仪式今天上午在伏羲庙隆重举行》，载天水市博物馆网站：http://www.tssbwg.com.cn/html/2017/czxc_0908/2584.html，2017 年 9 月 8 日。

维木有本　枝叶繁旺　中华文明　万国敬仰

一画开天　唯独吾皇　今日末祭　瑞气呈祥

崇功报恩　俎豆馨香　家国兴旺　福祉无疆

天水市伏羲庙管理局天水市民间祭祀伏羲协会上元会

（四）2019 秋祭《迎神曲》以及《榜文》①

《迎神曲》

鸣钟呜呜　击鼓彭彭　今日恭迎　当值喜神

馨香五炷　上达帝廷　百姓民众　拜祖虔诚

鸣锣开道　恭迎羲圣　安神祖庙　尚享供奉

中华大地　风调雨顺　福佑百姓　万事康宁

《榜文》

己亥（2019）年七月十九日，是中华人文始祖太昊伏羲氏末祭。华夏儿女于每年此日，以太牢、时馐、清醴、鲜果之仪，在天水伏羲庙举行祭祀伏羲典礼。特发榜文。

曰：

太昊伏羲　始立风姓　圣母华胥　履迹感孕

十二载喜　成纪诞生　一画开天　垂裕后昆

德配乾坤　与天地准　三皇之首　五帝至尊

仰观天象　辨析阴阳　俯察地理　探赜万象

肇启文明　八卦始创　刻画书契　匀形文章

教民渔猎　网罟斯张　烧制陶器　立木成房

辟荒耕田　粟黍飘香　九针创制　百草试尝

嫁娶成礼　伦理有常　斫琴造瑟　五音舞扬

---

① 《天水伏羲庙己亥（2019）年秋祭伏羲典礼启幕》，载天水在线，http://www.tianshui.com.cn/html/tsbwg/20190819145240050195.html，2019 年 8 月 19 日。

推定历度　节气趋详　豢养牺牲　六畜兴旺

以龙纪官　分部举纲　继天立极　造福梓桑

美哉成纪　大哉羲皇　赫赫神州　龙脉永昌

维木有本　蔽芾万邦　盛世中华　屹立东方

恩泽万世　唯有吾皇　今日秋祭　瑞气呈祥

崇功报德　俎豆馨香　国家复兴　福祉无疆

（五）《天河热土》歌词

都说是上有天堂下有苏杭，却不知陇上也有好风光。渭河秋水秦岭春花，既有秀丽又见雄壮。大地湾里孕育文明，麦积石窟千年辉煌。呦罗嘿，天水！呦罗嘿，故乡！天河之水滋润的这片热土，哺育了我的乡亲，我的爹娘，我的家乡！

都说是龙腾华夏九州翱翔，却不知天水就是龙故乡。伏羲创世播撒火种，女娲补天造福四方。飞将李广威震边关，历代豪杰万古流芳。呦罗嘿，天水！呦罗嘿，故乡！开发西部吹响的声声号角，唤起了我的乡亲，我的爹娘，我的家乡！呦罗嘿，天水！呦罗嘿，故乡！开发西部吹响的声声号角，唤起了我的乡亲，我的爹娘，我的家乡！

（六）《说伏羲》歌词

人们崇敬你，因为你是人祖庙宗。人们仰慕你，因为你开华夏文明。创八卦、制娶嫁、结网罟、整氏姓，前前后后上万年，左左右右随你行。

人们追随你的思想，知道尊重自身。人们传承你的智慧，呈现世间繁荣。你神奇，你通灵，你伟大，你圣明，人们对你永远敬仰，人们把你代代传颂。

参考文献

一、古籍

（清）安锡祚：《赵城县志》，刻本，清顺治十七年（1659）版。

（清）李升阶：《赵城县志》，刻本，清乾隆二十五年（1760）版。

（清）章廷珪修、郑维纲等纂：《平阳府志》，山西人民出版社1989年版。

二、著作

［美］阿兰·邓迪斯编：《世界民俗学》，陈建宪、彭海斌译，上海文艺出版社1990年版。

［美］阿兰·邓迪斯：《西方神话学读本》，朝戈金等译，广西师范大学出版社2006年版。

［美］阿兰·邓迪斯编：《洪水神话》，陈建宪等译，陕西师范大学出版总社有限公司2013年版。

包亚明主编：《现代性与空间的生产》，上海教育出版社2003年版。

蔡衡溪：《淮阳乡村风土记》，1934年版，铅印本。

陈建宪：《神祇与英雄——中国古代神话的母题》，三联书店1994年版。

陈勤建：《当代民间信仰与民众生活》，上海锦绣文章出版社2013年版。

陈泳超：《背过身去的大娘娘：地方民间传说生息的动力学研究》，北京大学出版社2015年版。

程憬著、顾颉刚整理：《中国古代神话研究》，北京大学出版社2011年版。

冯亚琳等主编：《文化记忆理论读本》，北京大学出版社 2012 年版。

傅小凡、杜明富：《神话溯源——女娲伏羲神话的源头及其哲学意义》，甘肃人民美术出版社 2007 年版。

高丙中：《民俗文化与民俗生活》，中国社会科学出版社 1994 年版。

高有鹏：《中国庙会文化》，上海文艺出版社 1999 年版。

顾颉刚、杨向奎：《三皇考》，山西人民出版社 2014 年版。

郭万金：《山西民间故事大系·晋南卷》，商务印书馆 2017 年版。

郭于华：《仪式与社会变迁》，社会科学文献出版社 2000 年版。

洪洞县赵城镇人民政府编：《女娲文化论坛文集》(内部资料)，2015 年印。

侯光、何祥录编选：《四川神话选》，四川人民出版社 1992 年版。

〔英〕霍布斯鲍姆、兰格：《传统的发明》，顾杭、庞冠群译，译林出版社 2004 年版。

江帆：《民间口承叙事论》，黑龙江人民出版社 2003 年版。

〔英〕杰克·古迪著：《神话、仪式与口述》，李源译，中国人民大学出版社 2014 年版。

雷闻：《郊庙之外——隋唐国家祭祀与宗教》，生活·读书·新知三联书店 2009 年版。

〔美〕理查德·鲍曼：《作为表演的口头艺术》，杨利慧、安德明译，广西师范大学出版社 2008 年版。

〔俄〕李福清：《中国神话故事论集》，马昌仪编，中国民间文艺出版社 1988 年版。

李俊志主编：《太昊伏羲陵》，海天出版社 2013 年版。

李宁民：《人祖伏羲与宗庙》，作家出版社 2015 年版。

李子贤：《探寻一个尚未崩溃的神话王国》，云南人民出版社 1991 年版。

梁启超：《历史与人种之关系》，梁启超：《梁启超史学论著四种》，岳麓书社 1985 年版。

廖群：《先秦两汉文学考古研究》，学习出版社 2007 年版。

林继富：《中国民间故事》，中国社会出版社 2006 年版。

林继富：《民间叙事传统与故事传承》，中国社会科学出版社 2007 年版。

林继富：《清江流域土家族始祖信仰现代表述研究》，人民出版社 2012 年版。

林继富：《民间叙事传统与村落文化共同体建构》，中国社会出版社 2012 年版。

林美容：《祭祀圈与地方社会》，博扬文化事业有限公司 2008 年版。

刘惠萍：《伏羲神话传说与信仰研究》，陕西师范大学出版社 2013 年版。

刘锡诚：《20 世纪中国民间文学学术史》，河南大学出版社 2006 年版。

刘真灵：《邹鲁凫山话伏羲》，齐鲁书社 2017 年版。

［美］罗德菲尔德：《农民社会与文化》，王莹译，中国社会科学出版社 2013 年版。

吕微：《中国民间文学史·神话编》，河北教育出版社 1998 年版。

吕微：《神话何为——神圣叙事的传承与阐释》，社会科学文献出版社 2001 年版。

吕微、安德明：《民间叙事的多样性》，学苑出版社 2006 年版。

马昌仪：《中国神话学文论选萃》，中国广播出版社 1994 年版。

马昌仪选编：《中国神话学百年文论选》，陕西师范大学出版社 2013 年版。

［德］马克斯·韦伯：《儒教与道教》，洪天富译，江苏人民出版社 1997 年版。

马文辉、陈理：《民间文学类非物质文化遗产保护研究》，中国社会科学出版社 2015 年版。

马学良：《素园集》，中国民间文艺出版社 1989 年版。

茅盾：《神话杂记、中国神话研究》，上海文艺出版社 1981 年版。

茅盾：《中国神话研究初探》，上海古籍出版社 2005 年版。

孟慧英：《活态神话——中国少数民族神话研究》，南开大学出版社 1990 年版。

《女娲皇陵》(内部资料)，修复娲皇陵领导小组 2002 年印。

《女娲文化论坛文集》(内部资料)，洪洞县赵城镇人民政府 2015 年印。

［美］普林斯：《叙事学：叙事的形式与功能》，徐强译，中国人民大学出版社 2013 年版。

山东省济宁市政协文史资料委员会编：《济宁风俗通览》，齐鲁书社 2004

年版。

　　绍泽元主编：《邹城市地名志》，山东人民出版社 2001 年版。

　　施爱东、巴莫曲布嫫主编：《走向新范式的中国民俗学》，中国社会科学出版社 2015 年版。

　　田兆元：《神话与中国社会》，上海人民出版社 1998 年版。

　　屠金梅：《豫东太昊陵庙会音乐文化研究》，光明日报出版社 2013 年版。

　　万建中：《民间文学引论》，北京大学出版社 2006 年版。

　　王光庆：《伏羲女娲的故事》，甘肃人民美术出版社 2011 年版。

　　汪林、樊维章、张骥主编：《济宁民间传说与歌谣　上册》，中国社会出版社 2011 年版。

　　王矿清、李秀娟主编：《女娲的传说》，河北人民出版社 2016 年版。

　　王铭铭：《溪村家族——社区史、仪式与地方政治》，贵州人民出版社 2004 年版。

　　王秋平：《赵城镇志》，山西人民出版社 2014 年版。

　　〔英〕王斯福：《帝国的隐喻——中国民间宗教》，赵旭东译，江苏人民出版社 2008 年版。

　　王宪昭：《中国民族神话母题研究》，民族出版社 2006 年版。

　　王志民主编：《山东省历史文化遗址调查与保护研究报告》，齐鲁书社 2008 年版。

　　闻一多：《伏羲考》，上海古籍出版社 2006 年版。

　　乌丙安：《中国民间信仰》，上海人民出版社 1998 年版。

　　向柏松：《传统民间信仰与现代生活》，中国社会科学出版社 2011 年版。

　　辛中南：《华夏始祖女娲与伏羲》，民族出版社 2005 年版。

　　徐炳熹主编：《济宁大观》，山东友谊出版社 1989 年版。

　　徐赣丽：《民族旅游与民俗文化变迁》，民族出版社 2006 年版。

　　杨复竣主编：《淮阳神话传说故事》，中国炎黄文化出版社 2007 年版。

　　杨利慧：《女娲的神话与信仰》，中国社会科学出版社 1997 年版。

　　杨利慧：《女娲溯源——女娲信仰起源地的再推测》，北京师范大学出版社 1999 年版。

杨利慧：《神话与神话学》，北京师范大学出版社 2009 年版。

杨利慧、张霞、徐芳、李红武、仝云丽：《现代口承神话的民族志研究——以四个汉族社区为个案》，陕西师范大学出版总社有限公司 2011 年版。

杨利慧等：《神话主义：遗产旅游与电子媒介中的神话挪用和重构》，中国社会科学出版社 2020 年版。

杨位标、田萍编：《峄山索录（上）：峄山风情轶事》，山东省出版总社济宁分社 1990 年版。

袁珂：《古神话选释》，人民文学出版社 1979 年版。

袁珂、周明编：《中国神话资料萃编》，四川省社会科学院出版社 1985 年版。

张从军：《黄河下游的汉画像石（下）》，齐鲁书社 2004 年版。

张青：《洪洞县志》，山西春秋电子音像出版社 2005 年版。

张振犁、程健君：《中原神话专题资料》，中国民间文艺家协会河南分会1987 年内部印行。

张振犁：《中原古典神话流变考论》，上海文艺出版社 1991 年版。

张振犁：《中原神话研究》，上海社会科学院出版社 2009 年版。

张祝平：《传统民间信仰的现代性遭遇》，暨南大学出版社 2014 年版。

郑合成编：《陈州太昊陵庙会概况》，河南省立杞县教育实验区 1934 年版。

郑建芳：《孟府孟庙文物珍藏》，中国社会科学出版社 2011 年版。

政协邹城市委员会编：《邹城文史资料　第 10 辑　风俗专辑》，1994 年版。

钟敬文：《钟敬文学术论著自选集》，首都师范大学出版社 1994 年版。

钟敬文：《钟敬文民俗学论集》，上海文艺出版社 1998 年版。

朱锡禄主编：《武氏祠汉画像石》，山东美术出版社 1986 年版。

朱锡禄主编：《嘉祥汉画像石》，山东美术出版社 1992 年版。

周晓菲、王致谱：《民俗文化与中医学》，中国中医药出版社 2017 年版。

周星主编：《民俗学的历史、理论与方法》，商务印书馆 2006 年版。

宗晓莲：《旅游开发与文化变迁》，中国旅游出版社 2006 年版。

邹城市工商行政管理志编纂委员会编：《邹城市工商行政管理志》，泰安市新闻出版局 2000 年版。

邹城市民政局编：《千年古镇（上）：孟子故里邹城市》，黄河出版社 2013

年版。

Ruth Finnegan, *Oral Tradition and the Verbal Arts：A Guide to Research Practices*, Taylor & Francis E-library, 2005.

三、论文

安德明:《文体的协作与互动——以甘肃天水地区伏羲女娲信仰中的神话和灵验传说为例》,《西北民族研究》2014 年第 1 期。

常金仓:《伏羲女娲神话的历史考察》,《陕西师范大学学报（哲学社会科学版）》2002 年第 6 期。

陈金文:《神话何时是"神圣的叙事"——与杨利慧博士商榷》,《社会科学评论》2007 年第 2 期。

陈志勤:《创世神话的"地方化"——以〈绍兴市故事卷〉的两则神话文本为例》,《民间文化论坛》2012 年第 2 期。

程蔷:《祭祀与民间行为叙事》,《民俗研究》2001 年第 1 期。

杜谆:《民间文化的再生产——以新密市伏羲文化为例》,《河南教育学院学报（哲学社会科学版）》2011 年第 5 期。

杜谆:《人文资源视阈下的伏羲信仰活态传承实践——以山东邹城为例》,《世界宗教文化》2019 年第 5 期。

段成荣、王崇印:《山东邹城传承伏羲女娲文化实践初探》,《人文天下》2019 年第 17 期。

段友文、郑月:《单性异体与两性合体:从女娲神话到伏羲女娲神话考论》,《贵州大学学报（社会科学版）》2015 年第 4 期。

段宗社:《论女娲神话的流变》,《安康学院学报》2009 年第 5 期。

范立舟:《伏羲、女娲神话与古代蛇崇拜》,《烟台大学学报》2002 年第 4 期。

费孝通:《血缘和地缘》,载《乡土中国》,三联书店 1985 年版。

高丙中:《民间的仪式与国家的在场》,《北京大学学报（哲学社会科学版）》2001 年第 1 期。

龚浩群：《从中原女娲神话与信仰看女神精神的失落与复归》，《中南民族学院学报（人文社会科学版）》2000 年第 4 期。

霍志刚、王卫华：《现代化语境下伏羲神话的重构——以河南淮阳地区为个案》，《贵州民族大学学报（哲学社会科学版）》2016 年第 3 期。

霍志军、吴云霞：《伏羲文化源流探析》，《天水行政学院学报》2011 年第 1 期。

江帆：《口承故事的"表演"空间分析》，《民俗研究》2001 年第 2 期。

康丽：《传统化与传统化实践——对中国当代民间文学研究的思考》，《民族文学研究》2010 年第 4 期。

［美］理查德·鲍曼：《美国民俗学和人类学领域中的"表演"观》，杨利慧译，《民族文学研究》2005 年第 3 期。

［美］理查德·鲍曼：《"表演"的概念与本质》，杨利慧译，《西北民族研究》2008 年第 2 期。

［美］理查德·鲍曼：《"表演"新释》，杨利慧译，《民间文化论坛》2015 年第 1 期。

李建民：《艾火与天火——灸疗法诞生之谜》，《自然科学史研究》2002 年第 4 期。

林继富：《神圣的叙事——民间传说与民间信仰互动研究》，《华中师范大学学报（人文社会科学版）》2003 年第 6 期。

刘魁立：《民间叙事肌理谫论》，《民俗研究》2004 年第 3 期。

刘守华：《道教信仰与中国民间口头叙事文学》，《宗教学研究》1995 年第 Z1 期。

刘铁梁：《"标志性文化统领式"民俗志的理论与实践》，《北京师范大学学报（社会科学版）》2005 年第 6 期。

刘文江：《神奇记忆：一个重要的欧洲传说学概念》，《民间文化论坛》2018 年第 5 期。

刘雁翔：《天水伏羲文化资源及旅游开发论析》，《天水师范学院学报》2006 年第 4 期。

刘晓春：《从"民俗"到"语境中的民俗"——中国民俗学研究的范式转换》，

《民俗研究》2009 年第 2 期。

　　刘宗迪：《中国现代神话学：在思想与学术之间》，《民间文化论坛》2005 年第 2 期。

　　刘宗迪：《兄妹婚故事的源流》，《民族艺术》2005 年第 4 期。

　　刘敦愿：《汉画像石中的针灸图》，载《美术考古与古代文明》，台北允晨文化公司 1984 年版。

　　马世之：《中原地区的伏羲文化》，《中州学刊》2007 年第 4 期。

　　孟庆利：《汉墓砖画"伏羲、女娲像"考》，《考古》2000 年第 4 期。

　　芮逸夫：《苗族的洪水故事与伏羲女娲的传说》，《人类学集刊》1938 年第 1 期。

　　石朝江：《伏羲被尊为"三皇之首"应为信史》，《贵州社会科学》2015 年第 2 期。

　　宋云芳：《天水地区伏羲文化研究》，《青海民族大学学报（社会科学版）》2013 年第 2 期。

　　孙立涛：《伏羲名号考析》，《民族艺术》2014 年第 1 期。

　　田兆元：《神话的构成系统与民俗行为叙事》，《湖北民族学院学报（哲学社会科学版）》2011 年第 6 期。

　　田兆元：《创世神话的概念、类型与谱系》，《楚雄师范学院学报》2019 年第 1 期。

　　王剑：《伏羲画卦的神话学考察》，《周易研究》2004 年第 1 期。

　　王尧：《灵验传说：事件的选择、叙述与传播》，《民间文化论坛》2010 年第 2 期。

　　王宪昭：《论伏羲女娲神话母题的传承与演变》，《中原文化研究》2015 年第 5 期。

　　吴晓东：《神话研究中的历史附属性与文化压力》，《民间文化论坛》2005 年第 2 期。

　　徐芳：《民间信仰的恢复与重建——以侯村女娲信仰个案研究为例》，《民俗研究》2004 年第 1 期。

　　杨利慧：《伏羲女娲与兄妹婚神话的粘连与复合》，《北京师范大学学报（社会科学版）》1997 年第 6 期。

　　杨利慧：《表演理论与民间叙事研究》,《民俗研究》2004 年第 1 期。

　　杨利慧：《民间叙事的传承与表演》,《文学评论》2005 年第 2 期。

　　杨利慧：《从神话的文本溯源研究到综合研究》,《民间文化论坛》2005 年第 2 期。

　　杨利慧：《神话一定是"神圣的叙事"吗?》,《民族文学研究》2006 年第 3 期。

　　杨利慧：《"民俗主义"概念的涵义、应用及其对当代中国民俗学建设的意义》,《民间文化论坛》2007 年第 1 期。

　　杨利慧：《中原汉民族中的兄妹婚神话——以河南淮阳人祖庙会的民族志研究为中心》,《云南师范大学学报》2010 年第 6 期。

　　杨利慧：《语境、过程、表演者与朝向当下的民俗学——表演理论与中国民俗学的当代转型》,《民俗研究》2011 年第 3 期。

　　杨利慧：《语境的效度与限度》,《民俗研究》2012 年第 3 期。

　　杨利慧：《遗产旅游语境中的神话主义——以导游词底本与导游的叙事表演为中心》,《民俗研究》2014 年第 1 期。

　　杨利慧：《当代中国电子媒介中的神话主义》,《云南师范大学学报（哲学社会科学版）》2014 年第 4 期。

　　杨利慧：《"神话主义"的再阐释：前因与后果》,《长江大学学报（社科版）》2015 年第 5 期。

　　杨利慧：《民俗生命的循环：神话与神话主义的互动》,《民俗研究》2017 年第 6 期。

　　杨利慧：《官民协作：中国非遗保护的本土实践之路——以河北涉县女娲信仰的 400 年保护历程为个案》,《云南师范大学学报（哲学社会科学版）》2017 年第 6 期。

　　杨立志、饶春球：《女娲信仰的发源地研究综述》,《郧阳师范高等专科学校学报》2005 年第 4 期。

　　叶舒宪：《中国神话学百年回眸》,《学术交流》2005 年第 1 期。

　　雍际春：《伏羲神话传说的文化价值》,《宁夏社会科学》2005 年第 4 期。

余粮才、芦兰花：《二十世纪以来伏羲研究概述》，《西北民族研究》2012 年第 1 期。

张成福：《庙会重建中的文化生产——以妙峰山传说为分析个案》，《民俗研究》2005 年第 3 期。

张翠霞：《民俗学"生活世界"研究策略——从研究范式转化及常人方法学的启示谈》，《民俗研究》2011 年第 5 期。

张多：《女娲神话重述的文化政治——以遗产化运动为中心》，《北京社会科学》2016 年第 8 期。

赵世瑜：《中国传统庙会中的狂欢精神》，《中国社会科学》1996 年第 1 期。

钟敬文：《论民族志在古典神话研究上的作用——以〈女娲娘娘补天〉新资料为例证》，载《钟敬文学术论著自选集》，首都师范大学出版社 1994 年版。

周星：《生活革命、乡愁与中国民俗学》，《民间文化论坛》2017 年第 2 期。

Gerry Philipsen and Lisa Coutu，"The Ethnography of Speaking," in R. E. Asher and J. M. Y. Simpson，eds.，*The Encyclopedia of Language and Linguistics*，Pergamon Press and Aberdeen University Press，1994.

Anne Eriksen，"Our Lady of Perpetual Help：Invented Tradition and Devotional Success"，*Journal of Folklore Research*，Vol.42，No.3，2005.

四、学位论文

曹玮：《地方民俗文化精英与民间祭祀的复兴》，华东师范大学硕士学位论文，2010 年。

杜莎莎：《天水卦台山伏羲民祭仪式研究》，青海师范大学硕士学位论文，2015 年。

过文英：《论汉墓绘画中的伏羲女娲神话》，浙江大学博士学位论文，2007 年。

侯晨业：《非物质文化遗产保护背景下淮阳伏羲陵庙会的传承与变迁》，广西师范大学硕士学位论文，2011 年。

霍志刚：《河南淮阳地区伏羲神话的现代传承与重构》，中央民族大学硕士学位论文，2017年。

骆健健：《归来之神：一个乡村寺庙重建的民族志考察》，上海大学博士学位论文，2007年。

赛瑞琪：《文学叙事在民间信仰语境中的生成、变异与展演形态》，复旦大学硕士学位论文，2008年。

汪洋：《论女娲神话中的灵石信仰》，东北师范大学硕士学位论文，2006年。

杨春祥：《豫东太昊陵祭祖巫舞"担经挑"的文化研究》，福建师范大学硕士学位论文，2014年。

杨帆：《非物质文化遗产视角下河北涉县女娲信仰文化研究》，赣南师范学院硕士学位论文，2011年。

杨泽经：《神话传统的流动——湖南泸溪苗族盘瓠神话的民族志研究》，北京师范大学硕士学位论文，2016年。

余粮才：《民间视野中的伏羲与女娲——以天水伏羲、女娲信仰为例》，西北民族大学硕士学位论文，2005年。

张宏斌：《伏羲信仰微探——官方与民间两条线索的考察》，首都师范大学硕士学位论文，2009年。

赵澄澄：《论人类学视域下神话叙事的流变——以伏羲女娲的神话现象为例》，西北师范大学硕士学位论文，2014年。

郑月：《山、陕、豫女娲神话的民间叙事研究》，山西大学硕士学位论文，2016年。

祝秀丽：《辽宁省中部乡村故事讲述人活动研究——以辽宁省辽中县徐家屯村为个案》，北京师范大学博士学位论文，2002年。

张珍珍：《山西赵城镇侯村祭女娲仪式研究》，大理大学硕士学位论文，2017年。

图书在版编目(CIP)数据

当代中国的伏羲女娲神话:来自五个省区的田野研
究报告/杨利慧等著. —上海:上海人民出版社,
2022
(中华创世神话研究工程系列丛书. 中华创世神话田
野编)
ISBN 978-7-208-17696-6

Ⅰ.①当…　Ⅱ.①杨…　Ⅲ.①神话-研究-中国
Ⅳ.①B932.2

中国版本图书馆 CIP 数据核字(2022)第 094711 号

责任编辑　郭敬文
封面设计　李　祎

中华创世神话研究工程系列丛书·中华创世神话田野编
当代中国的伏羲女娲神话
——来自五个省区的田野研究报告
杨利慧　王均霞　等　著

出　版	上海人よ出版社	
	(201101　上海市闵行区号景路 159 弄 C 座)	
发　行	上海人民出版社发行中心	
印　刷	商务印书馆上海印刷有限公司	
开　本	720×1000　1/16	
印　张	18	
插　页	5	
字　数	285,000	
版　次	2022 年 8 月第 1 版	
印　次	2022 年 8 月第 1 次印刷	

ISBN 978-7-208-17696-6/B·1614
定　价　78.00 元